Silvia Stöber

Mord im Tiergarten

Silvia Stöber

Mord im Tiergarten

Putins Staatsterror in Europa

HERDER

FREIBURG · BASEL · WIEN

MIX
Papier | Fördert gute Waldnutzung
FSC® C014496

www.herder.de

Satz: ZeroSoft SRL, Timişoara
Herstellung: GGP Media GmbH, Pößneck
Printed in Germany

ISBN Print: 978-3-451-39976-3
ISBN E-Book (EPUB): 978-3-451-83079-2
ISBN E-Book (PDF): 978-3-451-83082-2

Inhalt

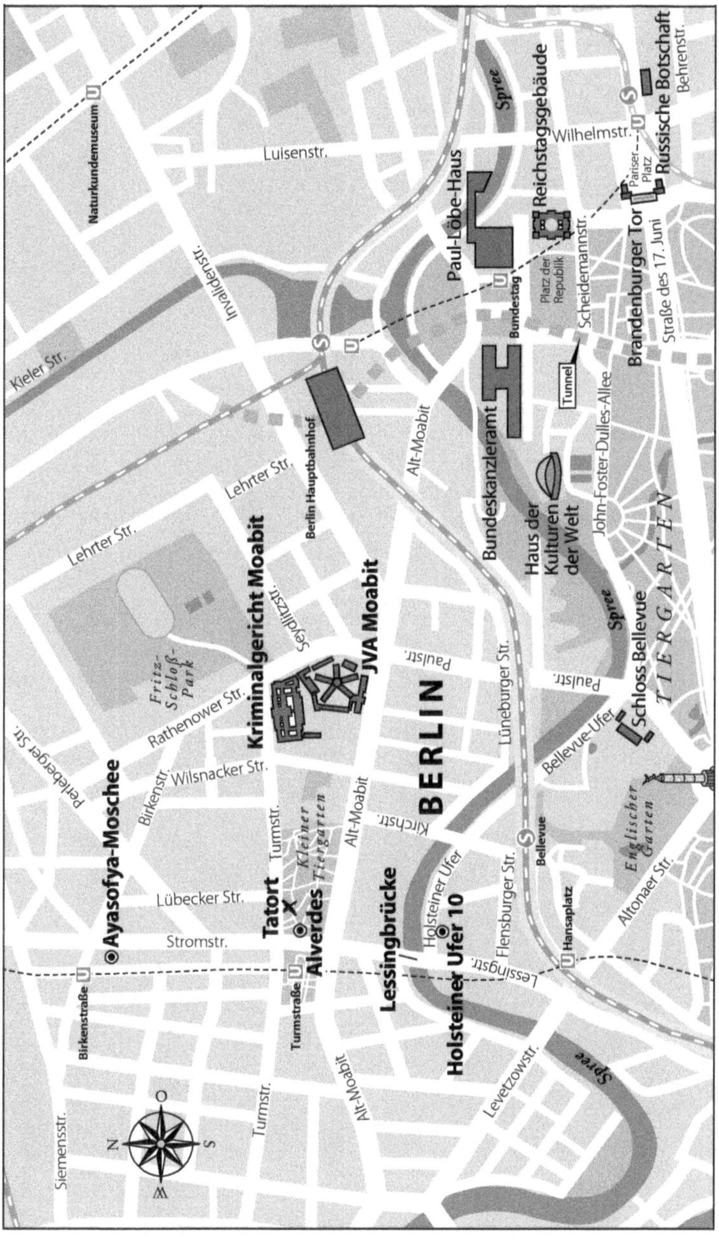

Der Tatort in Berlin-Moabit und Umgebung

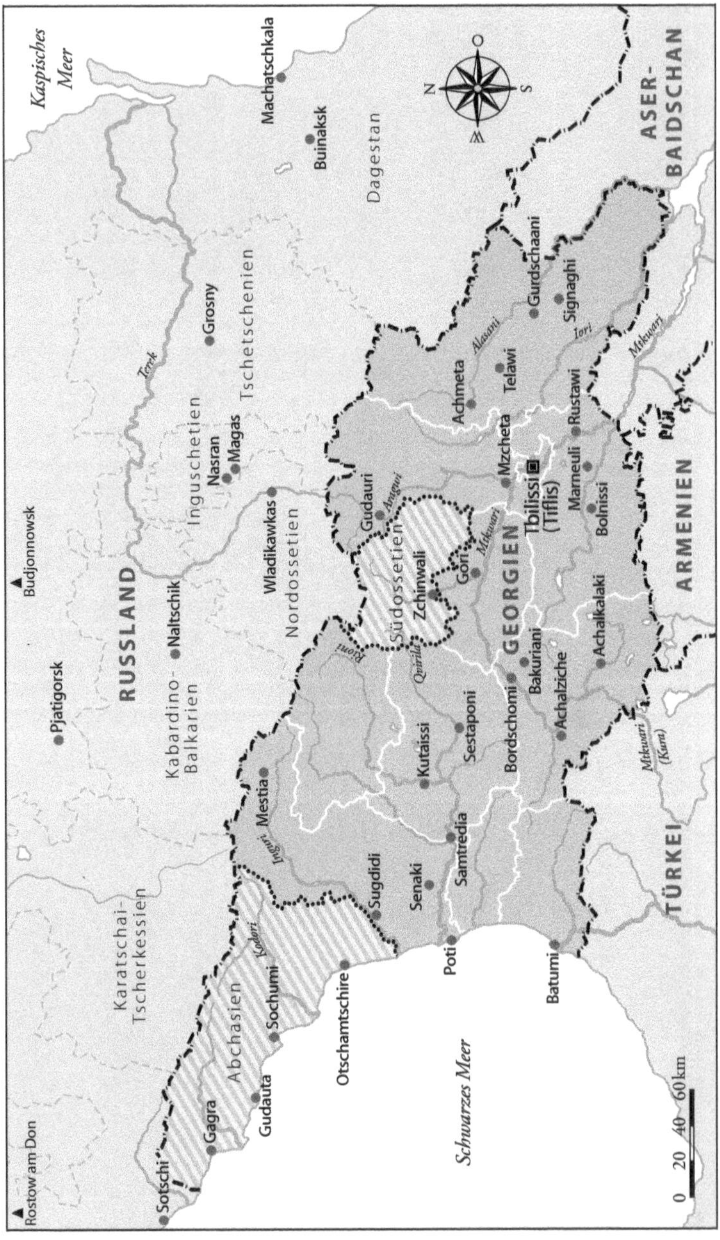

Der Kaukasus

Ostgeorgien

Vorbemerkung zu Namen, Orten und Quellen

Das Thema des Buches bringt Herausforderungen bei der Schreibung von fremdsprachigen Eigennamen, Personen und Orten mit sich. Im Interesse von Lesbarkeit und Verständlichkeit sind sie weitgehend eingedeutscht. Dies gilt auch, wenn sich in deutschsprachigen Publikationen die englische Übertragung durchgesetzt hat, weil zum Beispiel die deutschen Ermittlungsbehörden diese verwenden oder sich bei russischen Autoren international die englische Transliteration durchgesetzt hat. Ein Beispiel ist der Name der russischen Sondereinheit Wimpel. Das russische Wort ist ursprünglich dem deutschen Wort entlehnt und wurde aus dem Kyrillischen in der englischen Version als „Vympel" übertragen. Hier wird jedoch Wimpel verwendet. Wenn schon die Übertragung aus dem Russischen im Alltagsgebrauch häufig nicht einheitlich ist, gilt dies noch weniger für die im Kaukasus beheimateten Sprachen. So gibt es mehrere Varianten für den Namen des Opfers. Im Englischen wird er als Zelimkhan Khangoshvili übertragen, hier wird die Schreibweise Selimchan Changoschwili verwendet. In der Anklageschrift und im Urteil wird er unter dem Namen Tornike Kavtarashvili geführt. Er legte sich diesen Nachnamen seiner Mutter 2005 zu, nachdem er sich aus dem Kampf in Tschetschenien zurückgezogen hatte und sich Bedrohungen und Verfolgung ausgesetzt sah.

Der Name des Verurteilten ist Wadim Krassikow. Er selbst gab jedoch an, Wadim Sokolow zu heißen. Bei seiner Festnahme kurz nach der Tat hatte er einen russischen Pass bei sich, der auf diesen

Namen ausgestellt war. Nach Überzeugung des Berliner Kammergerichts, das ihn verurteilte, ist der Name Wadim Sokolow jedoch Teil einer Tarnidentität, unter der er ein Schengen-Visum erhielt und nach Deutschland einreiste.

Sofern zu Informationen im Text keine Quellen angegeben sind, beziehen sie sich auf Aussagen im Rahmen des Gerichtsprozesses zum Tiergartenmord. Auf verschiedenen Wegen gestellte Anfragen an die Anwälte des verurteilten Täters blieben ohne Antwort. Dies lässt darauf schließen, dass er sich nicht äußern will.

Einleitung
Mord im Tiergarten

Der russische Auftragsmörder lauerte am Eingang des Kleinen Tiergartens in Berlin, um sein Opfer regelrecht hinzurichten. Der Tschetschene Selimchan Changoschwili sollte im August 2019 nicht nur getötet werden, von dem Mord am helllichten Tag in einem belebten Berliner Park sollte auch ein Signal an alle Gegner der russischen Führung ausgehen: Ihr seid nirgendwo sicher. Doch gelang es dem Mörder nicht zu entkommen. Couragierte Zeugen und entschlossen handelnde Polizisten stellten ihn keine halbe Stunde später, nachdem er sich der Tatwaffe, seiner Kleidung und eines Fahrrads in der Spree entledigt hatte und als Tourist getarnt hatte entkommen wollen.

Etwas mehr als ein Jahr später begann der Prozess im Kriminalgericht genannten Gebäudekomplex in Berlin-Moabit, nur wenige hundert Meter vom Tatort entfernt. Ermittlern und Journalisten war es gelungen, die wahre Identität des Verdächtigen aufzuklären. Da die Spur in den zentralen Sicherheitsapparat Russlands geführt hatte, hatte die Bundesanwaltschaft am 4. Dezember 2019 das Ermittlungsverfahren übernommen.

Auf der Suche nach den Hintergründen des Mordes setzten sich Ermittler, Anwälte, Richter und Journalisten mit der Geschichte des mehr als 2000 Kilometer entfernten Kaukasus auseinander. Das Schicksal des Opfers und seiner Familie steht beispielhaft für die zeitgeschichtlichen Erfahrungen der dort lebenden Tschetschenen. Sie durchlebten von 1994 bis 1996 den Ersten Tschetschenienkrieg und ab 1999 einen zweiten Krieg mit der sich daran anschließenden „Antiterroroperation" der Zentralregierung in Moskau, die bis 2009 andauerte. Das aus Georgien stammende Opfer Changoschwili war zu Beginn des neuen Jahrtausends an Kämpfen beteiligt, bei denen russische Sicherheitskräfte und Zivilisten getötet wurden. Doch auch nachdem er nach Georgien in das Pankisi-Tal zurückgekehrt war, ließ ihn der Konflikt der Tschetschenen mit der russischen Zentralmacht und dessen Statthalter Ramsan Kadyrow nicht los. Er trat als Vermittler auf, wurde bedroht und verfolgt. Nach einem Attentat auf ihn ging er zunächst in die Ukraine, dann nach Deutschland. Doch sein Asylantrag wurde abgelehnt, die Hoffnung auf ein ruhiges Leben mit seiner Familie erwies sich als trügerisch. Am 23. August 2019 endete sein Leben brutal.

Heute ist klar: Der russische Auftragsmörder übte in Berlin Vergeltung, vermutlich für Kampfeinsätze, die 15 Jahre zurück- und 2500 Kilometer entfernt lagen. Jedenfalls konnten die Richter dem Verdächtigen keine persönlichen Motive für die Tat nachweisen, die in Moskau akribisch und mit Unterstützung staatlicher Strukturen vorbereitet worden war. Allerdings durchlief der als Täter verurteilte Wadim Krassikow eine Karriere in den sowjetischen und russischen Sicherheitsstrukturen, die ihn zu Kriegszeiten nach Tschetschenien hätte bringen können. Er ist offenbar verbunden mit der russischen Spezialeinheit Wimpel, die in Unruhegebieten und bei „Antiterroreinsätzen" zum Einsatz kam. In Russland war er mindestens zweimal wegen Mordes zur Fahndung ausgeschrieben, doch wurden die Daten aus seinen Akten getilgt, bevor er mit Hilfe staatlicher Stellen eine Tarnidentität erhielt. Mit dieser reiste er über Umwege nach Berlin. Vorbereitet hatte er sich offenbar in hochgesicherten Ausbildungszentren des russischen Inlandsgeheimdienstes FSB. Krassikow teilte die Ansichten seiner Auftraggeber, dass Tschetschenen gefährlich seien und deren Kämpfer „vernichtet" werden müssten.

Der 2. Strafsenat des Kammergerichts, der höchsten gerichtlichen Instanz im Land Berlin, kam am 15. Dezember 2021 zu einem klaren Urteil. Krassikow wurde zu lebenslanger Haft verurteilt, die Schuld wiege besonders schwer. Als Auftraggeber machten die Richter staatliche Stellen in Moskau aus, ohne sich allerdings auf einen Geheimdienst, eine Abteilung oder eine Person festzulegen. Das Urteil war historisch: Seit Beginn des Kalten Krieges in den 1950er Jahren hatte sich kein russischer Agent mehr vor einem westlichen Gericht wegen eines Tötungsdeliktes verantworten müssen, wie der russische Investigativjournalist Andrej Soldatow der Autorin sagte. In anderen Fällen, zum Beispiel der Vergiftung des Ex-Agenten Sergej Skripal und seiner Tochter in Salisbury oder beim Abschuss der Passagiermaschine MH17 über der Ostukraine, kamen Untersuchungskommissionen, Ermittler und Rechercheure zwar ebenfalls zu dem Ergebnis, dass Akteure der bewaffneten Organe Russlands oder deren Umfeld dahinterstanden, doch konnten die Behörden der mutmaßlichen Täter nicht habhaft werden.

Krassikows Geschichte ist mit dem Urteil nicht zu Ende. Im Sommer 2022 brachte die russische Führung eine Auslieferung Krassikows gegen die Freilassung von US-Amerikanern ins Spiel, die in Russland in Haft saßen. Auch ein Austausch gegen russische Oppositionelle wie Alexej Nawalny wurde in den USA ins Gespräch gebracht. Während der Verurteilte in einem deutschen Gefängnis sitzt – vermutlich streng abgeschirmt in Einzelhaft, auch zu seinem Schutz –, werden der Mord im Tiergarten und dessen Folgen auch weiter eine Rolle im Verhältnis zu Russland spielen.

Wie russischer Staatsterror in politischer Hinsicht seinen Weg von Tschetschenien bis nach Berlin in den Kleinen Tiergarten finden konnte, damit befasst sich das folgende Kapitel. Es behandelt vor allem im Kontext deutscher Außenpolitik die Frage, wie Russlands Präsident Wladimir Putin glaubte, die Tat als einen Akt der internationalen Terrorismusbekämpfung ausgeben und zugleich annehmen zu können, dass er damit auf Zustimmung treffen würde.

Das zweite Kapitel dreht sich um die Frage, wer in der russischen Führung aufgrund ihrer formellen und informellen Strukturen und der Gesetzeslage als Auftraggeber für den Mord in Frage kommen könnte. Hier werden die zahlreichen Indizien dargelegt, die nahelegen, dass die Verantwortung für die Tat bei der zentralen Staatsführung in Moskau liegt.

Das dritte Kapitel beschreibt den Mord selbst, wie professionell die Tat vorbereitet und ausgeführt wurde, was über mögliche Mittäter bekannt ist, wer bei solchen Taten als Helfer in Frage kommen könnte und was schließlich zur Ergreifung des Mörders kurz nach der Tat führte.

Daran schließt sich ein Kapitel zu den Ermittlungen und Recherchen an, die nicht nur den Angeklagten als Täter überführten, sondern die Richter schließlich auch davon überzeugten, dass der russische Staat Auftraggeber war. Es zeigt, wo in diesem Fall die Grenzen staatlicher Ermittlungen gegen die Führung eines autoritär regierten Staates liegen, wie die Rechercheorganisation Bellingcat zur Aufklärung beitrug und inwieweit deren Erkenntnisse in das Urteil einfließen konnten. Am Ende aller Nachforschungen fügte sich ein Puzzleteil in das andere, und ein stimmiges Bild entstand.

Das fünfte Kapitel zum Mordopfer Selimchan Changoschwili beschreibt seinen Werdegang, was ihn und andere Tschetschenen zu Kämpfern werden ließ, wie nahe er islamistischen Terroristen gestanden haben könnte und warum er seine Heimat verlassen musste. Aus diesem Lebensbild könnte sich ein Motiv für die Rachsucht der russischen Führung ergeben.

Im Mittelpunkt des sechsten Kapitels steht der Täter. Es wird aufgeführt, was über ihn anhand seiner eigenen Aussagen und der

Angaben eines Angehörigen bekannt ist. Es beschreibt die Sicherheitsstrukturen und Kreise, innerhalb derer sich Krassikow offenbar bewegte. Es geht dabei auch um die Verbindungen zwischen dem Inlandsgeheimdienst FSB und seinen Sondereinheiten.

Die politischen Lehren aus dem Fall werden im letzten Kapitel diskutiert – an welchen Stellen wurde es der Führung um Putin zu leicht gemacht? Wie ist mit einem autoritär geführten Staat umzugehen, der sich nicht an rechtsstaatliche Prinzipien und internationale Vereinbarungen hält? Können derart professionell vorbereitete Taten prinzipiell verhindert werden, was kann und muss getan werden, um den demokratischen Staat resilienter zu machen? Und schließlich: Wie können Opfer und Gefährdete des Regimes besser geschützt werden?

Kapitel 1
Es begann in Tschetschenien

„Warum bedenken Sie nicht, dass dieses bösartige Geschwür auch auf Sie übergreifen kann, wenn Sie es nicht jetzt ausheilen?" Das fragte die russische Journalistin Anna Politkowskaja im September 2003 in der *Arte*-Sendung „Debatte". Mit dem bösartigen Tumor meinte sie Krieg und Terror in Tschetschenien, die sich über die Grenzen Russlands hinaus ausbreiten könnten, wenn der russischen Führung nicht international Einhalt geboten werde. Moderator Hervé Claude fragte nach, warum ihrer Meinung nach so wenig getan werde. „Ich weiß es nicht, vielleicht aus Leichtsinn", antwortete Politkowskaja mit resignierter Stimme. Als Kriegsreporterin der *Nowaja gaseta* war sie Zeugin und Chronistin der beiden Tschetschenienkriege.[1]

Politkowskaja mahnte unermüdlich und machte auf die Folgen der „Antiterroroperation" der russischen Führung in der Nordkaukasusrepublik aufmerksam. In der *Süddeutschen Zeitung* beschrieb sie 2005 das Vorgehen der russischen Geheimdienste und Sondereinsatzkräfte: Sie betrieben Menschenraub, folterten und töteten ihre Opfer ohne Ermittlungsverfahren und Gerichtsverhandlung. Es handele sich schlicht „um einen vom Kreml dirigierten Staatsterrorismus".[2]

Wie ein Echo hallte dieses Diktum am 15. Dezember 2021 wider. Es war der Tag, an dem der 2. Strafsenat des Berliner Kammergerichts sein Urteil im Tiergartenmord sprach. Es befand den russischen Staatsbürger Wadim Krassikow des Mordes am tschetschenischstämmigen Georgier Selimchan Changoschwili für schuldig, begangen am Mittag des 23. August 2019 im Zentrum Berlins. Krassikow habe im Auftrag und mit Unterstützung des russischen Staates gehandelt. Das Motiv der Auftraggeber in der Zentralregierung in Moskau: Rache und Vergeltung dafür, dass Changoschwili als Kämpfer am Tschetschenienkrieg beteiligt war. Konkret nannte das Gericht die Angriffe auf die Stadt Nasran im Jahr 2004, bei denen zahlreiche russische Sicherheitskräfte getötet worden waren. Am Ende seiner Urteilsverkündung benutzte der Vorsitzende Richter Olaf Arnoldi das Wort, das auch Politkowskaja verwendet hatte: Staatsterrorismus.

Bombenterror

Das Urteil zum Mord im Kleinen Tiergarten in Berlin fiel in eine Zeit wachsender Spannungen mit Russland. Dennoch reagierte die Bundesregierung auf den Gerichtsentscheid lediglich mit der Ausweisung zweier Russen, die als Diplomaten an der Botschaft der Russischen Föderation in Berlin akkreditiert waren. Offenbar erhoffte sie sich mit dieser milden Reaktion, die Tür für Gespräche mit Präsident Wladimir Putin offen zu halten, der seit Wochen seine Streitkräfte an der Grenze zur Ukraine aufmarschieren ließ. Unbeeindruckt von diplomatischen Versuchen, ihn aufzuhalten, gab Putin am 24. Februar 2022 den Befehl zum Einmarsch in das westliche Nachbarland.

Die Bilder der bis auf die Grundmauern zerstörten Stadt Mariupol am Asowschen Meer riefen in der Ukraine Erinnerungen an das zerbombte Grosny wach, die tschetschenische Hauptstadt. Der Vizebürgermeister der südukrainischen Stadt, Sergej Orlow, sagte Mitte März 2022 mit Blick auf die Bilder von damals: „So sieht Mariupol im Augenblick aus." Die gezielten Angriffe auf zivile Einrichtungen wie Schulen, Kliniken und Wohnhäuser sowie auf die lebensnotwendige Infrastruktur der Ukraine haben Präsident Wolodymyr Selenskij und viele andere dazu veranlasst, ebenfalls von staatlichem Terror Russlands zu sprechen.

Warnungen vor einer Ausweitung des russischen Staatsterrors hatte es lange vor dem Angriffskrieg gegen die Ukraine gegeben: dass Tschetschenien nur am Anfang einer neoimperial ausgerichteten Politik Russlands stehen könnte, durchgesetzt mit Krieg und Terror, wenn der russischen Führung nicht Einhalt geboten werde. Einer der Mahner war bereits 1995 der damalige Präsident Tschetscheniens, Dschochar Dudajew:

> „Es wird ein Massaker auf der Krim stattfinden. Es wird einen unversöhnlichen Konflikt zwischen der Ukraine und Russland geben. Solange Russland existiert, wird es seine Ambitionen nicht aufgeben. Sie spielen die slawische Karte. Sie werden Belarus und die Ukraine von Neuem unterwerfen, um wieder stark zu werden.“[3]

Das Leiden und Sterben der russischen Soldaten in Tschetschenien brachte Juri Schewtschuk, Sänger der Rockband DDT und regierungskritischer Künstler, zum Ausdruck. Während des Ersten Tschetschenienkrieges unternahm er 1995 eine Konzertreise an die Front im Nordkaukasus; anschließend schrieb er in seinem Lied „Jungs“:

> Je näher am Tod, desto reiner die Menschen
> Je weiter hinten, desto dicker die Generäle.
> Hier habe ich gesehen, was passieren kann
> mit Moskau, der Ukraine, dem Ural.

Schewtschuk ahnte damals schon, dass die Politik des Kremls eines Tages zu einem Angriff auf die Ukraine führen könnte. Diese

Worte kamen nicht von ungefähr. Sie spiegelten Aussagen von russischer Seite wie jene von Anatoli Kwaschnin. Er war im Ersten Tschetschenienkrieg, der von 1994 bis 1996 dauerte, Oberbefehlshaber des russischen Angriffs auf Grosny. In einem Interview mit dem Militärfachmann Pawel Felgenhauer von der *Nowaja gaseta* sagte General Kwaschnin 1995:

> „Wir werden die Tschetschenen zu Brei schlagen, damit die jetzige Generation zu verängstigt ist, um wieder gegen Russland zu kämpfen. Sollen doch westliche Beobachter nach Grosny kommen und sehen, was wir mit unserer eigenen Stadt gemacht haben, damit sie wissen, was mit ihren Städten passieren kann, wenn sie sich mit Russland anlegen. Aber weißt du, Pawel, in 20 bis 30 Jahren wird eine neue Generation von Tschetschenen heranwachsen, die die russische Armee nicht in Aktion erlebt hat, und sie werden wieder rebellieren, und dann müssen wir sie wieder niederschlagen.“[4]

Als Oberbefehlshaber im Nordkaukasus war Kwaschnin verantwortlich für den Tod Tausender Zivilisten, Aufständischer und Soldaten der russischen Streitkräfte. Die russischen Truppen nahmen Grosny unter hohen Verlusten ein, um dann 1996 von den Aufständischen wieder vertrieben zu werden. Dennoch erhielt der Zwei-Sterne-General noch zwei weitere Sterne auf seinen Schulterklappen. Der damalige Präsident Boris Jelzin beförderte Kwaschnin zum Generalstabschef, als er die russischen Streitkräfte in den 1999 begonnenen Zweiten Tschetschenienkrieg führte. Ein weiteres Mal erwiesen sich die Truppen nicht als ausreichend ausgerüstet. Erneut wurde Grosny bombardiert, Tausende getötet. Auch wenn Kwaschnin in den Augen von Militärexperten für schwere militärische Fehlleistungen stand, blieb er im Amt.[5]

Entlassen wurde Kwaschnin erst 2004 nach einem Angriff tschetschenischer Aufständischer auf Nasran und weitere Ortschaften in Inguschetien, einer russischen Nordkaukasusrepublik, die an Tschetschenien grenzt. An diesem Angriff, der zum Tod von Dutzenden Angehörigen der russischen Sicherheitskräfte führte, war Selimchan Changoschwili beteiligt. Für Stunden verloren die Sicherheitskräfte in Inguschetien die Kontrolle, was einem Angriff auf die zentrale Staatsmacht gleichkam. Die Führung um Putin konnte dies nicht dulden. Deshalb seien Kwaschnin und hochrangige Offiziere des Inlandsgeheimdienstes FSB entlassen worden, schrieben die Investigativjournalisten Andrej Soldatow und Irina Borogan in ihrem Buch *Der neue Adel* über die im russischen Sicherheitsapparat verbliebenen Strukturen des Sowjetgeheimdienstes KGB. Hingegen führten humanitäre Tragödien wie die Besetzung einer Schule im nordossetischen Beslan durch tschetschenische Terroristen wenige Wochen später nicht zu solchen Konsequenzen. Obwohl 334 Geiseln, unter ihnen 186 Kinder, bei der völlig außer Kontrolle geratenen Befreiungsaktion getötet wurden, erhielten die Verantwortlichen zahlreiche Auszeichnungen. Dies belege, dass es der russischen Führung um ihre Macht gehe, nicht um das Wohlergehen der eigenen Bevölkerung, so das Fazit von Soldatow und Borogan.[6]

Diese völlig unterschiedlichen Reaktionen der russischen Führung auf das Versagen der Einsatzleitungen in Nasran und Beslan lässt folgende Schlussfolgerung plausibel erscheinen: dass der Angriff der tschetschenischen Aufständischen in Inguschetien für den Führungskreis um Putin 15 Jahre später noch eine derart herausgehobene Rolle spielte, dass er nach so langer Zeit noch Vergeltung an ehemaligen Freischärlern wie Changoschwili üben ließ.

Spezialoperationen

So wie Putin seit dem Überfall auf das Nachbarland Ukraine am 24. Februar 2022 von einer „militärischen Spezialoperation“ sprach, nannte er das Vorgehen der russischen Sicherheitskräfte in Tschetschenien in den Jahren Jahr 2000 bis 2009 „Antiterroroperation“. Zwar begann man zu dieser Zeit, die Streitkräfte durch Einsatzkräfte des Innenministeriums und des FSB zu ersetzen, und schließlich sollten tschetschenische Einheiten die Operationen übernehmen. Aber zum Beispiel schrieb der Kaukasusexperte Uwe Halbach noch 2002 über eine Zunahme von Auseinandersetzungen in Tschetschenien. Eine Steigerung der Konfliktintensität strafte alle Behauptungen über ein Ende militärischer Aktionen und den erfolgreichen Übergang zu einer Normalisierung und „Tschetschenisierung“ Lügen: Die Kämpfe zwischen russischen Streitkräften und Rebellen hätten zugenommen. Eine Rückkehr der Flüchtlinge nach Tschetschenien erweise sich als unmöglich, so Halbach.[7]

Es blieb für lange Zeit ein kriegerisches Vorgehen, das sich auch gegen die Zivilbevölkerung richtete. Unzählige Aufständische und deren Angehörige wurden gekidnappt, gefoltert und getötet – ohne Ermittlungen, Anklagen und Gerichtsprozesse. Dies prangerten russische Menschenrechtsorganisationen wie Memorial immer wieder an. Die Aufständischen wurden wie der erste Präsident Tschetscheniens, Dschochar Dudajew, nicht nur im Inland gejagt und getötet. Seinen einstigen Stellvertreter Selimchan Jandarbijew töteten 2004 mutmaßlich Agenten des russischen Militärgeheimdienstes GRU in der katarischen Hauptstadt Doha.[8]

In den folgenden Jahren füllte sich die Liste getöteter Aufständischer, deren Ermordung mutmaßlich in Moskau in Auftrag gegeben worden war: In der Türkei und der Ukraine, in Aserbaidschan und in Georgien kamen ehemalige und aktive Kämpfer gewaltsam und oft unter nicht restlos aufgeklärten Umständen ums Leben. 2019 kam Changoschwili hinzu. Putin rechtfertigte dessen Erschießung damit, dass er ein Terrorist gewesen sei. Nach Ansicht des Gerichts stellte Changoschwili jedoch keine Gefahr mehr dar, er habe sich in Deutschland zur Ruhe gesetzt.

Tschetscheniens zweiter gewählter Präsident Aslan Maschadow, unter dessen Kommando Changoschwili gekämpft hatte, setzte sich für ein Ende der Gewalt ein, bis er 2005 von einer Spezialeinheit des Inlandsgeheimdienstes FSB getötet wurde.[9] Vor dem Attentat sprach Maschadow erstmals von Friedensverhandlungen. In London waren Bevollmächtigte Maschadows mit den Soldatenmüttern Russlands zusammengekommen. Die Menschenrechtsorganisation kümmert sich seit den Tschetschenienkriegen um die Soldaten der russischen Streitkräfte und prangert Missstände an. Sie wollten nach einem friedlichen Ausweg aus dem Konflikt suchen. Dass Maschadow danach getötet wurde, sah Politkowskaja als Beleg dafür, dass Putin keinen Frieden wollte, sondern dass er Krieg um des Machterhalts willen führte. Schon 2005 beschrieb sie die Militarisierung der russischen Gesellschaft in einem autoritär-oligarchischem System, die Putin später mit der Annexion der Krim und dem Krieg in der Ostukraine weiter vorantrieb.[10]

Putins Freunde

Umso schärfer kritisierte Politkowskaja 2005 die Haltung Gerhard Schröders, weil er als Bundeskanzler Solidarität mit Putin im Kampf gegen den Terrorismus für selbstverständlich erklärt hatte, ohne die russische Vorgehensweise zu hinterfragen. Als der russische Präsident zwei Wochen nach den Terroranschlägen vom 11. September 2001 in den USA auf Staatsbesuch nach Berlin kam, benannte Schröder als Aufgabe der Bundesregierung, „Motor und Impulsgeber der strategischen Partnerschaft mit Russland" zu sein. Putin bot an, Russland an der weltweiten Koalition gegen den Terrorismus zu beteiligen. Jedoch zu einem Preis: Eine wirkliche Zusammenarbeit bedeute, gemeinsam an der Front zu kämpfen, „mit der [es] Russland heute zu tun hat". Das forderte Putin mit Blick auf Tschetschenien vor seinem Treffen mit Schröder. „Bis vor kurzem war Russland allein auf weiter Flur. Nur wir haben dem internationalen Terrorismus Widerstand geleistet", beklagte er. Schröder ließ sich offenbar von Putin überzeugen: Er halte ein Umdenken mit Blick auf Tschetschenien für notwendig. Die Völkergemeinschaft müsse zu einer „differenzierten Bewertung" des Konflikts um Tschetschenien kommen, zitierte *Der Spiegel* am 25. September 2001 den Bundeskanzler nach dem Treffen mit Putin.[11] Trotz russischer Großoffensiven in Tschetschenien lobte er Putin – zum Entsetzen von russischen Menschenrechtlern wie der Organisation Memorial. Gegen Exiltschetschenen in Deutschland fanden zu dieser Zeit auffallend umfangreiche Ermittlungen statt. Im Bundestagswahlkampf 2005, der sein letzter sein sollte, zog Schröder Bilanz: „Heute sind Deutsche und Russen einander so eng verbunden wie nie zuvor. Uns eint eine strategische Partnerschaft für ein friedliches, prosperierendes Europa und eine stabile Weltordnung."[12] Als „größten Fehler der deutschen Außenpolitik seit Gründung der Bundesrepublik" bezeichnen die Autoren Markus Wehner und Reinhard Bingener in ihrem Buch *Die Moskau-Connection* die Naivität, mit der deutsche Politiker auf das Herrschaftssystem Putins blickten und sich mit Energielieferungen abhängig von ihm machen ließen.[13] Die von wirtschaftlichen Interessen getriebene Politik führte zu einer massiven Energiekrise, als die Invasion in der Ukraine im Februar 2022 eine scharfe außenpolitische Reaktion erforderte und nach der Sabotage an den Pipelines Nord Stream I und II die Lieferung von Gas durch die Ostsee unmöglich wurde.

Putin hatte damit eine andere Situation geschaffen als sein Vorgänger Boris Jelzin während des Ersten Tschetschenienkrieges. Der russische Truppeneinmarsch in Grosny am 11. Dezember 1994 und der sich daraus entwickelnde langwierige und grausame Krieg löste in Europa Entsetzen aus. Der damalige Bundeskanzler Helmut Kohl brachte dieses im Januar 1995 in einer Bundestagsrede zum Ausdruck. Er sprach von einer „Tragödie, die für ganz Russland, vor allem für die Menschen vor Ort, schreckliche Folgen hat. Wir sehen die Bilder von erschlagenen, erschossenen Männern, Frauen und Kindern." Der Krieg im Kaukasus erinnerte ihn an Schreckensbilder aus dem Zweiten Weltkrieg.[14] Immer wieder versuchten Kohl, US-Präsident Bill Clinton und andere auf Jelzin einzuwirken. Doch waren seine Zusagen oft nicht haltbar, weil er selbst mit den Jahren zunehmend erratisch handelte und nicht die volle Kontrolle über das russische Militär hatte.

Dieser Krieg belastete die Beziehungen zu den westlichen Partnern auf Jahre. Außerdem schwächte er Russlands Position, sich gegen einen NATO-Beitritt ehemaliger Ostblockstaaten zu stellen. Denn der Krieg schien jenen Staaten recht zu geben, die in Russland eine militärische Bedrohung sahen. „Dass sie nach Verbündeten suchten, um sich gegen diese Gefahr zu verteidigen, schien plötzlich vernünftig statt paranoid", beschreibt die Historikerin Mary Elise Sarotte die damalige Stimmung in ihrer detailreichen Untersuchung *Not One Inch* zur NATO-Osterweiterung.[15]

Dass Putin im Kontrast dazu weniger scharf kritisiert wurde für sein Vorgehen in Tschetschenien, hatte mehrere Gründe. Der Kampf der tschetschenischen Aufständischen hatte sich im Zweiten Tschetschenienkrieg radikalisiert. Jene Kämpfer gewannen die Oberhand, die den Kampf aus islamistischen Motiven und mit Terror über die Grenzen Tschetscheniens hinaus führen wollten. Diesem Terror fielen Hunderte Zivilisten zum Opfer. Putin verknüpfte daher geschickt die Gewalt im Kaukasus mit dschihadistischem Extremismus andernorts. Schon bei einem Gespräch, das Putin im September 1999 noch als Ministerpräsident mit dem damaligen US-Präsidenten Bill Clinton führte, verband er die Terrororganisation Al-Kaida und deren Anschläge auf US-Einrichtungen in Afrika ein Jahr zuvor mit dem Konflikt in Tschetschenien: Tschetschenien habe die Anschläge auf Wohnhäuser in Moskau zu verantworten. Die Täter seien dieselben, die die Anschläge gegen die Vereinigten Staaten verübt hätten. Al-Kaida-Anführer Osama bin Laden habe die Absicht verkündet, nach Tschetschenien zu gehen, wo seine Kämpfer bereits präsent seien.[16] Im Februar 2002 behauptete Putins damaliger Außenminister Igor Iwanow dann, bin Laden halte sich womöglich im Pankisi-Tal in Georgien auf, wo viele Tschetschenen während der Kriege Zuflucht gefunden hatten – so auch Changoschwili und seine Familie.[17]

Kampf gegen den Terror als Rechtfertigung

Die russische Führung unter Putin setzte somit das Vorgehen gegen die tschetschenischen Aufständischen mit dem Kampf der USA gegen Al-Kaida und die Taliban gleich und stellte sich als zu Unrecht an den Pranger gestellt dar.[18] Internationale Verbindungen und Einflüsse gab es in Tschetschenien jedoch nicht in dem Maße, wie es die russische Führung behauptete. Nur eine kleine Zahl Tschetschenen ging zum Kämpfen nach Pakistan und Afghanistan. Zumindest bestätigten sich Gerüchte nicht, dass Tschetschenen in bedeutender Zahl in den Reihen der Taliban kämpften und von US-Truppen in Afghanistan gefangen genommen worden seien.[19] Umgekehrt gab es wenige Verbindungen zu Al-Kaida.[20] Eine betraf den bekanntesten Kämpfer aus dem arabischen Raum, al-Chattab. Ihm warf die russische Führung die Beteiligung an Terroranschlägen in Tschetschenien vor. Tatsächlich führte er mit dem Terroristen Schamil Bassajew einen Angriff in der tschetschenischen Nachbarrepublik Dagestan an, der dem Beginn des Zweiten Tschetschenienkrieges 1999 voranging. Doch nach Einschätzung der russischen Journalisten Soldatow und Borogan sowie anderer Experten war es Bassajew, der hinter den meisten Terrorakten stand. Die Kämpfer aus dem arabischen Raum seien den Tschetschenen untergeordnet gewesen. Die lokale Bevölkerung habe al-Chattab eher als fremd angesehen.[21]

Putin nutzte darüber hinaus das Label der Terrorismusbekämpfung, um den internationalen Einfluss Russlands zu erweitern.[22] Die russische Führung rief zum Beispiel im Rahmen der Schanghaier Organisation für Zusammenarbeit und des von Russland angeführten Militärbündnisses Organisation des Vertrages über kollektive Sicherheit (OVKS) Programme zur Terrorismusbekämpfung in Zentralasien ins Leben. Den Militäreinsatz in Syrien ab dem 30. September 2015 führte Russland offiziell gegen die Terrormiliz „Islamischer Staat“ und um die Ausbreitung des internationalen Terrorismus zu verhindern.[23] Mit dem Einsatz gelang es aber tatsächlich, den verbündeten Machthaber Baschar al-Assad an der Macht zu halten und die russische Militärpräsenz im Nahen Osten auszubauen.

Auch die Ukraine verband Putin mit Terrorbanden und Tschetschenien, als er am 21. Februar 2022, kurz vor Kriegsbeginn, eine langatmige Rede hielt, um die Anerkennung der Unabhängigkeit der beiden „Volksrepubliken“ Donezk und Luhansk zu rechtfertigen. Putin behauptete, die Machthaber in Kiew hätten das historische Gedächtnis der Ukrainer zu manipulieren versucht:

> „Kein Wunder, dass in der ukrainischen Gesellschaft extremer Nationalismus aufkam, der rasch die Gestalt von aggressivem Russenhass und Neonazismus annahm. So erklärt sich auch die Mitgliedschaft ukrainischer Nationalisten und Neonazis in

Terrorbanden im Nordkaukasus, die immer lauter Territorialforderungen an Russland erheben."

Putin behauptete, die „ukrainischen Machthaber" aktivierten auf der Krim, die Russland 2014 annektiert hatte, extremistische Zellen auch radikaler islamischer Organisationen und Terrorgruppen, und dies mit Unterstützung westlicher Geheimdienste. Den USA warf er darüber hinaus vor, „offen die Terroristen im Nordkaukasus" unterstützt zu haben.[24] Drei Tage später gab er seinen an der Grenze zur Ukraine bereitstehenden Streitkräften den Angriffsbefehl zum Überfall auf den westlichen Nachbarn.

Angesichts von Raketenangriffen auf Wohnhäuser in zahlreichen ukrainischen Städten, die nichts als den Tod von Zivilisten bewirkten, warf der ukrainische Präsident Selenskij seinerseits Russland Staatsterrorismus vor.[25] Ende November 2022 kam das Europaparlament der Aufforderung der Ukraine nach und erklärte in einer Resolution mit großer Mehrheit Russland zu einem „staatlichen Unterstützer von Terrorismus". Die vorsätzlichen Angriffe und Gräueltaten gegen die Zivilbevölkerung in der Ukraine, die Zerstörung der zivilen Infrastruktur und andere schwerwiegende Verstöße gegen das humanitäre Völkerrecht stellten Terrorakte und Kriegsverbrechen dar.[26] Putins außenpolitische Strategie, sein Vorgehen als Kampf gegen den Terror zu rechtfertigen und dafür international Verständnis und Unterstützung einzufordern, war damit bloßgestellt.

Der Angriffskrieg auf die Ukraine und der Mord an Selimchan Changoschwili sind in ihrer Dimension nicht vergleichbar. Sie sind jedoch beide Ausfluss einer Machtpolitik, die die Souveränität anderer Staaten missachtet. Im Prozess zum Tiergartenmord warf die Bundesanwaltschaft der russischen Führung ebenfalls vor, durch das Attentat das Gewaltmonopol der Bundesrepublik Deutschland in Frage gestellt zu haben. Mit einem „Fangschuss" auf das bereits reglos am Boden liegende Opfer habe der Täter nicht nur dessen „Vernichtung" aus Vergeltung angestrebt. Der Mord am hellichten Tag im belebten Kleinen Tiergarten in Berlin habe auch dazu gedient, den in Deutschland lebenden Tschetschenen und anderen Staatsbürgern Russlands jegliches Gefühl der Sicherheit vor Nachstellungen durch den russischen Staat zu nehmen. Auch das Sicherheits- und Gerechtigkeitsgefühl der Menschen in Deutschland insgesamt sei erschüttert worden.[27] Die Argumentation der Anklage zusammen mit den vorliegenden Indizien und Beweismitteln veranlassten den Vorsitzenden Richter Olaf Arnoldi zu dem Fazit, dass es sich um russischen Staatsterrorismus gehandelt habe. Vor dessen Ausgreifen über die Grenzen Russlands hinaus hatte die Reporterin Anna Politkowskaja angesichts des Krieges in Tschetschenien früh und trotz Todesdrohungen unermüdlich gewarnt – bis sie für immer verstummte, erschossen am Geburtstag Wladimir Putins am 7. Oktober 2006 im Aufzug ihres Wohnhauses in Moskau. Die Hintermänner des Mordes blieben unbekannt.

Kapitel 2
Der Auftrag

Staatsterrorismus – das Wort kommt im schriftlichen Urteil zum Mord im Tiergarten einmal vor. Auch bei der mündlichen Urteilsverkündung am 15. Dezember 2021 sprach es der Vorsitzende Richter Olaf Arnoldi nur einmal gegen Ende seines Vortrages aus – für einige Beobachter durchaus überraschend. Denn so sicher hatte es nicht erschienen, dass der Strafsenat diesen Punkt für ausreichend erwiesen halten würde. Schließlich wird im Urteil auch keine konkrete Person oder Sicherheitsbehörde benannt, aus der heraus der Mord in Auftrag gegeben und vorbereitet wurde. Mit behördlichen Ermittlungen und journalistischen Recherchen war es unmöglich, in diesen Bereich vorzudringen. Einblicke könnten nur Zeugen aus dem Machtapparat geben, die – unter Lebensgefahr – zur Aussage bereit wären und Dokumente als Beweise vorlegen könnten. Putin und sein Führungszirkel sind allerdings vor dem Hintergrund ihrer Erfahrungen im Geheimdienstbereich seit Anbeginn ihrer Herrschaft äußerst geschickt darin, eine Rückverfolgung bis zu ihnen zu erschweren, wenn nicht unmöglich zu machen. In einer ausführlichen Biografie beschreiben Fiona Hill und Clifford G. Gaddy beispielsweise, wie Putin belastendes Material sammelt und damit unbedingte Loyalität der ihn Umgebenden erpresst. Der Reichtum, den er sich im Laufe der Zeit angeeignet hat, lässt sich nicht auf ihn zurückführen, registriert sind Konten, Paläste, Jachten und anderes auf die Namen enger Vertrauter.[1] So verfügte der Cellist und Taufpate von Putins Tochter Maria Sergej Rodulgin über ein Netzwerk von Briefkastenfirmen, in die mehrere Millionen Dollar flossen und über die zahlreiche Geschäfte abgewickelt wurden. Daten aus den 2016 veröffentlichten „Panama Papers" legen nahe, dass Putins enger Freund seinen Namen gegeben hatte, um den Reichtum des Mannes an der Spitze des russischen Staates zu verschleiern.[2] Dennoch lassen ein genauerer Blick auf die Machtstrukturen Russlands und einige Indizien den Schluss zu, dass die Entscheidung, den Auftragsmord auszuführen, auf höchster Ebene getroffen wurde.

Einige Hinweise lieferte der Angeklagte selbst, auch wenn er an den 53 Verhandlungstagen des Gerichtsprozesses keine Aussage machte. Nur wenige Male war seine Stimme im holzgetäfelten Saal Nummer 700 des Kriminalgerichts in Berlin-Moabit zu hören, aus dem Russischen übersetzt von Gerichtsdolmetscherinnen und -dolmetschern. Bis zum Schluss blieb Krassikow bei der Aussage, dass er nichts mit der Tat zu tun habe, dass er lediglich als Tourist unterwegs gewesen sei und Wadim Sokolov heiße – der Name in dem Pass, den er bei der Festnahme bei sich trug. Konkretere Angaben zu seinem Aufenthalt in Berlin wollte er nicht machen. Zumeist verfolgte Krassikow die Verhandlungen reglos, aber konzentriert hinter den Sicherheitsglasscheiben. Auf Angebote des Vorsitzenden Richters Arnoldi, sich zu den Vorwürfen gegen ihn zu äußern oder die Tatwaffe in Augenschein zu nehmen, ging er nicht ein.

Was wiederum ein Beamter des Bundeskriminalamtes (BKA) als Zeuge vor Gericht über seine Begegnungen mit ihm erzählte, lässt darauf schließen, dass er durchaus reges Interesse an den Ermittlungen und deren Folgen hatte und dass er auf staatliche Unterstützung aus Russland hoffte. Das BKA übernahm die Ermittlungen, als der Generalbundesanwalt am 4. Dezember 2019 den Fall unter dem Verdacht an sich zog, dass die Tat auf den russischen Staat zurückgehen könnte. Für die Überprüfung der Untersuchungshaft war entsprechend der Bundesgerichtshof zuständig.

Verräterische Worte

So beherrscht Krassikow im Gerichtssaal auftrat, so ließ er doch manches Mal durchscheinen, wer er wirklich sein könnte und über welche Fähigkeiten er verfügt. Als Krassikow am 11. Februar 2020 einem Ermittlungsrichter beim Bundesgerichtshof in Karlsruhe vorgeführt wurde, begleitete ihn ein BKA-Beamter mit Russischkenntnissen. Während der Wartezeiten im Haftraum seien sie nach und nach ins Gespräch gekommen, erzählte der BKA-Beamte.[3] Krassikow habe sich dafür interessiert, was Putin zur Tat gesagt habe und wie darüber in Russland berichtet werde. Er habe sich verwundert darüber gezeigt, dass die deutsch-russischen Beziehungen durch die Tat beeinträchtigt worden seien. Regelrecht „echauffiert" habe er sich über die „einseitige" Berichterstattung in Deutschland. Auch andere Staaten verfolgten Terroristen im Ausland, argumentierte er. Die Amerikaner zum Beispiel töteten in Syrien und anderswo. In Deutschland hingegen sei man offenbar etwas naiv und unterschätze die Tschetschenen: „Sie machen sich keine Vorstellung von der Gefahr, die von Tschetschenen ausgeht", so die Worte Krassikows nach Aussage des BKA-Beamten.

Gesprächig zeigte sich Krassikow auch bei den ersten Vernehmungen durch Berliner Polizeibeamte einen Tag nach der Tat und bei drei weiteren Terminen. Von Anfang an bestand er auf einen Anwalt, den die russische Botschaft ihm stellen sollte. Laut einem Vermerk, den die Nebenklage vor Gericht zitierte, äußerte er selbstsicher: „Russland weiß ja, dass ich hier bin, und würde nicht auf mich verzichten." Jedoch schickte die Botschaft keinen Anwalt. Krassikow blieb ohne anwaltliche Vertretung, bis der Generalbundesanwalt den Fall am 4. Dezember 2019, mehr als drei Monate nach der Tat, übernahm. Er ordnete dem Beschuldigten die zwei Pflichtverteidiger Ingmar Pauli und Christian Koch bei. Bis dahin hätten die Ermittler keine Vernehmungen durchführen dürfen. Krassikows Wahlverteidiger Robert Unger, der nach eigenen Angaben kurz vor Beginn des Gerichtsprozesses am 7. Oktober 2020 in das Verfahren einstieg, setzte deshalb durch, dass Krassikows Aussagen, die er ohne einen Anwalt getätigt hatte, nicht im Urteil verwendet werden durften. Die drei Anwältinnen Inga Schulz, Johanna Künne und Barbara Petersen, die die Angehörigen des Opfers im Prozess als Nebenklägerinnen vertraten, schlossen sich dem Antrag an, weil auch sie das Recht von Beschuldigten auf anwaltlichen Beistand bei polizeilichen Vernehmungen durchgesetzt sehen wollten.

Bevor diese Entscheidung getroffen wurde, nutzten die Anwältinnen allerdings die Möglichkeit, aus den Ermittlungsakten Aussagen von Krassikow zu zitieren, die einen Hinweis auf seine persönliche Einstellung zu der Tat gaben: In einer Erklärung, die sie dem Gericht am 9. Dezember 2020 vorlegten, zitierten sie aus den Ermittlungsakten, wonach sich Krassikow zum Opfer äußerte, als er am 18. November 2019 mit zwei Ermittlungsergebnissen konfrontiert wurde: dass der Name Wadim Sokolov nur eine Tarnidentität sei und er in Wahrheit Wadim Krassikow heiße – und dass er den Mord an Selimchan Changoschwili begangen habe. „Den Terroristen, der sich hier befunden hat, habe ich nicht vernichtet", soll seine Reaktion den Akten zufolge gewesen sein.[4] Dass der Beschuldigte in dieser offenbar spontanen Reaktion vom Opfer als „Terroristen" und von dessen „Vernichtung" sprach, deckt sich mit der Feststellung, zu der das Gericht in seinem Urteil kam: dass der Angeklagte „sich bewusst in den Dienst der Ziele seiner Auftraggeber" gestellt habe, bei dem es sich um „staatliche Stellen der Zentralregierung der Russischen Föderation" gehandelt habe. Die Richter des 2. Strafsenats schlossen einen Mord aus kriminellen oder persönlichen Motiven aus, ebenso einen Auftraggeber in der russischen Teilrepublik Tschetschenien. Die Erschaffung der Tarnidentität für Krassikow sei den zentralen Behörden in Moskau zuzuschreiben. Die Russische Föderation verfüge zudem über die logistischen Möglichkeiten, die Tat im Ausland vorzubereiten: Der FSB und dessen Spezialeinheit Wimpel seien zu solchen Taten „ohne Weiteres in der Lage".

Arnoldi machte beim Urteilsspruch am 15. Dezember 2021 jedoch eine Einschränkung: Es habe nicht mit Sicherheit festgestellt werden können, welche staatliche Institution für den Tötungsauftrag konkret verantwortlich war. Auch sei nicht mit letzter Sicherheit feststellbar gewesen, welcher Institution innerhalb des staatlichen Sicherheitsapparates der Täter zugehörig war. Damit blieb offen, auf welcher Ebene und von wem in Moskau die Entscheidung getroffen worden sein könnte. Einiges spricht dafür, dass der Führungskreis um Präsident Wladimir Putin eingeweiht war.

Es war Putin selbst, der hierfür Hinweise lieferte, als er sich bei zwei Pressekonferenzen vier Monate nach der Tat äußerte, die erste aus Anlass des Ukrainegipfels am 9. Dezember 2019 in Paris, bei der Bundeskanzlerin Angela Merkel und Frankreichs Präsident Emmanuel Macron neben ihm saßen. Ein weiteres Mal äußerte er sich bei seiner Jahrespressekonferenz zehn Tage später in Moskau, als er einem *Spiegel*-Journalisten antwortete. Dieser fragte zunächst nach dem Verdächtigen, der in Berlin in Untersuchungshaft saß. Zu diesem Zeitpunkt war schon bekannt, dass es sich um Wadim Krassikow handeln könnte, der wegen eines Mordes, begangen am 19. Juni 2013 in Moskau, zeitweise in Russland und international zur Fahndung ausgeschrieben war. Auf den Verdächtigen ging Putin mit keinem Wort ein, ebenso wenig auf die Frage, warum die russischen Behörden Anfragen aus Deutschland zur Aufklärung des Attentats in Berlin nicht nachkämen. Stattdessen äußerte sich Putin bei beiden Pressekonferenzen ausführlich zum Getöteten. Er rechtfertigte die Tat als Vergeltung für Terrorakte, die Changoschwili begangen haben sollte. Er nannte ihn einen „absolut blutrünstigen Mörder", einen „sehr blutigen und sehr harten Mann“, der in einem „Banditenmilieu“ unterwegs gewesen sei.

Putin kritisierte, dass „Terroristen und Mörder“ frei in europäischen Hauptstädten herumliefen. Er stellte eine Verknüpfung her zu Syrien und der Terrormiliz „Islamischer Staat“. Außerdem habe Russland die USA vor einem der beiden tschetschenischen Brüder gewarnt, die den Anschlag auf den Boston-Marathon am 15. April 2013 begangen haben. „Und bei Ihnen gehen solche Banditen in Berlin spazieren“, so der russische Präsident vorwurfsvoll.

Dann ging Putin auf die internationale Terrorismusbekämpfung ein: Er forderte eine „vollwertige Kooperation“ und eine „hocheffiziente Zusammenarbeit“, die eine „Zweibahnstraße“ sein müsse. In Bezug auf Changoschwili behauptete Putin in Paris, die russische Seite habe mehrmals die Bitte an die deutschen Kollegen geäußert, „diesen Killer auszuliefern“. Man sei da „leider auf kein Verständnis gestoßen“. Jedoch musste er bei der folgenden Pressekonferenz am 19. Dezember 2019 in Moskau einräumen, dass von russischer Seite nie ein Auslieferungsantrag gestellt worden war. Diese Fragen seien aber „mehrmals auf Geheimdienstebene erörtert worden“, rechtfertigte Putin seine Behauptung.

Vermutlich meinte er ein Schreiben des Inlandsgeheimdienstes FSB an das Bundeskriminalamt vom 13. Juli 2012 zum Kaukasischen Emirat. Diese islamistisch-extremistische Gruppe war 2007 im Nordkaukasus gegründet worden und verübte unter der Führung des Terroristen Doku Umarow Terroranschläge. Den russischen Angaben zufolge soll Changoschwili für die Ausbildung von Kämpfern des Emirats in Georgien zuständig gewesen sein. Sein Name fand sich auf einer Liste mit 18 weiteren angeblichen Terroristen, vor denen Russland die deutschen Behörden warnen wollte. Zum Zeitpunkt des Mordes an Changoschwili 2019 waren mindestens vier weitere von ihnen schon nicht mehr am Leben. Das Berliner Kammergericht konnte jedoch in seinem Urteil keine Mitgliedschaft Changoschwilis im Kaukasischen Emirat feststellen. Dessen Erkenntnissen zufolge hatte sich Changoschwili bereits 2004 aus dem aktiven Kampf gegen Russland zurückgezogen. Der Vorwurf der Mitgliedschaft im Kaukasischen Emirat fand sich auch nicht mehr in dem Rechtshilfeersuchen, das das Ermittlungskomitee der Russischen Föderation schließlich am 17. Januar 2020, einen Monat nach der Jahrespressekonferenz Putins, an die deutschen Behörden schickte. Genannt werden darin stattdessen Strafverfahren wegen eines Kampfeinsatzes im Oktober 1999 in Tschetschenien und darüber hinaus eine Beteiligung Changoschwilis an Angriffen auf Einrichtungen der Sicherheitsbehörden in der Nordkaukasusrepublik Inguschetien, darunter die Stadt Nasran, im Jahr 2004.

Abgesehen davon, dass Putin wortreich den Mord an Changoschwili rechtfertigte, stellte sich also heraus, dass die russischen Behörden kaum Beweise vorlegen konnten, die den Vorwurf terroristischer Aktivitäten Changoschwilis und einer potenziellen Gefährdung durch ihn hätten untermauern können. Die Bundesanwaltschaft sah keinerlei Rechtfertigung für eine „präventive Tötung" Changoschiwlis, wie sie in ihrem Plädoyer vor Gericht betonte.[5] Stattdessen zeigte sich in Putins Argumentation erneut der Versuch, angebliche Terrorismusbekämpfung als Vorwand für extralegales Vorgehen gegen vermeintliche Gegner zu nutzen – so wie er schon mit dem „Kampf gegen den Terrorismus" das brachiale Vorgehen in Tschetschenien und die Intervention in Syrien legitimiert hatte.

Machtinstrumente Putins

Darf ein russischer Agent im Ausland einen Mord begehen? Es gibt tatsächlich eine juristische Grundlage für die außergerichtliche Liquidierung von Personen, die als Terroristen angesehen werden: das Gesetz zur Bekämpfung des Terrorismus. Es sagt etwas darüber aus, wer den Auftrag zum Mord im Tiergarten gegeben haben könnte, und sein Entstehungsprozess weist darauf hin, wem es am meisten nützt.

Die erste Version wurde am 25. Juli 1998 verabschiedet. Am gleichen Tag wurde Putin zum Chef der KGB-Nachfolgeorganisation FSB ernannt, des Inlandsgeheimdienstes Russlands. Im Laufe des Jahres 2006 wurde es erneut verschärft und bietet seitdem die juristische Grundlage für die Tötung von Terroristen auch außerhalb des eigenen Staatsgebiets.

Die Verschärfung erfolgte auch in Konsequenz auf eine Welle schwerer Terroranschläge in den Jahren zuvor, wie auf eine Vorstellung des Musicaltheaters Nord-Ost in Moskau 2002, auf die erwähnten Einrichtungen der Sicherheitsbehörden in Inguschetien und auf eine Schule im nordossetischen Beslan im Jahr 2004. Im Sommer 2006 wurden in der irakischen Hauptstadt Bagdad fünf russische Diplomaten als Geiseln genommen mit der Forderung an den Kreml, den Rückzug aus Tschetschenien anzutreten und gefangene Freischärler freizulassen. Alle fünf Diplomaten kamen ums Leben.

Das novellierte Gesetz definierte nun den Terrorismus als vor allem gegen den Staat gerichtetes Handeln. In der vorherigen, unter Präsident Jelzin verabschiedeten Fassung lag der Schwerpunkt hingegen noch auf dem Vorgehen gegen Zivilisten.[6] Nun hieß es, Terrorismus „ist die Ideologie der Gewalt und der Praxis, auf das Entscheidungsverhalten von Organen der Staatsgewalt, von Organen der örtlichen Selbstverwaltung oder von internationalen Organisationen einzuwirken, verbunden damit, die Bevölkerung in Schrecken zu versetzen, und (oder) mit sonstigen Formen widerrechtlicher gewaltsamer Handlungen".[7] Das Gesetz ist so vage formuliert, dass die Regierung es potenziell gegen jede ihr politisch unliebsame Gruppe einsetzen kann.[8] Es erklärt das

Töten einer Person, das Schädigen ihrer Gesundheit und ihres Eigentums als rechtmäßig, wenn sie „eine terroristische Handlung begangen hat“. Artikel 5 (Abs. 1, Nr. 3) in der zuletzt 2019 geänderten Fassung gibt dem Präsidenten der Russischen Föderation zusätzlich die Befugnis, über Einsätze zur Bekämpfung terroristischer Aktivitäten außerhalb der Russischen Föderation zu entscheiden.[9]

Im Rahmen eines größeren Gesetzespakets erhielt der Inlandsgeheimdienst FSB die zentrale Kontrolle über die Terrorismusbekämpfung in Russland und im Ausland. Das Innen- und das Verteidigungsministerium wurden dem FSB bei dieser Aufgabe untergeordnet. Per Dekret vom 15. Februar 2006 bildete Putin zudem ein Nationales Antiterrorkomitee unter Vorsitz des FSB-Direktors. Seit 1999 als Nachfolger Putins und bis 2008 war das Nikolai Patruschew.[10] Heute steht FSB-Direktor Alexander Bortnikow an der Spitze des Komitees. Zu den Mitgliedern zählen unter anderem die Minister für Inneres, Äußeres, Verteidigung und der Generalstabschef.[11]

Auffällig ist nach allem, was über die formalen Strukturen und die informellen Netzwerke im russischen Machtapparat bekannt ist, die zentrale Rolle Patruschews bei Entscheidungen Putins – auch nachdem er 2008 den Posten als FSB-Chef verlassen hat und seither die offiziell weniger mächtige Funktion des Sekretärs des Nationalen Sicherheitsrats ausübt. Putin und Patruschew kennen sich seit Mitte der 1970er Jahre, als sie ihre Karriere beim KGB im damaligen Leningrad begannen. Nach dem Ende der Sowjetunion setzte Patruschew seine Laufbahn im Sicherheitsapparat fort und stieg innerhalb des FSB auf, bis er 1999 dessen Chef wurde, während Putin den Posten als Ministerpräsident antrat. Beide sorgten dafür, dass der FSB mächtiger wurde als einst der KGB in der Sowjetunion. Wie Soldatow und Borogan 2006 festhielten, ist der FSB für Patruschew der „neue Adel“.[12]

Patruschew zählt seit beider Aufstieg im Sicherheitsapparat zu Putins engsten Vertrauten.[13] Experten schreiben ihm einen erheblichen, wenn nicht den größten Einfluss auf Putin zu. Er kontrolliere, welche Informationen der Präsident in seinen morgendlichen Briefings erhalte. Mit den Geheimdienstchefs wähle er die – Putin genehmen – Informationen aus, die sie ihm in verschiedenen Mappen bereitlegen. Er sei in alle wichtigen Entscheidungen zum Beispiel zur Krim und zum Kriegseinsatz in Syrien eingebunden.[14] Dass sich dies fortgesetzt hat, dafür spricht die Nationale Sicherheitsstrategie Russlands von 2021. Sie trägt deutlich Patruschews Handschrift: Unter den Vertretern der sogenannten Silowiki, der Männer aus dem Sicherheitsapparat, gilt Patruschew als der Radikalste und Gefährlichste. Sein Streben richtet sich nicht nach Reichtum, Villen und Jachten, sondern nach einem wiedererstarkenden Russland als Antipode zum Westen. Dies verbindet er mit nationalistischen Positionen und Verschwörungstheorien, wonach die USA und der „kollektive Westen“ als sein Vasall Russland zerstören wollten. Unfälle und Anschläge schreibt er den USA sowie anderen ausländischen Akteuren wie der Al-Kaida zu, ohne Belege zu präsentieren. Nach dem Untergang des Atom-U-Boots Kursk sprach er beispielsweise davon, dass zwei Soldaten aus Dagestan an Bord gewesen seien und diese womöglich Sabotageakte begangen hätten.[15]

Patruschew gilt als Funktionär der Macht, der das tschetschenische Volk und seine Verbündeten hasst.[16] In seine Zeit an der Spitze des FSB fallen die schwersten Terroranschläge in Russland, der Zweite Tschetschenienkrieg und die folgende „Antiterroroperation“, die Putin erst nach Patruschews Wechsel in den Nationalen Sicherheitsrat 2009 für beendet erklärte. Patruschew spielte 1999 eine fragwürdige Rolle bei einer Serie von Terroranschlägen auf Wohnhäuser in Moskau, Wolgodonsk und Bujnaksk, die Putin als eine Rechtfertigung für den Zweiten Tschetschenienkrieg dienten. Nach zwei Anschlägen in Moskau Anfang September mit insgesamt 212 Toten berichteten am 22. September russische Medien, dass in der Stadt Rjasan südlich von Moskau ein weiterer Terroranschlag verhindert worden sei. Die Polizei habe im Keller eines Wohngebäudes den Sprengstoff Hexogen und einen Zünder sichergestellt. FSB-Chef Patruschew jedoch erklärte in einem TV-Interview zwei Tage später, es habe sich lediglich um eine Übung mit Säcken voll Zucker und ohne funktionsfähigen Zünder gehandelt. Die Einsatzkräfte und die Bevölkerung in Rjasan hätten sich vorbildlich verhalten. Die Aussage lässt sich damit erklären, dass es zu den Aufgaben der Sondereinheit Wimpel des FSB gehört, Maßnahmen zur Terrorismusprävention zu überprüfen. Ein FSB-Sprecher erklärte, man habe auch in anderen Städten solche Übungen wie in Rjasan durchgeführt, bei denen Polizei und Bevölkerung nicht so wachsam gewesen seien. Als Mitglieder einer Untersuchungskommission vertraten die beiden Duma-Abgeordneten Sergej Juschenkow und Juri Schtschekotschichin die These, dass der FSB in die Anschläge involviert gewesen sei. Sie hätten als Anlass für den ab 1. Oktober 1999 beginnenden Einmarsch der russischen Truppen in Tschetschenien gedient. Juschenkow wurde im April 2003 erschossen, Schtschekotschichin vergiftet, vermutlich mit Polonium-210.[17]

Die Geheimdienstexperten Soldatow und Borogan schrieben dazu, wenn tatsächlich Übungen zur Terrorismusprävention in Rjasan durchgeführt worden seien, dann habe sich der FSB mit seiner Reaktion allerdings selbst beschädigt. Auch in den Jahren danach habe es der FSB nicht geschafft, Spekulationen über seine mögliche Urheberschaft der Anschläge auf die Wohnhäuser mit überzeugenden Belegen entgegenzuwirken. Stattdessen habe der Geheimdienst alles unternommen, um jene zum Schweigen zu bringen, die Fragen gestellt hätten.[18] Die Zweifel daran, ob die Täter tatsächlich tschetschenische Gegner der russischen Regierung waren, verstummten jedoch nie und wurden seit 2022 zumindest außerhalb Russlands zunehmend lauter ausgesprochen. Der Russlandkorrespondent der Wochenzeitung *Die Zeit*, Michael Thumann, schreibt in seinem Buch *Revanche* beispielsweise von einer erfundenen Kriegserklärung.[19] Eine Folge der fehlenden Aufklärung zeigt sich bis heute in einem starken Misstrauen gegenüber dem FSB: Immer wenn es Anschläge auf politische Figuren, ungeklärte Todesfälle oder auch Drohneneinsätze wie beispielsweise am 30. Mai 2023 über Moskau gibt, wird unmittelbar in sozialen Medien der Verdacht geäußert, es könne sich um eine FSB-Operation „unter falscher Flagge" handeln, um unliebsame Gegner zu beseitigen oder Vorwände für militärische Operationen zu liefern.

Patruschew scheint die treibende Kraft hinter Putin zu sein, die ihn radikalisiert und immer stärker in eine Position gedrängt hat, die ihm einen Rücktritt von der Macht unmöglich macht. Beider Überleben, womöglich nicht nur im politischen, sondern im wörtlichen Sinne, hängt nach all den Jahren vom Verbleib Putins an der Macht ab.[20]

So wie bei der Poloniumvergiftung von Alexander Litwinenko 2006 gibt es auch im Fall Changoschwili die Vermutung, dass Patruschew die Entscheidung zur Liquidierung getroffen habe und Putin zumindest eingeweiht gewesen sein könnte.[21] Der leitende Rechercheur der Investigativplattform Bellingcat, Christo Grozev, geht nach langjährigen Recherchen zum russischen Sicherheitsapparat davon aus, dass sich ein Gremium unter Vorsitz von Patruschew mit den politischen Gegnern des russischen Machtapparates befasst. Patruschew entscheide letztlich, wie mit den Regimegegnern verfahren werden solle, Putin sei aber zumindest eingeweiht. In einem solchen kleinen Kreis auf höchster Ebene dürfte nach Einschätzung von Grozev die Entscheidung über Changoschwilis Liquidierung getroffen worden sein. Soldatow bestätigte insoweit: Er glaube nicht, dass man die Genehmigung für ein Attentat in Deutschland bekomme, ohne dass Putin eingeweiht sei.

Ein Indiz dafür könnte sein, dass aus den Sicherheitsdiensten heraus keine Informationen zu der Tat an russische Medien durchgestochen wurden. Hätte eine Abteilung innerhalb des FSB allein den Mord in Berlin zu verantworten gehabt, hätten konkurrierende Abteilungen oder andere russische Geheimdienste die Tat für ihre Zwecke nutzen können. Einige russische Medien sind für ihre guten Beziehungen bis tief in die Sicherheitsorgane bekannt. Wenn sie Informationen veröffentlichen, gilt dies gemeinhin als glaubwürdig und als Hinweis auf mögliche Machtkämpfe innerhalb der Dienste. Dies ist jedoch im Fall des Tiergartenmords nicht geschehen.

Geheimdienst außer Kontrolle

Ein wichtiges Argument, den Mord als Staatsterror einzuordnen, war für das Gericht die fehlende Kooperation der russischen Ermittlungsbehörden. Die Position des FSB im Macht- und Sicherheitsapparat Russlands liefert eine mögliche Erklärung dafür.

Bei all den Befugnissen, die der FSB unter seinem Dach vereint, vom Grenzschutz bis zur Strafverfolgungs- und Exekutivbehörde bei der Bekämpfung von Terroristen im In- und Ausland – es fehlt jegliche parlamentarische oder sonstige unabhängige Kontrolle von außen. Zu dieser Einschätzung kam die Venedig-Kommission des Europarates schon 2012. Diese Kommission überprüft, ob Gesetze der Mitgliedsstaaten der Einhaltung rechtsstaatlicher und demokratischer Prinzipien dienen. Sie kritisierte, dass im Gesetz zur Bekämpfung des Terrorismus die gesetzlichen Definitionen von „extremistischen Aktivitäten“, die den Behörden ein Handeln gegen Personen und Organisationen erlauben, zu wenig präzise seien. Zudem seien die als externe Aufsicht genannten Institutionen keine unabhängigen Kontrolleure: Das betreffe den Staatspräsidenten (in Person von Putin) und die Regierung. Der zuständige Duma-Ausschuss für Sicherheit und Korruptionsbekämpfung sowie der „Öffentliche Rat" hätten keinen Zugang zu geheimen Informationen, wenn der FSB sie nicht von sich aus bereitstelle. Außerdem sei ernsthaft zu bezweifeln, ob Staatsanwälte als externe Kontrolleure angesehen werden können, da die Justiz hierarchisch strukturiert und am Generalstaatsanwalt ausgerichtet sei.[22]

Auch Generalstaatsanwälte gelten als Putin-hörig – sind sie es nicht, gelangen sie selbst in Schwierigkeiten. Ein wegweisendes Beispiel ist Juri Skuratow, von 1995 bis 1999 Generalstaatsanwalt der Russischen Föderation. Als Konsequenz aus der Rubelkrise 1998 leitete er Untersuchungen wegen Amtsmissbrauch, Insiderspekulation und Korruption gegen Hunderte staatliche Beamte ein, darunter die Töchter von Jelzin. Er kooperierte dazu auch mit den Schweizer Behörden. 1999 suspendierte Jelzin den Generalstaatsanwalt im Zusammenhang mit der Veröffentlichung eines Videos, das angeblich Skuratow mit zwei Prostituierten zeigte. Putin bezeichnete das Video als „authentisch" und verhandelte mit Skuratow über dessen Rücktritt. Jelzin und seiner Familie blieben Anklagen erspart. Der sich anschließende schnelle Aufstieg Putins ließ den Fall Skuratow wie ein Gesellenstück erscheinen.[23]

Wie sich der FSB in der Praxis externer Kontrolle entzieht, beschreiben Soldatow und Borogan eindrücklich: Für die Bekämpfung von Korruption und Kriminalität gebe es eine eigene Abteilung innerhalb des Geheimdienstes. Externe Ermittlungen ohne eigene Beteiligung lasse der FSB nicht zu. Sobald Vertreter des Innenministeriums kriminelle Aktivitäten von Mitarbeitern des FSB oder der anderen Geheimdienste entdeckten, sei es üblich, die Führung des jeweiligen Dienstes zu informieren und Festnahmen gemeinsam mit dessen innerer Sicherheitsabteilung vorzunehmen. Die einzig zugelassene externe Kontrollinstanz über die Dienste, die Generalstaatsanwaltschaft, sei durch den FSB und Putin immer stärker eingeschränkt worden, unter anderem durch die Vorgabe, den Schutz von Staatsgeheimnissen zu gewährleisten.[24]

So bleibt als Kontrollmechanismus innerhalb der Dienste die Konkurrenz der Abteilungsleiter untereinander. Auf diese Weise wird sichergestellt, dass keine Abteilung zu stark und damit zur Gefahr für die Geheimdienst- oder gar Staatsführung werden kann. Um dies zu verhindern, werden die Chefs üblicherweise regelmäßig versetzt, sodass sie ihre Unterstützernetzwerke immer wieder neu aufbauen müssen.

Angesichts dieser Strukturen und der Übermacht des FSB wären die russischen Ermittlungsbehörden kaum in der Lage gewesen, bei der von deutscher Seite erbetenen Aufklärung des Mordes zu helfen, es sei denn, der Auftrag dazu wäre aus der Führungsspitze um Putin gekommen. Ein Rechtshilfeersuchen der Berliner Staatsanwaltschaft zur Person Wadim Sokolow beantworteten die russischen Behörden jedenfalls mit Daten, die in Deutschland bereits bekannt waren. Ein weiteres Rechtshilfeersuchen zur Person Wadim Krassikow blieb nach Angaben des Gerichts unbeantwortet. Die Richter des 2. Strafsenats bewerteten die mangelnde Kooperation in ihrem Urteil als weiteres Indiz dafür, dass der russische Staat hinter der Tat stand. Sie kamen zu dem Schluss, dass den zuständigen Stellen in Russland bekannt war, dass die Person Sokolow eine Tarnidentität war und genau dazu diente, den „staatlichen Auftrag zu verschleiern".

Der russische Botschafter in Deutschland, Sergej Netschajew, wies all dies zurück. Das Urteil des Berliner Kammergerichts im Dezember 2021 nannte er politisch motiviert. Es gebe keine „überzeugenden Beweise" für eine Verwicklung des russischen Staates in den Fall.[25] Mit dieser pauschalen und geradezu reflexartigen Reaktion stellte er die umfangreichen Ermittlungen und das rechtsstaatlich abgelaufene Verfahren in Frage, ohne dass Russland seinerseits einen Beitrag zur Aufklärung der Tat geleistet hätte.

Krassikows Zukunft

Auch nach dem Urteil gegen Krassikow am 15. Dezember 2021 verhielt sich die russische Führung so auffällig, dass ein besonderes Interesse an Krassikow deutlich wurde, wie sie es kaum für einen gewöhnlichen Kriminellen aufbringen würde. Sie nutzte seinen Fall zugleich für ihre Politik und richtete sich ein halbes Jahr später mit einer Forderung an die USA: Im Rahmen von Verhandlungen über den Austausch von US-Bürgern in russischer Gefangenschaft habe die Führung in Moskau Krassikow ins Spiel gebracht, so der US-Sender *CNN* am 29. Juli 2022. Kommuniziert worden sei dies über einen Gesprächskanal, den der FSB benutze.[26]

Unklar blieb, ob die russische Seite tatsächlich den Namen Krassikow nutzte oder, wie zuvor, den Decknamen Sokolow. Mit der Nennung des Namens Krassikow wäre das Eingeständnis verbunden gewesen, dass es sich nicht, wie behauptet, um einen fälschlich verurteilten Touristen handelt, sondern um den Russen mit Verbindungen zum FSB, den die russischen Behörden einst international wegen Mordes gesucht hatten. US-Medienberichten zufolge beharrte die russische Seite während der Verhandlungen um den Austausch der US-Basketballerin Brittney Griner und des ehemaligen Soldaten Paul Whelan auf der Einbeziehung von Krassikow. Sie wollten ihn „unbedingt haben", sagte Bellingcat-Rechercheur Grozev der Autorin.

Dafür könnte es mehrere Gründe geben. Mitarbeiter der US-Regierung sagten der *Washington Post*, dass die Forderung nach dem Austausch Krassikows nie ernst gemeint, mithin nur Hinhaltetaktik gewesen sei. Geeignet sei die Forderung auch, um Spannungen zwischen der US-Regierung und Deutschland zu schüren. US-Präsident Joe Biden stand innenpolitisch erheblich unter Druck, insbesondere die Freilassung der Basketballerin Griner zu erwirken. Sie war wegen Besitzes einer geringen Menge Cannabisöls zu neun Jahren Haft verurteilt und im November 2022 bereits in ein Frauenstraflager in Mordwinien verlegt worden, das für seinen harten Umgang mit den Gefangenen bekannt ist.[27] Auf deutscher Seite wiederum gab es keine Bereitschaft, den gerade erst zu lebenslanger Haft Verurteilten in die Freiheit nach Russland zu entlassen. Der Umgang mit dem Waffenhändler Wiktor But, der schließlich gegen Griner ausgetauscht wurde, zeigt, was auch im Fall Krassikow zu erwarten wäre: Nicht nur wurde But bei der Rückkehr ein öffentlicher Empfang bereitet. Er wurde sogleich in die ultranationalistische Liberaldemokratische Partei Russlands (LDPR) aufgenommen und reiste in das von Russland besetzte Luhansk in der Ostukraine. Auch Andrej Lugowoi, dessen Auslieferung das britische Außenministerium wegen der Vergiftung von Alexander Litwinenko 2006 von Russland gefordert hatte, wurde für die LDPR Abgeordneter im russischen Parlament. Im März 2015 verlieh Putin dem Ex-KGB-Mitarbeiter einen Verdienstorden.

Nach Einschätzung einer Reihe von Experten geht es dem russischen Führungszirkel um Putin auch um ein generelles Signal: Den Auftragsmördern in ihren Diensten werde gezeigt, dass ihre Arbeit geschätzt und sie nicht zurückgelassen würden. Krassikow äußerte diese Zuversicht im Gespräch mit Polizeibeamten.[28]

Zudem war die Forderung nach einem Gefangenenaustausch eine Botschaft an die Dissidenten im Ausland, dass sie sich ihres Lebens auch dort nicht sicher sein können. Schon den Mord an Changoschwili am helllichten Tag mitten in Berlin hatten Anklage und Richter als ein solches Signal interpretiert. Eine neuerliche Instrumentalisierung wollte man in Berlin unbedingt vermeiden. „Ein Austausch Krassikows wäre ein Signal an alle Despoten, ungesühnt und nahezu ohne Sanktionen politische Morde in Auftrag zu geben", warnten auch die Anwältinnen Inga Schulz und Johanna Künne, die im Prozess gegen Krassikow die Familie des Opfers vertraten.[29] Dabei wäre grundsätzlich eine Überstellung möglich, auch bei einer lebenslangen Haftstrafe. Die Bundesanwaltschaft könnte von der weiteren Strafvollstreckung absehen. Als „politischer Beamter“ könnte die Behörde auch von der Bundesregierung dazu angewiesen werden, wenn es einen politischen Willen dazu gäbe.[30]

Andrej Kortunow, Direktor des kremlnahen Thinktanks Russischer Rat für Internationale Angelegenheiten, schränkte im Interview mit der Autorin aus Moskauer Sicht zunächst ein: „Der Punkt ist, dass wir nicht mit Sicherheit wissen, ob der Verurteilte mit den russischen Sonderdiensten in Verbindung stand und ob er im Auftrag des Kremls handelte. Die Behörden streiten jegliche Verbindungen zu dem Verurteilten rundheraus ab“, um dann hinzuzufügen: „Sollte dies der Fall sein, dürfte ihnen ein weiterer Krimineller, der im Ausland gefasst wurde, nicht viel ausmachen. Sollte jedoch das Gegenteil der Fall sein, könnten sie alles daransetzen, um den Mann zu befreien.“

Kapitel 3
Die Tat

Donnerstag, 22. August, 8:03 Uhr in Warschau. Wadim Krassikow verlässt mit einer kleinen Reisetasche in der Hand das Hotel Novotel im Stadtzentrum von Warschau, keine zehn Minuten Fußweg vom Hauptbahnhof entfernt. Sein Mobiltelefon, Toilettenartikel und ein Rückflugticket nach Moskau lässt er im Hotelzimmer zurück. Eine Videokamera des Hotels zeichnet ihn beim Verlassen des Gebäudes auf. Danach verschwindet er spurlos. Keine weiteren Kameraaufnahmen, keine Reisedaten zum Weg von Polen nach Deutschland – nichts.

Freitag, 23. August 2019, gegen 11:50 Uhr in Berlin-Moabit. Selimchan Changoschwili verabschiedet sich von seiner 18-jährigen Tochter. Sie begegnen sich im Flur, als sie aus der Berufsschule kommt und er gerade die Wohnung verlassen will. Sie sprechen kurz darüber, dass er am Abend mit Sandra Roeloffs, der Frau des ehemaligen georgischen Präsidenten Michail Saakaschwili, verabredet ist.

Da wartet der Täter bereits seit mehr als 15 Minuten am Eingang des Kleinen Tiergartens in der Turmstraße. Er trägt Fahrradhandschuhe, dunkelgraue, langärmlige Kleidung, eine Baseballkappe, darunter eine Perücke und eine Sonnenbrille sowie einen Rucksack. Er hat sich mit einem schwarzen Mountainbike so postiert, dass er die Straße einsehen kann, die Changoschwili entlangkommen würde, bevor dieser an einer Ampel die Turmstraße überqueren und im Park gleich nach rechts in Richtung des Restaurants Alverdes abbiegen würde.

An diesem sehr warmen, sonnigen Augusttag ist der Park belebt. Anwohner und Mitarbeiter aus den umliegenden Behörden gehen zum Mittagessen in das Restaurant, spazieren und sitzen auf den schattigen Parkbänken. Der Mann auf dem schwarzen Mountainbike folgt Changoschwili, sobald dieser den Park betreten hat. Als er ihn fast eingeholt hat, zieht er eine Pistole, eine Glock 26 mit Schalldämpfer. Er drückt ab. Das Projektil trifft Changoschwili links der Wirbelsäule, er taumelt. Der zweite Schuss dringt in den Hinterkopf ein. Changoschwili verliert das Bewusstsein und fällt vornüber auf den Asphalt.

Die Schussgeräusche lassen die Menschen ringsum aufschrecken. Viele glauben, ein geplatzter Reifen habe das Knallen verursacht. Oder es sei ein Unfall passiert. Sie sehen den Mann auf dem Fahrrad, der gerade von der linken Pedale rutscht. Doch was im nächsten Moment geschieht, lässt die Passanten zu unfreiwilligen Zeugen eines traumatisierenden Geschehens werden: Der Mann lässt das Fahrrad zu Boden gleiten und geht zu seinem Opfer, das wehrlos vor ihm liegt. Mit ausgestrecktem rechtem Arm zielt er auf dessen Schädel und drückt ein drittes Mal ab. Ohne jegliche Hektik steckt er die Pistole in seinen Rucksack, steigt auf das Fahrrad und fährt in Richtung Turmstraße, wo er im Verkehr verschwindet.

Als „Hinrichtung" beschreiben Zeugen unabhängig voneinander diesen Moment. Kontrolliert, abgeklärt und kaltblütig sei der Täter vorgegangen, sagten sie später vor Gericht.

Panisch laufen die Menschen in der Nähe davon. Eine Frau mit Hund bleibt geschockt stehen. Ein 57-jähriger Gast im Alverdes fasst sich ein Herz und läuft zum Opfer. Doch Changoschwili ist nicht mehr zu helfen. Er ist tot. Da auch der Täter außer Sichtweise ist, ruft der Mann den Notruf. Die Polizei reagiert schnell. Sogleich geht eine Fahndung nach einem Bewaffneten an alle Einheiten. Polizei- und Einsatzwagen fahren in Richtung Moabit.

Um 12:06 Uhr dann der entscheidende Moment: Zwei junge Männer rufen vom nahe gelegenen Holsteiner Ufer aus die Polizei. Sie berichten von einem Mann, der sich wenige Meter von ihnen entfernt im Gebüsch am Spreeufer umziehe und Gegenstände in das Wasser werfe. Die Einsatzleitung gibt die Meldung sofort weiter. Kurz darauf trifft ein Sonderkommando, das gerade in der Nähe auf Streife ist, am Holsteiner Ufer ein.

Einer der beiden jungen Männer weist auf die Stelle, wo sich der Mann eines Fahrrads, Wäschebeuteln und einer Perücke entledigt hatte. Sein Freund zeigt den Polizisten den Verdächtigen. Der trägt Sandalen, Shorts, ein weiß-rosa gestreiftes Shirt und einen Anglerhut. Er geht gerade auf den Hauseingang der Nummer 10 zu. Die beiden jungen Männer hatte er bemerkt und sich bereits zwei, drei Mal und nicht mehr ganz so abgeklärt umgesehen.

Als er an einem Fahrradständer vor dem Wohnhaus hält und an einem dort geparkten schwarzen Elektroroller das Schloss öffnen will, stellen ihn die Polizisten. Die vier bewaffneten Einsatzkräfte in Schutzausrüstung umringen den Mann, fordern ihn mit Worten und Gesten auf, sich auf den Boden zu legen. Der Verdächtige taxiert sie eiskalt, schätzt die Fluchtmöglichkeiten ein und legt sich dann angesichts der Aussichtslosigkeit zu entkommen auf den Boden. Als die Polizisten ihn abtasten, finden sie unter seinem Shirt eine am Bauch fixierte Tasche, darin 3720 Euro, 110 polnische Złoty und ein russischer Pass auf den Namen Wadim Sokolow, 50 Jahre alt. Nur 30 Sekunden später, und der Mörder wäre unerkannt, als Tourist getarnt, auf dem Elektroroller entkommen, sagte ein Polizeibeamter später vor Gericht aus.

Training für den Auftragsmord

Alles an dieser Tat schien professionell organisiert – von der Vorbereitung und den verwendeten Gegenständen über die Tat bis zur geplanten Fluchtroute. So kaltblütig der Mord ausgeführt wurde, erforderte er das Können eines Profikillers. Um so konzentriert und sicher zielen zu können, muss er zuvor mindestens 5000 Schuss abgegeben haben, sagen Fachleute. Wenn jemand noch dazu so entschlossen und emotional unberührt handelt, wie es die Zeugen beschreiben, ist davon auszugehen, dass der Auftragsmörder bereits zuvor Menschen getötet hat. Die Recherchen der Investigativplattform Bellingcat und die Ermittlungen ergaben den Verdacht, dass Krassikow 2007 in einen Mord in der russischen Teilrepublik Karelien involviert war und 2013 in Moskau einen Mann von einem Fahrrad aus erschoss.

Obwohl die Ermittler und Bellingcat-Rechercheure nicht feststellen konnten, dass Krassikow je zuvor in Berlin gewesen war, wusste er genau, wo er das Opfer finden, wo er seine Sachen entsorgen konnte und welche Fluchtroute er nehmen musste. Offensichtlich wurde er detailliert mit Informationen versorgt und für die Tat trainiert. Das zeigen Mobilfunkdaten, die die Rechercheure ausgewertet haben. Sie kamen zu dem Schluss, dass Krassikow mindestens seit März 2019 mit der Vorbereitung der Tat befasst war. Demnach stand er mindestens von Februar bis kurz vor seiner Reise Mitte August 2019 mit bis zu acht Mitgliedern einer Vereinigung ehemaliger Offiziere der FSB-Sondereinheit Wimpel in Kontakt.

In diesem Zeitraum besuchte er achtmal ein hochgesichertes Sondereinsatzzentrum des FSB in Balaschicha, einem Vorort östlich von Moskau. Dort war ursprünglich die Basis der Sondereinheit Wimpel. Das Zentrum dient jetzt unter anderem als Standort der geheimen FSB-Eliteeinheiten V und A. Den von Bellingcat ausgewerteten Mobilfunkdaten zufolge verbrachte Krassikow jeweils zwei bis fünf Stunden in dem Trainingszentrum. Am 9. April 2019 fuhr er morgens von Balaschicha zu einer weiteren FSB-Trainingsbasis, 60 Kilometer östlich in der Nähe des Dorfes Awerkiewo. Diese ist mit interaktiven Schießständen ausgestattet, die zum Erlernen ausgefeilter Schießtechniken dienen. Dort verbrachte Krassikow mehrere Tage. In Balaschicha war Krassikow zuletzt am 8. August, wenige Tage vor Beginn seiner Reise, die ihn über Paris und Warschau nach Berlin führte. Sein Mobiltelefon wurde darüber hinaus am Antiterrorzentrum des FSB am Prospekt Wernadskogo in Moskau sowie an Standorten der Veteranenvereinigung von Wimpel und der Sicherheitsfirma Wimpel A geortet. An den Tagen vor seiner Abreise war das Mobiltelefon nach Angaben von Bellingcat ausgeschaltet.[1]

Netzwerk aus Helfern

Fachleute mit operativer Erfahrung in Sicherheitsdiensten gehen davon aus, dass die Vorbereitung einer professionell durchgeführten Aktion auf feindlichem Territorium – also in einem Staat, der kein Verbündeter ist – mehrere Monate bis zu ein Jahr in Anspruch nehmen kann. Neben ein bis zwei hauptamtlichen Organisatoren wird am Ort des geplanten Attentats ein Netzwerk aus Helfern benötigt – Leute, die bereit sind, das Opfer über Wochen auszukundschaften, einen Anschlagsort und einen sicheren Fluchtweg zu finden sowie Gegenstände wie beispielsweise Tatwaffen und tarnende Kleidung für den Täter zu besorgen und sie ihm rechtzeitig bereitzustellen.

Einer, der die Tat federführend mitvorbereitet haben könnte, ist eine Person mit dem Tarnnamen Roman Dawydow. Er stellte zur gleichen Zeit wie Krassikow einen Antrag auf ein Schengen-

Visum beim französischen Konsulat in Sankt Petersburg. Sein Antrag und der Krassikows unter dem Tarnnamen Sokolow wiesen „starke Parallelen“ auf, wie eine BKA-Beamtin vor Gericht aussagte – von der Nummer und dem Ausstellungsort des Reisepasses bis zu Arbeitgeber und Berufsbezeichnungen. Dem BKA liegen Daten vor, wonach Dawydow zweieinhalb Wochen vor der Tat nach Polen ein- und einige Tage später wieder ausgereist ist.[2] Was ihn darüber hinaus zum mutmaßlichen Mittäter macht, dazu später mehr in diesem Kapitel.

Um den Wohnort eines Opfers herauszufinden, so Fachleute, helfen Kontakte in die jeweilige Exilgemeinde und in die deutschen Behörden. Wie so etwas vonstattengehen könnte, zeigen die Ermittlungen zu einem weiteren Mordkomplott gegen einen Tschetschenen in Deutschland: Mochmad Abdurachmanow. Er ist Kritiker von Tschetscheniens Machthaber Ramsan Kadyrow und Bruder des bekannteren oppositionellen Bloggers Tumso Abdurachmanow. 2021 verübten zwei inzwischen verurteilte Tschetschenen einen Mordanschlag gegen ihn. Mochmad Abdurachmanow sollte an seinem Wohnort in der Nähe von München getötet werden, so die Annahme der Bundesanwaltschaft. Sie klagte den russischen Staatsbürger Walid D. als mutmaßlichen Mittelsmann vor dem Oberlandesgericht München an. Er soll den Mord an Mochmad bei einem weiteren Tschetschenen in Auftrag gegeben haben. Doch dieser offenbarte sich erst Mochmad und dann auch der Polizei in München.

Walid D. lebt seit mehr als 20 Jahren in Deutschland. Bei ihm wurden eine Pistole vom Typ Makarow mit einem Schalldämpfer, Magazine und Munition gefunden. Walid D. soll für den deutschen Verfassungsschutz tätig gewesen sein, wie ein Mitarbeiter des Bundeskriminalamtes vor Gericht bestätigte. Ein Ansprechpartner von Walid D. beim Landesverfassungsschutz Mecklenburg-Vorpommern soll ihm Mochmads Adresse besorgt haben. Dazu sagten

Verfassungsschutzmitarbeiter unter Ausschluss der Öffentlichkeit vor Gericht aus.[3]

Im Mordfall Changoschwili ergaben die Ermittlungen, dass das spätere Opfer in den Tagen und Wochen vor der Tat zwar mit Personen aus der tschetschenischen Gemeinde und aus Georgien telefonisch und persönlich in Kontakt stand. Es gab jedoch keine belastbaren Hinweise, dass sie durch Weitergabe von Informationen zu der Tat beigetragen hätten.

Ist der Wohnort des Opfers ausgemacht, kommt es darauf an, Routinen zu finden – Orte zum Beispiel, die regelmäßig und zur gleichen Zeit auf gleichen Wegen aufgesucht werden. Wie der ehemalige BND-Direktor Gerhard Conrad der Autorin beschrieb, kann dies vier Wochen oder länger dauern und sollte mit zwei bis vier Leuten durchgeführt werden, die sich möglichst unterscheiden, sodass das Ausspähen nicht auffällt. Geeignet sind dafür Informanten beziehungsweise Helfer, die sich als unauffällige „Eckensteher" betätigen. Abgesehen vom „Geschick für eine unauffällige Anwesenheit" müssten sie keine professionellen Agenten sein. Vorab ermittelte Erkenntnisse „aus nachrichtendienstlicher Umfeldforschung im Milieu des Opfers" könnten diese Observationsphase wesentlich verkürzen, so Conrad.

Die Helfer Krassikows fanden also heraus, dass Changoschwili freitags meist in die Ayasofya-Moschee ging, die sich von seiner Wohnung aus gesehen in entgegengesetzter Richtung zum Kleinen Tiergarten befindet. Bekannt war an dem Tag aber offenbar auch, dass er vorher oft im Park spazieren ging. Womöglich war er auch zu einer Verabredung in den Park gelockt worden.

Neben den Informationen zum Opfer müssen die Unterstützer Krassikow mit drei Garnituren Kleidung versorgt haben, die er vor, während und nach der Tat trug. Krassikow entsorgte davon in der Spree, was er nach der Tat nicht mehr benötigte und ihn hätte verraten können. In den Wäschebeuteln, die er mit Steinen beschwert hatte, fanden sich neben der Kleidung zahlreiche Gegenstände, darunter ein Messer und eine Dose mit einem rötlichen Pulver. Es schimmelte schnell, weshalb es die Ermittler vernichten mussten. Sie konnten nicht mehr klären, um welche Substanz es sich handelte und welchem Zweck sie diente.

Außerdem besorgten die Mittäter das Fahrrad und den E-Roller, den ein Mann am Vortag der Tat um die Mittagszeit am Holsteiner Ufer 10 abstellte und mit einem neonfarbenen Schloss sicherte – dies konnten die Ermittler anhand der Aussagen zweier Zeuginnen rekonstruieren. Krassikow konnte zu dieser Zeit noch nicht in Berlin eingetroffen gewesen sein.

Woher der schwarze E-Roller des Modells M365 der Marke Xiaomi 365 kam, blieb unklar. Das Mountainbike der Marke Commencal war 2006 hergestellt worden und, so vermuteten es die Ermittler, im selben Jahr in der lettischen Hauptstadt Riga verkauft worden, ohne dass der Verbleib danach festgestellt werden konnte. Auch die anderen Tatmittel waren sorgfältig präpariert: An sämtlichen Kleidungsstücken fehlten die Etiketten, nur zwei Taschen ließen sich der weitverbreiteten Sportgeschäftskette Decathlon zuordnen.

Die Spur der halbautomatischen Selbstladepistole des österreichischen Herstellers Glock, Modell 26, verlor sich schon vor Jahren in Estland. Sie war ihrem Besitzer nach dessen Angaben 1999 aus seinem Auto von Unbekannten gestohlen worden. Ein Sachverständiger wies vor Gericht darauf hin, dass die Glock 26 eine „subkompakte" Variante zum Standardmodell Glock 17 ist. Sie ist so schmal konstruiert, dass sie gut in eine Tasche passt und verdeckt getragen werden kann. Der ursprüngliche Lauf der Pistole war durch ein Pendant ersetzt worden, das länger als das Original und mit einem Gewinde versehen worden war, um einen Schalldämpfer aufschrauben zu können. Der Schalldämpfer wiederum war nach Einschätzung des Sachverständigen ein Eigenbau. Zusammen ergaben die Waffe und der Schalldämpfer eine Länge von knapp 40 Zentimetern. Die verwendete Munition des tschechischen Herstellers Sellier & Bellot wird unter anderem nach Polen und in Russland exklusiv in Sankt Petersburg verkauft. Aber auch dort konnten die Ermittler keine Verbindung zum Täter finden.

Residenten und Agenten

Bei alldem stellt sich die Frage, ob akkreditierte Mitarbeiter der russischen Botschaft in Berlin in die Tat involviert waren. Darauf deuten einige Indizien hin, die nach einem ebenso spektakulären wie mysteriösen Todesfall in Berlin zusammengetragen wurden. Am 19. Oktober 2021 fiel ein Mitarbeiter der russischen Vertretung aus einem zur Botschaft gehörenden Gebäude aus dem Fenster. Das war wenige Wochen vor der Urteilsverkündung im Tiergartenmordprozess. Der Mann war offenbar aus einem der oberen Stockwerke auf die Behrenstraße gestürzt, die auf der Rückseite des Botschaftsgeländes parallel zu Straße Unter den Linden verläuft. Wachleute und Polizisten fanden ihn um 7:20 Uhr auf dem Gehweg, nach erfolglosen Wiederbelebungsversuchen wurde er für tot erklärt. Die russische Botschaft sprach von einem „tragischen Unfall". „Spekulationen" westlicher Medien dazu seien „absolut falsch". Eine Obduktion und weitere Ermittlungen der deutschen Behörden ließ Russland nicht zu.

Bemerkenswert ist, dass Name und Rang des 35-Jährigen bekannt wurden. Der offiziellen Diplomatenliste zufolge war er seit Sommer 2019 als Zweiter Botschaftssekretär akkreditiert. Deutschen Sicherheitsbehörden galt er als getarnter Geheimdienstmitarbeiter, der mit einem hochrangigen FSB-General verwandt war.[4] Rechercheure von Bellingcat und der russischen Investigativplattform *The Insider* fanden anhand öffentlich zugänglicher Quellen in

Russland heraus, dass er der Sohn des Vizedirektors des für Terrorismusbekämpfung zuständigen 2. Dienstes beim FSB sowie Leiter der FSB-Direktion für den Schutz der verfassungsgemäßen Ordnung war. Bellingcat-Rechercheur Grozev hat darauf verwiesen, dass der 2. Dienst des FSB das Antiterrorismuszentrum und das gesicherte Schießübungsgelände außerhalb Moskaus betreibt, die Krassikow beide in den Wochen vor der Tat besuchte. Außerdem hat Krassikow der Auswertung der Daten des ihm zugeschriebenen Mobiltelefons zufolge mehrfach mit dem ehemaligen Wimpel-Mitglied Eduard Bendersky telefoniert, der wiederum wiederholt mit dem Direktor des 2. Dienstes verreist ist.[5] Anders als sein Vater war der 35-Jährige allerdings Mitarbeiter des SWR, so die Erkenntnis von Bellingcat.

Der SWR unterhält, wie der BND und andere Auslandsnachrichtendienste, legale Residenturen an den Botschaften und Konsulaten der jeweiligen Gastländer mit zehn bis 30 Mitarbeitern. Ebenso ist der GRU mit einer höheren Anzahl von Residenten in den russischen Botschaften im Ausland vertreten. Auch der FSB, obwohl Inlandsgeheimdienst, hat in wichtigen Staaten eine kleine Anzahl von offiziell ein bis zwei Vertretern.

Der Bundesverfassungsschutz beschreibt in seinem Jahresbericht 2021 die Arbeitsweise dieser Legalresidenturen, die über das gesamte Bundesgebiet verteilt sind. Darin heißt es, die russischen Spione würden ihren Status als Diplomaten ausnutzen, um „mit konspirativen Methoden, aber auch mittels harmlos wirkender Kontaktpflege“ ihre Gesprächspartner abzuschöpfen – mit einem klaren Ziel: „Hintergrundwissen zu deutschen Positionen zu gewinnen, insbesondere im politischen, militärischen und wirtschaftlichen Bereich“.[6]

Neben den offiziell angemeldeten sogenannten Geheimdienstresidenten gibt es Mitarbeiter, die im Gastland nicht als solche registriert werden und damit undercover im Einsatz sind.

Im Amtsdeutsch werden „illegale Statusresidenten" und „legale Nichtstatusresidenten" unterschieden. Erstere verfügen über einen Diplomatenstatus, sind jedoch nicht als Nachrichtendienstmitarbeiter registriert. Eigentlich verstößt eine nachrichtendienstliche Tätigkeit unter diplomatischer Tarnung gegen das Gastland gegen das Wiener Übereinkommen von 1961. Dieser Verstoß gegen die Rechtsregeln für diplomatische Vertretungen stellt einen Ausweisungsgrund dar. Entsprechend können Agenten bei Aufdeckung des Landes verwiesen, aber dank des Diplomatenstatus nicht verhaftet und verurteilt werden. „Legale Nichtresidenten" wiederum sind Nachrichtendienstmitarbeiter, die als Verbindungsbeamte im Gastland akkreditiert sind, aber keinen Diplomatenstatus besitzen. Sie treten dann beispielsweise als Unternehmer auf.[7] Im Fall Russland können das Angestellte der Fluglinie Aeroflot oder auch Journalisten der Nachrichtenagenturen oder in Zeitungsbüros sein.

Schätzungen zufolge waren bis zum Beginn des Großangriffs auf die Ukraine im Februar 2022 bis zu 3000 Mitarbeiter des russischen Auslandsgeheimdienstes SWR im Ausland beschäftigt. In Deutschland sollen nach einer Analyse des Bundesamtes für Verfassungsschutz 200 russische Geheimdienstmitarbeiter stationiert gewesen sein, wie das Magazin *Focus* berichtete.[8] Von ihnen wurden 40 nach dem Beginn des Angriffskriegs Russlands des Landes verwiesen. Am 22. April 2023 wurde eine weitere Gruppe Personen, die an der russischen Botschaft akkreditiert waren, in einem russischen Flugzeug nach Moskau ausgeflogen. Das Auswärtige Amt wollte zu deren Anzahl nichts sagen und auch sonst kaum Angaben machen. Es hieß lediglich, die Bundesregierung habe mit der russischen Seite in den Wochen zuvor insbesondere über eine „Reduzierung der nachrichtendienstlichen Präsenz in Deutschland" gesprochen.[9] Russland kündigte in diesem Zusammenhang zunächst die Ausweisung von mehr als 20 deutschen Diplomaten an und zusätzlich eine Obergrenze für das Personal an den deutschen Auslandsvertretungen und Mittlerorganisationen, die ab Juni 2023 gelten sollte.

Willige Helfer

Für russische Botschaftsmitarbeiter war es in den vergangenen Jahren ein Leichtes, in Deutschland Kontakte zu knüpfen, sensible Informationen abzuschöpfen und russische Sichtweisen zu verbreiten, auch um weitere Zuträger zu finden. Dies gelang auch noch nach der Annexion der Halbinsel Krim, als der revanchistische und aggressive Kurs Russlands längst sichtbar wurde und als Konsequenz schon Sanktionen verhängt wurden.

Das zeigt beispielhaft ein Gerichtsprozess in Düsseldorf im Jahr 2022. In dessen Ergebnis wurde ein 66-jähriger ehemaliger Reserveoffizier der Bundeswehr wegen geheimdienstlicher Tätigkeit für Russland zu einer Bewährungsstrafe verurteilt. Der Vorsitzende Richter des 6. Strafsenats, Jan van Lessen, stellte fest, dass der Angeklagte Ralph G. dem russischen Militärgeheimdienst GRU über Jahre hinweg umfangreiche Informationen zum Reservistenwesen und zur Bundeswehr geliefert habe. Als Motivation bescheinigte van Lessen dem Mann eine „extrem russlandfreundliche Einstellung" und den Drang, „sich bei russischen Militärangehörigen beliebt und wichtig zu machen".[10]

Während des Gerichtsprozesses in Düsseldorf wurde deutlich, dass an der russischen Botschaft akkreditierte Militärattachés dem GRU zuzuordnen sind und dass dieser Umstand im Militärbereich bekannt ist. Davon werde in der NATO ausgegangen, so Brigadegeneral a. D. Reiner Schwalb. Auch der Bundesverfassungsschutz ordne die Militärattachés funktional dem GRU zu, sie nutzten ihren Diplomatenstatus als Tarnung, erläuterte Staatsanwalt Gerd Kaiser von der Bundesanwaltschaft. Sie ist für Staatsschutzdelikte zuständig, zu denen geheimdienstliche Tätigkeit für einen anderen Staat zählen.

Obwohl die Anbindung russischer Militärattachés an den GRU also im Umfeld der Bundeswehr durchaus bekannt war, gelang es diesen problemlos, nicht nur an öffentlichen Veranstaltungen teilzunehmen, sondern dort Vorträge zu halten und sogar Informanten zu rekrutieren. So lernte Ralph G. den Luftwaffen- und Militärattaché Michail Starow 2014 beim Ball der Luftwaffe in der Beethovenhalle in Bonn kennen. Ralph G. gewann ihn dann als Sprecher für zwei Podiumsdiskussionen beim Reservistenverband und beim Bundeswehrverband. Auch nachdem Starow Deutschland verlassen hatte, nahm G. regelmäßig an Veranstaltungen der Botschaft und des Generalkonsulats in Bonn teil, wo er Kontakt zu weiteren Militärattachés suchte. Unter ihnen war Jewgenij Sutskij, der seinerseits der Zeitung *Bild* zufolge versucht haben soll, die CDU zu infiltrieren. Demnach traf sich der Russe mehrfach mit einem Ex-Mitarbeiter des CDU-Bundestagsabgeordneten Joachim Pfeiffer, der sich für Nord Stream 2 eingesetzt habe. Nach Informationen von *Bild* war Sutskij einer der beiden russischen Botschaftsmitarbeiter, die von der Bundesregierung am 4. Dezember 2019 ausgewiesen wurden, weil die russischen Behörden nicht zur Aufklärung des Mordes an Changoschwili beitrugen.[11]

G. nahm darüber hinaus Kontakt zu Oberst Andrej Siwow auf, der jedoch wenig Interesse an G. zeigte, wie dieser vor Gericht bedauernd bekundete. Dem Militärattaché ging es offensichtlich um Verbindungen zu einflussreicheren Personen: Einmal fing er den CDU-Abgeordneten Roderich Kiesewetter vor dem Bundestag ab und versuchte, ihn zu einer Verabredung zu bewegen. „Dies habe ich abgelehnt", teilte Kiesewetter der Autorin mit. Er habe aber als Russlandberichterstatter seiner Fraktion an einer Podiumsdiskussion mit Siwow teilgenommen. Bekannt ist auch, dass Siwow am 30. April 2019 in der Botschaft die Berliner Landesgruppe des

Reservistenverbandes empfing. Dabei vermittelte der Militärattaché die „authentische russische Sicht der hochkomplexen sicherheitspolitischen Lage", wie es in einem Bericht auf der Website des Verbandes heißt.

Ähnlich wie Ralph G. lieferte ein Mann aus Potsdam von sich aus Informationen an den GRU – und flog auf. Ende Oktober 2021 wurde der 56-jährige Jens F. wegen geheimdienstlicher Agententätigkeit für Russland verurteilt. Laut Bundesanwaltschaft hatte er 2017 als damaliger Mitarbeiter eines Sicherheitsunternehmens einen Brief mit einer CD-ROM an einen Verteidigungsattaché an der russischen Botschaft geschickt, den die Bundesanwaltschaft auch in diesem Gerichtsprozess als GRU-Mitarbeiter einordnete. Die CD-ROM enthielt 385 Grundrisse von Gebäuden und Liegenschaften des Bundestages, zu denen Jens F. aufgrund seiner Arbeit Zugang hatte. Den Brief mit der CD-ROM fing der Bundesverfassungsschutz ab, bevor er in der Botschaft in Berlin eintreffen konnte.[12] Der Potsdamer ruinierte nicht nur sein eigenes Berufsleben, sondern auch das eines Kollegen, und er brachte das Sicherheitsunternehmen, das dank dieses Auftrags einen Aufschwung genommen hatte, in Schwierigkeiten. Ob er mit diesem Risiko vor Augen auf finanzielle Belohnung und Anerkennung gehofft hatte, ob er der Bundesrepublik Schaden zufügen wollte, dazu äußerte er sich im Gerichtsprozess nicht. Angesichts noch eines weiteren Falls drängt sich die Vermutung auf, dass der GRU in Deutschland keinen Mangel an Zuträgern hatte, die aus solchen Motiven handeln. So erhielt Militärattaché Siwow auch eine Mail von einem Wachmann der britischen Botschaft. Der Brite David Smith bot ein Buch mit „sensiblem Material" aus der Verteidigungsabteilung der Botschaft an. Im Jahr 2020 übergab Smith dem damals leitenden Verteidigungsattaché Sergej Tschuchrow mehrfach geheimes Material. Das gab Smith vor einem Gericht in London zu, nachdem er von deutschen und britischen Diensten beobachtet, in eine Falle gelockt und nach Großbritannien überstellt worden war. Als Motiv schrieben die Ermittler dem Wachmann zu, dass er vom Westen desillusioniert und zu einem Unterstützer Russlands geworden sei. Außerdem erhielt er von russischer Seite offenbar so viel Bargeld, dass er sein Gehalt als Wachmann auf seinem Konto nicht mehr anzurühren brauchte.[13]

Vergleichbare Motive spielten mutmaßlich im wesentlich heikleren Fall des hochrangigen BND-Mitarbeiters Carsten L. eine Rolle: angebliche Angst vor Verarmung, außerdem Frust über seine Versetzung von Bayern nach Berlin und Sympathie für Russland als politisch-gesellschaftlichen Gegenentwurf zu Deutschland.

Er nahm über einen Bekannten bei der Bundeswehr und bei der notorisch Putin-freundlichen, rechtsgerichteten Partei Alternative für Deutschland Kontakt zu dem gebürtigen Russen Arthur E. auf, der ebenfalls länger bei der Bundeswehr gedient hatte. Ihm übergab Carsten L. im September und Oktober 2022 Dokumente aus dem BND. Arthur E. brachte das Material auf mehreren Reisen nach Moskau, wo er es FSB-Agenten übergab und im Gegenzug insgesamt 400 000 Euro Agentenlohn für Carsten L. erhalten haben soll.[14] Zu den bemerkenswerten Aspekten in diesem Fall zählt, dass Carsten L. Kollegen beim BND offenbar dazu bringen konnte, Arthur E. als BND-Quelle aufzunehmen und dessen Schleusung vorzunehmen, sodass das Bargeld bei der Einreise nach Deutschland nicht gefunden wurde. Dass der Mittelsmann Arthur E. das Material nach Moskau brachte und erst dort FSB-Agenten übergab, ist ein Hinweis darauf, dass der FSB solche Operationen von Moskau aus und nicht aus der Botschaft heraus leiten könnte. Womöglich waren nach der Ausweisung zahlreicher bei der Botschaft akkreditierter Mitarbeiter im Frühjahr 2022 zu wenige FSB-Agenten in Berlin stationiert, die einen solchen Kontakt professionell hätten händeln könnten.

Die beschriebenen Fälle vermitteln eine Ahnung davon, wie aktiv die bei der russischen Botschaft akkreditierten Agenten in den vergangenen Jahren waren und wie jene nicht vor dem Gesetzesbruch zurückschreckten und bereitwillig ihren beruflichen Stand aufs Spiel setzten, die sich als Informanten anboten. Die ertappten Männer sind älter als 50 Jahre. Wenn finanzielle Motive eine Rolle spielten, dann neben anderen wie Suche nach Anerkennung bis hin zu Geltungssucht, Frust und Nähe zu Russland als Gegenmodell zu westlichen Demokratien. Es ist gut vorstellbar, wie einfach sich Helfer für scheinbar harmlose Aufgaben wie das Herausfinden einer Adresse finden lassen, wenn sie mit den passenden Anreizen verbunden werden. Die Zunahme der Warnungen vor den Aktivitäten der russischen Geheimdienste durch den Bundesverfassungsschutz lässt andererseits darauf schließen, dass inzwischen engmaschiger beobachtet wird, vor allem auch im Umfeld der russischen Botschaft in Berlin und den anderen diplomatischen Vertretungen in Deutschland. Mit dem Argument, dass Verfassungsschutz und BND in der Lage seien, die als Diplomaten akkreditierten Agenten beobachten zu können, hatte sich der BND zunächst gegen deren Ausweisung aus Deutschland gewandt, nachdem Russland am 24. Februar 2022 die Ukraine überfallen hatte.[15]

Deshalb gehen Ermittler, Fachleute und Bellingcat-Rechercheur Grozev beim Tiergartenmord nicht davon aus, dass Botschaftsmitarbeiter an Vorbereitung und Ausführung des Mordes beteiligt waren. So gilt es in Fachkreisen als unwahrscheinlich, dass Krassikow unerkannt in einem Diplomatenauto von Polen nach Deutschland gebracht wurde. Er selbst hatte einem BKA-Beamten erzählt, er sei mit Familienmitgliedern nach Berlin gefahren. Letztlich bleibt offen, ob und in welcher Weise der junge Mann, der wenige Wochen vor dem Urteil im Tiergartenmord aus einem Gebäude der russischen Botschaft stürzte, in den Fall verwickelt war.

Drei Geheimdienste – ein Ziel

Alle drei russischen Geheimdienste – der Militärnachrichtendienst GRU, der Auslandsgeheimdienst SWR und der Inlandsgeheimdienst FSB – führen aus ihren Zentralen in Moskau heraus Operationen im Ausland durch. GRU wie SWR sind dafür bekannt, seit Langem Programme mit illegalen Agenten zu betreiben, die zu sowjetischen Zeiten vom KGB entwickelt wurden.[16] Aus spektakulären Fällen, die zuletzt gehäuft aufgedeckt wurden, lässt sich ablesen, wie skrupellos sie vorgehen und wie aufwändig die Geheimdienstarbeit betrieben wird – sodass Agenten nicht nur für eine überschaubare Zeit mit einer Scheinidentität leben, sondern ihr eigenes Leben ganz dahinter verschwindet.

Für sorgfältig ausgewählte Geheimdienstagenten werden umfangreiche Tarnidentitäten – Legenden – entwickelt, mit denen sie für lange Zeit, manchmal für Jahrzehnte, unerkannt im Ausland leben und sich so weit in die Gesellschaft integrieren, dass ihre Herkunft aus Russland völlig verschleiert bleibt. Sie übernehmen zum Beispiel Namen und Identitäten von Personen im Zielland, die sehr jung gestorben sind. Es kommt vor, dass sie Familien gründen und sogar ihren Ehepartnern und ihren Kindern ihre wahre Identität vorenthalten.[17] Neben der Beschaffung von sensiblen Informationen zur Außen-, Sicherheits- und Energiepolitik können sie damit beauftragt werden, Ziele für Attentate zu identifizieren. Das sagte Victor Madeira, ein leitender Mitarbeiter des Institute for Statecraft, vor dem Unterhaus in London über die verdeckte Einmischung Russlands in Großbritannien aus.[18] Seiner Stellungnahme von 2018 zufolge waren zu diesem Zeitpunkt in Großbritannien und den USA mehr sogenannte Illegale stationiert als während des Kalten Krieges.

Allerdings gelang es 2010 in den USA, eine Gruppe Illegaler des SWR zu enttarnen und zu verhaften. Zehn Personen wurden schließlich in Wien gegen vier in Russland inhaftierte Agenten und Informanten ausgetauscht. Unter den erwischten Illegalen in den USA war Anna Chapman, die durch ihren Party-Lifestyle in Manhattan und London die Aufmerksamkeit der Medien erlangt hatte und nach ihrer Rückkehr nach Russland unter anderem für die Jugendorganisation der Regierungspartei Einiges Russland und für diverse Medien arbeitete. Auch Elena Wawilowa flog auf, sie wurde mit ihrem Mann in Boston festgenommen. Ihre Kinder waren da bereits 16 und 20 Jahre alt. Im Interview mit dem britischen *Guardian* sagte sie 2019: Illegale zeichneten sich dadurch aus, dass sie durchschnittlich aussähen, nicht auffielen und sich nicht nach äußerer Anerkennung sehnten. Bei ihrer Legendierung sei es darum gegangen, eine in jeder Hinsicht glaubwürdige Figur zu schaffen, die ein weitgehend „normales" Leben führe.[19]

Verraten hatte die Gruppe der Überläufer Alexander Potejew, Vizechef des Illegalen-Programms. Potejew lieferte offenbar auch Hinweise, die im Oktober 2011 zur Aufdeckung eines in Deutschland lebenden Ehepaars mit österreichischen Pässen unter den Namen Heidrun und Andreas Anschlag führte. Auch sie waren schon zu Sowjetzeiten in Deutschland installiert worden und hatten 23 Jahre lang spioniert. Ihr mangelndes Deutsch erklärten sie mit ihrer angeblichen Herkunft aus Südamerika. Beide wurden wegen geheimdienstlicher Agententätigkeit für den SWR zu mehreren Jahren Gefängnis verurteilt und später nach Russland abgeschoben.[20]

Obwohl diese SWR-Agenten mit ihren Tarnidentitäten aufgeflogen waren, setzte der GRU danach weiter Agenten mit angeblicher Herkunft aus Südamerika ein. Dies betraf etwa einen 36-Jährigen, den 2022 der niederländische Geheimdienst AIVD als mutmaßlichen GRU-Agenten enttarnte, nachdem er sich als Praktikant brasilianischer Herkunft beim Internationalen Strafgerichtshof in Den Haag beworben hatte. Der Mann hatte Jahre damit verbracht, eine Karriere als Akademiker aufzubauen. Er besuchte unter anderem Seminare von Eugene Finkel, einem renommierten Holocaust- und Osteuropaforscher mit russischen Wurzeln an der Johns Hopkins University in den USA, und bat ihn sogar um ein Empfehlungsschreiben. Als Finkel von der Enttarnung seines ehemaligen Studenten erfuhr, schrieb er auf Twitter:

> „Ich hatte schon früher gute Gründe, die russischen Sicherheitsdienste zu hassen. Jetzt explodiere ich geradezu. Ich fühle mich wütend, ich fühle mich dumm, ich fühle mich naiv, ich fühle mich müde. Ich wurde hereingelegt."[21]

Eine sehr ähnliche Karriere wies ein Mann auf, den der norwegische Inlandsgeheimdienst PST in der nordnorwegischen Stadt Tromsø im Oktober 2022 festnahm. Auch er gab sich als Brasilianer aus, hatte Jahre in Kanada studiert und war dort als Freiwilliger für eine Partei tätig.[22]

Nur kurze Zeit später, im Dezember 2022, flog ein Ehepaar mit den Namen Maria Mayer und Ludwig Gisch auf, das mit seinen kleinen Kindern in einem Vorort der slowenischen Hauptstadt Ljubljana lebte. Sie gaben vor, 2017 aus Argentinien gekommen zu sein. Beide reisten ausweislich ihrer Social-Media-Profile häufig im Schengenraum. Bei einer Durchsuchung wurden enorme Mengen Bargeld gefunden. Ermittler gehen dem *Guardian* zufolge davon aus, dass Slowenien ihre Basis für Aktionen innerhalb der EU war. Das Bargeld deute darauf hin, dass sie für die Geldausgabe an informelle Agenten und Informanten zuständig und Teil eines größeren Netzwerks waren.[23]

Dass um das Jahr 2022 so viele illegale Agenten aufflogen, erklären Experten mit mehreren Möglichkeiten: Ein oder mehrere Überläufer traten auf, die Angaben zu weiteren Netzwerken lieferten. Zudem könnten Illegale zusätzliche Aufgaben von inzwischen ausgewiesenen Agenten übernommen haben, die zuvor legal an Botschaften akkreditiert gewesen waren. Sie könnten riskantere Aufträge im Zusammenhang mit dem Krieg gegen die Ukraine bekommen haben, was sie stärker exponierte. Nicht zuletzt führte der russische Angriff im Februar 2022 zu erhöhter politischer Aufmerksamkeit und zu der Einsicht, aktiver Spionageabwehr und Gegenspionage betreiben zu müssen – wie es Sicherheitsexperten spätestens seit 2014 gefordert hatten.

Putin und seine Getreuen flankieren die russische Innen- und Außenpolitik durchgängig mit Geheimdienstoperationen. Dazu zählen gezielte Tötungen tschetschenischer Kämpfer wie im Fall Changoschwilis ebenso wie die Ermordung von Kritikern, Oppositionellen und Abtrünnigen. Anna Politkowskaja, Boris Nemzow, Alexander Litwinenko und Sergej Skripal sind nur vier besonders bekannte Beispiele, es gibt viele mehr. Für den Auslandsgeheimdienst SWR ist evident, dass er vor allem mit Aufklärung und Informationsbeschaffung befasst ist und dafür Botschaftsmitarbeiter, Illegale und in den vergangenen Jahren zunehmend Methoden der Cyberspionage einsetzt. Vergleichsweise wenig ist über „aktive Maßnahmen" des SWR im Ausland bekannt, mit denen offen oder verdeckt Einfluss auf Entwicklungen in anderen Ländern genommen werden soll. Viel häufiger werden bei solchen Maßnahmen GRU und FSB als Täter ausgemacht. Was über die Operationen bekannt wird, spricht für die Skrupellosigkeit der Auftraggeber und die Waghalsigkeit bei der Umsetzung, ob es sich um Sabotageakte – etwa Anschläge auf Munitionsdepots in Tschechien und Bulgarien –, Cyberattacken oder Versuche der Einflussnahme auf Wahlkämpfe und politische Konflikte in anderen Staaten handelt.

Morde werden überwiegend Agenten und Gruppen von FSB, GRU und deren Sondereinheiten zugeschrieben, die für einzelne Operationen ins Ausland reisen und von den Zentralen in Moskau aus geleitet werden. Kein eindeutiges Bild ergibt sich dabei, ob es eine Aufgabenteilung hinsichtlich der anvisierten Personen gibt. Tötungen tschetschenischer Kämpfer zum Beispiel werden dem FSB und dem GRU, aber auch Militäreinheiten zugeschrieben. Sie sind auch bei der Wahl der Tatmittel nicht klar zu unterscheiden. Gift und Schusswaffen setzten beide Dienste ein. Insofern stellt sich die Frage, ob es zwischen ihnen Koordination oder gar Kooperation gibt – eine Abstimmung erfolgt sicherlich insofern, als dass der russische Sicherheitsrat beziehungsweise ein kleineres Gremium unter Vorsitz des ehemaligen FSB-Chefs Nikolai Patruschew Operationen genehmigt, wie im Kapitel „Der Auftrag“ beschrieben. Doch die grundlegende Herrschaftsmethode, Abteilungen und Dienste durch gegenseitige Konkurrenz unter Kontrolle zu halten, dürfte ihre Operationen stärker prägen. Es ist davon auszugehen, dass sie miteinander rivalisieren und um Ressourcen und Ansehen bei Putin kämpfen. Das erzeugt interne Spannungen und Druck, der umso stärker werden dürfte, je häufiger es zu Misserfolgen, Fehleinschätzungen und dem Auffliegen von Operationen kommt. So lässt sich wohl auch die Waghalsigkeit von Operationen erklären, die vor allem seit der Krimannexion im Frühjahr 2014 aufflogen und in einigen Fällen dazu führten, dass in den USA und in europäischen Ländern gegen mutmaßliche russische Agenten in Abwesenheit Anklage erhoben wurde.

Die Frage nach Kooperation und Rivalität stellt sich in ähnlicher Weise für das Verhältnis zwischen dem FSB und den Truppen von Tschetscheniens Machthaber Ramsan Kadyrow. Er gilt als verhasster und gefürchteter Rivale im russischen Machtapparat, der allein Putin als seinen Befehlshaber anerkennt und sonst alle Befehlsketten ignoriert, wobei nicht ausgeschlossen ist, dass es vereinzelt gemeinsame Aktionen gibt.[24] Mehrere Tötungsoperationen im Ausland werden Kadyrows Leuten zugeschrieben, wobei nicht alle gelangen. Diese Mordanschläge und -versuche sind notorisch für ihre enorme Brutalität in der Wahl der Mittel und der Ausführung. Ein Beispiel ist die Ermordung des Bloggers Imran Aliev in einem Hotel in der französischen Stadt Lille im Januar 2020. Aliev hatte in Belgien Asyl erhalten; er war äußerst kritisch gegenüber Machthaber Kadyrow eingestellt, sorgte aber auch mit seinen Äußerungen über Inguscheten und Dagestaner, benachbarte Völker im Nordkaukasus, für Kontroversen. Immer wieder forderten seine Landsleute ihn dazu auf, er solle einzelne Videos auf seinem YouTube-Kanal löschen. Aliev wurde mit 137 Messerstichen getötet. Hauptverdächtiger war ein 34-Jähriger aus der tschetschenischen Stadt Gudermes, dessen Reiseroute über Berlin führte.[25]

Solche Taten wirken oft wie im Affekt begangen und schlecht vorbereitet. Wie im Fall des mutmaßlich geplanten Attentats auf den in Bayern lebenden Tschetschenen Mochmad Abdurachmanow werden Männer in Tschetschenien und in den tschetschenischen Diasporagemeinden im Ausland unter Druck gesetzt, Mordaufträge auszuführen, ohne dass sie vorher ein paramilitärisches Training durchlaufen.[26] Der Mord an Changoschwili im Tiergarten dagegen war ungleich professioneller geplant. Dies spricht für die These vom Auftraggeber in Moskau. Das Muster der Planung entspricht zudem einem sogenannten Modus Operandi, ein Begriff aus der Kriminalistik für eine typische Vorgehensweise von Tätern, der sich auch anderswo beobachten lässt. Eine Verbindung zu weiteren Taten ergibt sich zudem durch einen möglichen Mittäter.

Der Modus Operandi

Der Name fiel mehrfach während des Gerichtsprozesses zum Tiergartenmord, er findet sich jedoch nicht im Urteil: Roman Dawydow, der bereits erwähnte Russe, der als Mittäter in Frage kommt. Zwei Zeugen, ein Kriminalbeamter der 7. Mordkommission der

Berliner Polizei und eine Kriminalkommissarin des BKA, berichteten von Informationen, die ihnen polnische Ermittler gegeben hätten. Demnach reiste ein russischer Staatsbürger unter diesem Namen am 3. August 2019 aus Belarus nach Polen ein und nahm vier Tage später, am 7. August 2019, den umgekehrten Weg. Er fuhr mit einem dunkelblauen Infiniti Q50 eines russischen Autovermieters. Das war etwas mehr als zwei Wochen vor der Tat. Ob er nach Berlin fuhr, konnte allerdings nicht ermittelt werden. Er traf sich aber offenbar nach der Rückkehr mit Krassikow und fuhr mit ihm in Richtung des Trainingszentrums für FSB-Sondereinheiten in Balaschicha. Die Auswertung von Mobilfunkdaten Krassikows und der Fahrzeugdaten Dawydows durch Bellingcat legt nahe, dass die beiden sich anschließend noch mehrmals begegnet sind und dass Dawydow sich noch häufiger in Einrichtungen des FSB aufgehalten hat.[27]

Außerdem wies der Reisepass von Dawydow weitgehende Parallelen zu dem Pass auf, der auf den Namen Wadim Sokolow ausgestellt worden war. Das betraf die Passnummern, die nur 35 Ziffern auseinanderlagen. Ausstellungsort war in beiden Fällen Brjansk, eine Stadt 380 Kilometer südwestlich von Moskau. Auch das Ausstellungsdatum stimmte überein: Es war der 18. Juli 2019. Bereits einen Tag später stellten beide Anträge auf ein Schengen-Visum mit mehrfacher Einreise – Dawydow im slowakischen und Krassikow unter seiner Scheinidentität Sokolow im französischen Konsulat in Sankt Petersburg. Auch die persönlichen Angaben der beiden ähnelten einander. Sie hatten den gleichen Arbeitgeber, ein Unternehmen namens ZAO Rust. Als Beruf war für beide Ingenieur angeben. Die Steuernummern der beiden Personen wurden jeweils am 23. Juli 2019 registriert. Das ist nach Einschätzung der Rechercheure von Bellingcat ein klarer Hinweis darauf, dass Dawydow ebenso wie Sokolow eine Scheinidentität war, erstellt von den russischen Behörden.[28]

Was außerdem auf einen eingeübten Modus Operandi schließen lässt, ist ein ganz ähnlich abgelaufener Mord an dem tschetschenischen Kämpfer Adbulwahid Edelgirijew um die Mittagszeit des 1. November 2015 in Istanbul. Er wurde auf offener Straße im Vorort Kayasehir mit fünf Schüssen und mit Messerstichen geradezu hingerichtet – eine deutliche Parallele zum Mord im Tiergarten. Der damals 32-Jährige stand mit Changoschwili auf der Liste angeblicher Mitglieder des Kaukasischen Emirats. Edelgirijew soll der britischen Zeitung *Guardian* zufolge von Istanbul aus Kämpfer im Nordkaukasus unter anderem mit Geld unterstützt haben, das von der Türkei über Georgien nach Russland gelangte. Auch soll er 2015 rund drei Monate lang gegen die russischen Kräfte in der Ostukraine gekämpft haben, bevor ihn der ukrainische Geheimdienst angesichts seiner Mitgliedschaft im Kaukasischen Emirat zur Ausreise aufforderte.

Die Verbindung Dawydows, der mögliche Helfer Krassikows, zu diesem Mord ergibt sich durch zwei Männer mit den Namen Juri Anisimow und Alexander Smirnow – aller Wahrscheinlichkeit nach ebenfalls Scheinidentitäten. Sie hatten Edelgirijew offenbar vor dem Mord ausspioniert, und zwar so unauffällig, dass er selbst nichts davon bemerkt hatte.[29]

Auch Anisimows und Smirnows Reisepässe weisen starke Parallelen zum Pass Dawydows auf: Das Datum der Antragstellung, der Gültigkeitszeitraum und die Reisepassnummer liegen sehr nah an den Daten eines Reisepasses, der Dawydow zugeordnet wird, wenn auch unter einem weiteren Namen. Diese Daten der russischen Reisepässe waren von tschechischen Behörden bei der Antragstellung für Schengen-Visa erfasst worden. Außerdem wurde auf den Namen Dawydow und einer weiteren Person für Ende August 2019 eine Reise nach Chamonix in den französischen Alpen und nach Paris auf einem Onlineportal namens online-express.ru gebucht, das auch zur Reservierung von Krassikows Aufenthalt in Warschau genutzt wurde.

Anisimow und Smirnow wurden nach Angaben der türkischen Zeitung *Hürriyet* fünf Monate nach dem Mord an Edelgirijew am 8. April 2016 unter dem Verdacht „nachrichtendienstlicher Tätigkeit" in der Türkei festgenommen, tatsächlich sollen sie den Anschlag vorbereitet haben. Bei ihrer Festnahme sollen sie demnach bereits mit dem Ausspionieren eines weiteren Ziels beschäftigt gewesen sein. Ein dritter russischer Staatsbürger unter dem Namen Aleksandr Nasyrow wurde beobachtet, wie er mit ihnen verkehrte, konnte sich aber der Festnahme entziehen.[30] Gegen die drei Männer wurde im Februar 2017 in Istanbul Anklage erhoben. Der Vorwurf: Als Teil einer „Führungseinheit" seien sie für die Ermordung von sieben Tschetschenen in den Jahren 2000 bis 2015 verantwortlich gewesen. Schließlich wurden Anisimow und Smirnow im November 2017 im Austausch gegen zwei oppositionelle Krimtataren nach Russland überstellt. Der damalige ukrainische Präsident Petro Poroschenko dankte seinem türkischen Amtskollegen Recep Tayyip Erdoğan für die Befreiung der Krimtataren in einem Post auf Twitter.[31]

Türkische Medien berichteten damals ausführlich über den Mord an Edelgirijew, das russische Medium *Rosbalt* deckte mit Verweis auf eine Quelle bei den russischen Strafverfolgungsbehörden die Identität einer der drei Männer auf: Smirnow heiße in Wirklichkeit Walid Lurachmaew. Der Tschetschene war auch im März 2023 noch bei Interpol wegen versuchten Mordes zur internationalen Fahndung ausgeschrieben.[32] Er soll Mitglied einer Antiterroreinheit des FSB sein, zugleich soll er als kriminelle „Autorität" einer tschetschenischen Mafiaorganisation angehören und den Spitznamen „Validol" tragen. Er soll an Morden auch in Frankreich und Großbritannien beteiligt gewesen sein und eine lange Karriere als Auftragsmörder aufweisen.[33] Womöglich gibt es gar eine Verbindung zum Mord an Anna Politkowskaja in ihrem Wohnhaus in Moskau im Jahr 2006: Die Nummer seines Mobiltelefons wurde kurz nach der Tat in einem Park nahe ihrem Haus registriert, wie geleakte Unterlagen des FSB zeigten.[34]

Die (Alias-)Namen der Männer, die den Mord an dem Tschetschenen Edelgirijew schließlich begangen haben sollen, wurden ebenfalls bekannt: Andrej Scholchow, Dmitri Bodrow und Wladimir Woronon. Dass überhaupt so viele Informationen zu den Mördern und Helfern bekannt wurden, ist wahrscheinlich den Spannungen zu verdanken, die sich zwischen der Türkei und Russland angesichts des Abschusses eines russischen Kampfjets durch die türkischen Streitkräfte im November 2015 auftaten. Ein Rechtshilfeersuchen der deutschen Behörden an die Türkei im Zusammenhang mit den Ermittlungen zum Mord im Tiergarten blieb allerdings ohne Antwort.

Bei der Arbeitsweise der von Russland verpflichteten Auftragsmörder ist ein Muster erkennbar, eine Reihe von Gemeinsamkeiten der bekannt gewordenen Fälle der vergangenen Jahre: Erstens haben die Beteiligten eine Anbindung an den FSB, sind entweder Mitarbeiter oder waren innerhalb der russischen Sicherheitsstrukturen beschäftigt. Zweitens begehen die Täter die Morde im Auftrag oder mit Billigung des FSB und können daneben Attentate auf eigene Rechnung ausüben und dabei durchaus ins Visier der russischen Strafverfolgungsbehörden gelangen. Drittens werden die Morde aufwändig und über einen längeren Zeitraum vorbereitet. Eine oder mehrere Gruppen spionieren das Opfer aus. Eine andere Gruppe begeht schließlich den Mord, dies üblicherweise in der unmittelbaren Wohnumgebung des Opfers und am helllichten Tag. Trotz der Vorsichtsmaßnahmen hinterlassen die Täter Spuren, die sich in den Datenbanken der jeweiligen russischen Behörden finden lassen.

Für den Tiergartenmord treffen diese Merkmale, soweit die Hintergründe bekannt sind, zu. Das Attentat an Changoschwili sticht jedoch aus zwei Gründen heraus: zum einen, weil er im

Zentrum Berlins und nicht an einem anderen der Aufenthaltsorte Changoschwilis begangen wurde, zum Beispiel in Odessa, wo eine solche Tat weit weniger Aufmerksamkeit und politische Konsequenzen für Russland zur Folge gehabt hätte. Die Schüsse von einem Fahrrad aus abzugeben scheint zum anderen eine rare Spezialität unter professionellen Auftragsmördern zu sein. Allerdings führte genau dies die Rechercheure von Bellingcat auf die Spur der wahren Identität des Mörders. Einer ihrer ersten Ansätze war es, in russischen Medienberichten nach ähnlich begangenen Taten zu suchen, und sie wurden fündig: In den frühen Morgenstunden des 19. Juni 2013 beging ein Mann auf einem Parkplatz in Moskau einen Mord an dem Unternehmer Albert Nasranow. Auch er näherte sich dem Opfer auf einem Fahrrad. Er trug einen Trainingsanzug, einen Hut, der Ohren und Nacken verdeckte, sowie einen Rucksack. Da Nasranow zuvor schon angegriffen worden war, schöpfte er Verdacht, stieß den Mann vom Fahrrad und lief davon. Der Mörder folgte ihm und tötete Nasranow mit fünf Schüssen aus nächster Nähe, bevor er mit dem Fahrrad davonfuhr. Videokameras am Parkplatz zeichneten einen Großteil des Geschehens auf. Die Aufnahmen wurden noch am Tag des Mordes von mehreren russischen TV-Sendern ausgestrahlt.[35]

Bellingcat fand in einer Datenbank einen Fahndungsaufruf von 2014 zu einem Mord, der an jenem 19. Juni 2013 in Moskau begangen worden war. Der Name des Gesuchten: Wadim Krassikow. Unter diesem Namen fand Bellingcat dann einen russischen Führerschein, wie Christo Grozev der Autorin berichtete. Das Foto daraus hätten sie für einen Gesichtsabgleich mit dem Foto genutzt, das nach der Festnahme des im Tiergartenmord Beschuldigten angefertigt worden war. Den Vergleich führten sie mit einem Computerprogramm durch, zusätzlich legten sie einem Experten für Gesichtsvergleiche beide Fotos vor. Die Ermittler der Berliner Polizei wiederum nutzten das Fahndungsfoto, das die russischen Strafverfolgungsbehörden an das Moskauer Büro von Interpol für eine internationale Fahndung gegeben hatten. Somit konnten sie ebenfalls und unabhängig von Bellingcat klären, dass Sokolow eine Tarnidentität war, die Krassikow zur Begehung der Tat benutzt hatte.

Auch die Ermittler des BKA gingen auf Suche nach Taten, die in ähnlicher Weise wie der Mord im Kleinen Tiergarten begangen worden waren. Sie starteten eine Anfrage an 48 Länder, fragten detailliert nach Tötungsdelikten seit dem Jahr 2005, die gleiche Merkmale aufwiesen: Der Täter erwartet das Opfer am Tatort im öffentlichen Raum, nähert sich ihm mit einem Fahrrad, setzt eine Schusswaffe, vergleichbar der Glock 26, mit Schalldämpfer ein und schießt dem Opfer in den Oberkörper. Die Ergebnisse der Anfrage wurden in einem Vermerk des BKA vom 6. März 2020 festgehalten, den die Anklage dem Gericht als Beweismittel vorlegte.

Unter den aufgeführten Fällen war zum Beispiel ein Auftragsmord in Georgien: Am 28. März 2015 schoss ein behelmter Mopedfahrer dreimal auf den prominenten Geschäftsmann Besarion Chardsiani nahe dessen Haus in Tiflis. Die Waffe entsorgte er im Fluss Kura, der durch die georgische Hauptstadt fließt. Ermittler konnten sie sicherstellen. Als mutmaßliche Täter wurden ein Ukrainer und ein Russe in Abwesenheit angeklagt. Beide hätten zweieinhalb Monate vor der Tat eine Wohnung angemietet, um den Geschäftsmann auszuspionieren. Nach dem Mord entkamen sie in die Türkei. Der Ukrainer soll einen gefälschten Pass verwendet haben. Nach Angaben der Generalstaatsanwaltschaft blieb das Motiv unklar, in georgischen Medien wurde über einen Auftragsmord spekuliert, der in Zusammenhang mit einem attraktiven Grundstück am Schildkrötensee im Besitz des Geschäftsmannes stehe.[36]

Desweiteren gab es dem BKA zufolge Rückmeldungen aus Armenien, Rumänien, der Slowakei, Lettland und der Ukraine zu

Tötungsdelikten, die einzelne Merkmale vergleichbar zum Mord im Tiergarten aufwiesen, aber ebenfalls keine Verbindung zum Täter ergaben. Die russischen Behörden wiederum teilten dem BKA mit, es gebe ein generelles Auskunftsverbot zu Strafverfahren. Angaben zur Person Sokolow und zum Angeklagten verweigerten die Behörden auch mit Verweis auf den Datenschutz.

Angesichts der Tatsache, dass gezielte Schüsse von einem fahrenden Fahrrad oder Moped aus hohe Ansprüche an die Zielfertigkeiten und den Gleichgewichtssinn des Schützen stellen, ist von einer hohen Professionalität des Auftragskillers auszugehen. Dies scheint sich im Fall Krassikows zu bestätigen, der offenbar wochenlang in Russland auf die Tat vorbereitet wurde und nicht zum ersten Mal einen Mord beging. Womöglich sollte mit der Auswahl eines öffentlichen Parks als Tatort diese Professionalität – gepaart mit Verwegenheit – zur Schau gestellt werden. Nicht zuletzt enthalten viele Actionfilme Szenen mit Schießereien auf Zweiradfahrzeugen. Wenn sich Krassikow als gewiefter Killer imaginierte, ging dies in Moskau und in Berlin nicht ganz auf: Auf den Videoaufnahmen des Attentats auf den Geschäftsmann im Jahr 2013 in Moskau wirkte Krassikow auf seinem Fahrrad wenig elegant, als der Angegriffene ihn sogar vom Fahrrad stieß. Hinzu kommt, dass Fahrräder in Russland und seinen Nachbarstaaten zu dieser Zeit keine alltäglichen Fortbewegungsmittel wie in Westeuropa waren, sondern eher der Freizeitbeschäftigung dienten. Fahrradfahrer fielen deshalb sofort auf. In Berlin half das Fahrrad Krassikow zwar, den Tatort schnell und unerkannt zu verlassen. Dadurch, dass er es nicht einfach abstellte und stattdessen in die Spree warf, erregte er jedoch die Aufmerksamkeit der beiden jungen Männern am Holsteiner Ufer. Insofern bleibt die Frage nach dem Kalkül, von einem Fahrrad aus den Mord zu begehen. Sie ließe sich wohl nur beantworten, wenn man sich tief in die Denkwelt von Auftragsmördern wie Krassikow begeben könnte.

Reiseroute mit Legende

Wie die Ausführung des Mordes wirft auch die Vorbereitung die Frage auf, wie Sorgfalt und Aufwand und womöglich unnötige Risiken im Verhältnis standen. Um die Operation unerkannt ausführen zu können, legten die russischen Behörden für Krassikow die Scheinidentität Wadim Sokolow an, die allerdings Lücken aufwies und relativ leicht zu enttarnen war. Dass Krassikow und der mögliche Mittäter unter dem Namen Roman Dawydow am selben Tag in Sankt Petersburg, wenn auch bei Konsulaten verschiedener EU-Staaten, mit sehr ähnlichen Daten Schengen-Visa beantragten, zeigt, wie sicher sich die Agenten offenbar waren, nicht enttarnt zu werden. Ein anderer Grund könnte Eile bei der Durchführung der Operation in Berlin gewesen sein.

Die Richter des Berliner Kammergerichts stellten fest, dass staatliche Stellen zu einem unbekannten Zeitpunkt einen auf das Jahr 2015 ausgestellten Inlandspass auf den Namen Wadim Sokolow mit dem Geburtsdatum 20. August 1970 hatten eintragen lassen. Der für ein Visum notwendige Reisepass mit der Nummer 655672227 wurde erst am 18. Juli 2019 ausgestellt. Ebenso wie der Reisepass des mutmaßlichen Helfers Dawydow enthielt er keine biometrischen Daten. Das Gericht sah darin den Versuch, eine spätere Identifizierung Krassikows zu erschweren. Bellingcat-Rechercheur Grozev zufolge sind nichtbiometrische Pässe in Russland nur auf Antrag und gegen eine zusätzliche Gebühr erhältlich. Würden Pässe auf eine Scheinidentität mit biometrischen Daten einer real existierenden Person ausgestellt, die unter ihrem richtigen Namen und mit den entsprechenden Daten einen Pass besitzt, würde dies in der Passdatenbank auffallen.

Damit bestand ein Risiko, bei der Visumsbeantragung und bei der Einreise in den Schengenraum aufzufliegen. Dass die Planer der Operation in Berlin befürchteten, Behörden in der EU könnten eine Verbindung zwischen der Tarnidentität Sokolow und dem Fahndungsaufruf nach Krassikow wegen des Mordes 2013 herstellen, ist aber eher unwahrscheinlich. Der Fahndungsaufruf war auf russische Initiative 2015 bei Interpol gelöscht worden, die Daten hätten auch in den Mitgliedsstaaten von Interpol nicht mehr vorhanden sein sollen. Dass sie bei der Berliner Polizei noch gespeichert waren, ist einem glücklichen Umstand zu verdanken.

Mit dem Reisepass reichte Krassikow im französischen Konsulat in Sankt Petersburg einen handschriftlich ausgefüllten Visumsantrag mit einer Sankt Petersburger Wohnadresse, ein Passfoto, eine Bescheinigung über eine Auslandskrankenversicherung und eine Arbeitgeberbescheinigung des Unternehmens ZAO Rust ein. Hinzu kamen Hin- und Rückflugtickets zwischen Sankt Petersburg und Paris vom 10. bis zum 17. August 2019 und ein Buchungsbeleg für ein Pariser Hotel. Die Flugtickets sollten den Anschein erhärten, dass er in Sankt Petersburg wohnte und bald verreisen würde. Tatsächlich war Krassikow aber nur zur Beantragung des Visums in die nordrussische Metropole und danach gleich zurück nach Moskau gereist. Zudem ergaben die Recherchen von Bellingcat und dessen russischem Partner, der Investigativplattform *The Insider*, dass die Wohnadresse und die Angaben zum Arbeitgeber falsch waren. Ein Journalist stellte bei einem Anruf bei ZAO Rust fest, dass man nichts von einem Mitarbeiter Sokolow wusste. Ohnehin befand sich das Unternehmen mit Verbindungen zum Verteidigungsministerium laut Registerangaben in einer „Umstrukturierung“ und hatte keinen Umsatz. Dennoch erhielt Krassikow, ebenso wie Dawydow mit ebenfalls falschen Angaben, ein für mehrfache Einreisen gültiges Schengen-Visum.

Ein weiterer FSB-Agent hatte nach Bellingcat-Recherchen 2016 unter dem Namen Igor Egorow ein ebenfalls vom französischen Konsulat in Russland ausgestelltes Schengen-Visum mit vier Jahren Gültigkeit erhalten. Damit sei er unter anderem nach

Hamburg gereist.[37] Dem Magazin *Der Spiegel* zufolge beobachteten deutsche Verfassungsschützer Egorow dort im Januar 2020, wie er sich mit einem mutmaßlichen Auftragsmörder traf.[38] Ziel sei es gewesen, den tschetschenischen Kämpfer Adam Osmajew in der Ukraine zu töten. Auf ihn und seine tschetschenische Ehefrau Amina Okujewa, die beide in der Ostukraine auf Seiten Kiews gegen russische Truppen und Separatisten kämpften, war bereits 2017 ein Anschlag verübt worden. Okujewa starb, Osmajew überlebte verletzt.[39] Eine wohl geplante Festnahme von Egorow scheiterte, weil er nicht noch einmal, wie offenbar vorgesehen, nach Deutschland einreiste. Auch wenn in diesem Fall vieles offenbleibt, ist er neben Krassikow ein weiteres Beispiel dafür, dass Agenten mit falschen Angaben Schengen-Visa erhalten haben und problemlos durch Europa reisen konnten und womöglich noch können.

Ein Mitarbeiter des französischen Konsulats in Moskau teilte einem Journalisten von *The Insider* mit, dass die Konsularbeamten routinemäßig die Beschäftigungsdaten von Antragstellern überprüften und im Fall der Person Sokolow in der Tat bei seinem Arbeitgeber nachgefragt hätten, ob er tatsächlich dort arbeite. Generell sei es aber so, dass die konsularischen Dienste angesichts der großen Anzahl von Anträgen aus Russland nicht in der Lage seien, alle Angaben der Antragsteller und die Echtheit der Unterlagen zu überprüfen. Eine Anfrage an das französische Außenministerium in Paris zur Gewährung eines Visums mit Reisepässen ohne biometrische Daten blieb unbeantwortet. Das Auswärtige Amt in Berlin erklärte dazu auf Anfrage: „Da alle seit 2006 ausgestellten russischen Pässe biometrisch sind, ist die Erteilung von Visa bei Vorlage eines nichtbiometrischen russischen Passes ausgeschlossen."

Der ehemalige BND-Präsident Gerhard Schindler sagte bei einer Veranstaltung im August 2022 in der ehemaligen Stasi-Zentrale in Berlin, angesichts von Millionen Einreisen in den Schengen-

Raum sei es unmöglich, alle Angaben von Antragstellern im Detail zu prüfen. In einem Rechtsstaat, der nicht zu einem Polizeistaat werden solle, blieben immer Risiken. Immer wieder werden Fälle bekannt, wonach einheimische Mitarbeiter deutscher Konsulate die Erteilung von Visa manipulieren. Ein Grund dafür ist Bestechlichkeit. Einer der bekanntesten Fälle in den 2000er Jahren unter dem damaligen Außenminister Joschka Fischer wurde in einem parlamentarischen Untersuchungsausschuss behandelt. Damals ging es um die Visavergabe in der Ukraine und im Kosovo. Dass das Problem danach nicht gelöst war, zeigten Strafverfahren wie 2018 vor dem Amtsgericht Tiergarten in Berlin zu einem Fall im Libanon.[40]

Ob Krassikow, ob andere russische Agenten oder ihre Auftraggeber auf Komplizen in Auslandskonsulaten in Russland setzen konnten, ist offen. Das trifft ebenso für die Einreise Krassikows in den Schengenraum am 17. August 2019 zu, als er um 22:23 Uhr am Flughafen Paris-Charles-de-Gaulle landete. In jedem Fall ging er mit seinem Reisepass ohne biometrische Daten das Risiko ein aufzufliegen – und kam dennoch unbemerkt durch die Grenzkontrolle.

Umso aufwändiger war seine Reiseroute angelegt. Sie diente offenkundig dazu, ihm eine Legende zur Tarnung als russischer Tourist auf einem Städtetrip nach Paris, Warschau und Berlin zu schaffen. Fachleute mit operativer Erfahrung gehen davon aus, dass er bei den Aufenthalten in Paris und Warschau jeweils zwei Helfer gehabt haben könnte. Mitarbeiter der Berliner Mordkommission und des BKA konnten jedoch bei ihren umfangreichen Ermittlungen keine Unterstützer ausmachen. Fremdenführer in Paris und in Warschau, die Krassikow engagierte und von denen er sich vor Sehenswürdigkeiten fotografieren ließ, waren ihren Erkenntnissen nach unverdächtig und gingen diesen Jobs regulär nach. Nach drei Tagen Aufenthalt in Paris landete Krassikow am 20. August 2019 gegen 13 Uhr in Warschau. Er fuhr mit einem Taxi ins

Stadtzentrum, wo er im Novotel abstieg, einem bei Touristen und Geschäftsreisenden beliebten Hotel, das in einem Hochhaus mit 742 Zimmern reichlich Anonymität bietet und in dem es auch nicht auffallen würde, wenn er mehrmals nicht in seinem gebuchten Zimmer übernachten würde. Am Abend seines Ankunftstages traf er einen Fremdenführer, der für ihn an der Rezeption gebucht worden war. Dieser führte ihn drei Stunden lang durch das Stadtzentrum. Am nächsten Nachmittag traf er eine Fremdenführerin für eine Tour zum Schloss Wilanów und ein Abendessen in einem Restaurant. Im Gespräch mit ihr vermied er jegliche Hinweise auf seine tatsächliche Biografie und hielt sich strikt an die Legende des Sokolow, wie aus einer Aussage der Frau bei einer Vernehmung durch die polnische Polizei hervorging. Demnach erzählte er ihr auch, dass er schon einmal in Berlin gewesen sei, auch wenn die Ermittler später keinen Hinweis darauf finden konnten.

Am nächsten Morgen, dem 22. August, verließ Krassikow um 8:03 Uhr das Hotel. In seinem Zimmer ließ er einiges zurück: Kleidung, Kosmetikartikel und sein Mobiltelefon mit den Fotos von Sehenswürdigkeiten, einen Gutschein für das Hotel vom 20. bis 25. August sowie ein Aeroflot-Ticket für den Rückflug am 25. August von Warschau nach Moskau. Gefunden wurden die Sachen vom Hotelpersonal, das das Hotelzimmer am 26. August räumte. Da saß Krassikow bereits in Berlin in Untersuchungshaft.

Er verließ das Hotel bekleidet in einer blauen Stoffhose, einem hellblau-türkisfarbenen Hemd und Mokassins mit heller Sohle. Er trug eine Reisetasche, geeignet für einen Wochenendaufenthalt, sowie eine in Osteuropa weitverbreitete Herrenhandtasche. Das ist auf der Aufnahme einer Videokamera am Ausgang des Hotels zu sehen, die vor Gericht gezeigt wurde. Es ist die letzte Spur, die Krassikow hinterließ, bevor er am nächsten Tag von einer Zeugin gesehen wurde, wie er am Eingang des Kleinen Tiergartens auf sein Opfer wartete.

Krassikow kam bei seiner Abreise aus Warschau zugute, dass um diese Uhrzeit üblicherweise um das Hotel herum reger Verkehr herrscht. Es ist umgeben von mehrspurigen Straßen, in der Nähe befinden sich Stationen für Bus und Bahn. Erstaunlich ist sein spurloses Verschwinden aber dennoch, zumal in der unmittelbaren Umgebung des Hotelgebäudes zahllose Videokameras installiert sind, so auch an der Ausfahrt des dazugehörigen Parkhauses sowie an einem Verwaltungsgebäude wenige Meter vom Hotel entfernt. Er könnte darauf vertraut haben, dass viele dieser Kameras nicht in Betrieb sind und dass er in der Menge und in den nahen Unterführungen in Richtung Hauptbahnhof untertauchen könnte. Oder er wurde am Hotel von einem Auto abgeholt.

Den Ermittlern in Polen und Deutschland gelang es jedenfalls nicht, Krassikows Weg nach Berlin nachzuvollziehen und herauszufinden, wie er die Grenze überquert und wo er die Nacht vor dem Mord verbracht hat. Es fanden sich keine Belege für eine Reise per Flugzeug, Bahn oder Bus. Bei Autovermietern gab es ebenfalls keine Daten, die auf Krassikow hätten schließen lassen. Wenn er von jemandem nach Berlin gefahren wurde oder er selbst zum Beispiel in einem gestohlenen Auto unterwegs war, dann ohne Geschwindigkeitsübertretung, die registriert worden wäre – auch danach suchten die Ermittler in Polen und Deutschland vergeblich.

An der Legende vom russischen Touristen Sokolow auf Städtetrip hielt Krassikow bis zum Ende der Gerichtsverhandlung fest. Bei den Befragungen nach seiner Festnahme und während der Untersuchungshaft sagte er den Ermittlern zufolge, in Berlin habe er privat bei einer Frau übernachtet. Ihren Namen wolle er zu ihrem Schutz nicht angeben, weil sie verheiratet sei. Dass er in einem Busch beobachtet worden sei, liege daran, dass er dort habe pinkeln wollen. Seine Festnahme erkläre er sich damit, dass dies in Deutschland wohl verboten oder er mit einem anderen Mann verwechselt worden sei, der ebenfalls dort im Gebüsch am Spreeufer gewesen sei. Das allerdings hatten die beiden Zeugen, die ihn dort gesehen hatten, verneint. Krassikow setzte so gezielt auf Situationen, bei der es in einer alltäglichen Lage aus Höflichkeit und Diskretion geboten wäre, nicht weiter nachzufragen. Krassikow sprach in Vernehmungen auch von seiner Mutter namens Sokolowa. Im Ganzen zeigte sich, dass er um keine Erklärung verlegen und gut auf Befragungen vorbereitet war. Allerdings brachten seine Verteidiger keinerlei Beweise oder Zeugen bei, die seine Geschichte hätten belegen können. Die russische Botschaft legte keine Dokumente vor, die die Legende Sokolows aufrechterhalten hätten – auch eine Frau Sokolowa wurde nicht als Zeugin angemeldet. Wie Präsident Putin bei den beiden Pressekonferenzen Ende 2019, während der er auf den Mord im Tiergarten angesprochen wurde, schwiegen auch die russischen Behörden in Bezug auf die Person Sokolow/Krassikow.

Die Städtetrips nach Paris und Warschau vor der Tat waren nicht nur als scheinbar wasserdichte Legende geeignet. Sie stellten die Ermittlungsbehörden in den von Krassikow bereisten Ländern auch vor die Herausforderung, miteinander zu kooperieren. Im Falle Polens gelang dies sehr gut, Warschau stellte umfangreiche Informationen bereit. Hier zeigte sich ein offenkundiges Interesse, zur Aufklärung des Falles beizutragen. Bei den französischen Behörden war dies nach Angaben aus Ermittler- und Sicherheitskreisen nicht in gleichem Maße der Fall. Erklären ließe es sich damit, dass das politische Interesse an der Aufklärung der Tat in Frankreich nicht so hoch wie in Polen war. Zudem hätten dann Missstände thematisiert werden müssen, die dem Täter die Einreise nach Frankreich und in den gesamten Schengenraum ermöglicht hatten.

Waren die Anreise und die Tatausführung schon detailliert geplant, so war dies für die Fluchtroute umso notwendiger, zumal der Mord offenbar von vorneherein am helllichten Tag im öffentlichen Raum geplant war, was ein unerkanntes Davonkommen nach der Tat nicht gerade erleichterte. Deshalb gilt in diesem Fall umso mehr: „Untertauchen will gekonnt sein“, wie es der frühere BND-Mann Gerhard Conrad formuliert.

Tatsächlich war auch der Fluchtweg gründlich geplant worden, wenn auch an dieser Stelle Fragen offenbleiben. Inmitten all der geschockten Zeugen im Kleinen Tiergarten gelang es Krassikow wenige Sekunden nach der Tat etwa um 11:55 Uhr, auf das Fahrrad zu steigen und unbehelligt den Park in Richtung der viel befahrenen Turmstraße zu verlassen. Abgesehen von der für diesen Sommertag zu warm wirkenden Kleidung wird er kaum für Aufmerksamkeit gesorgt haben. Jedenfalls fiel er niemandem auf, der sich später als Zeuge gemeldet hätte. Er wählte nicht den direkten Weg zum Holsteiner Ufer, wo er unerkannt die Gegenstände loswerden und die Kleidung wechseln wollte. Er nahm einen Umweg, offenbar durch die Kirchstraße. Auf dieser Straße befanden sich keine Verkehrskameras und auch keine Läden mit funktionierenden Überwachungskameras. Die Ermittler fanden keinerlei Aufzeichnungen von seinem Fluchtweg. Auch die Stelle mit den Büschen am Spreeufer unterhalb der Lessingbrücke scheint auf den ersten Blick gut gewählt. Sie liegt abseits von den Wohnhäusern des Holsteiner Ufers. Die Straße endet dort in einem Wendehammer, sodass es keinen Durchgangsverkehr gibt. Dass um diese Zeit Leute auf der Treppe der Brücke sitzen und Krassikow aus nächster Nähe beobachten könnten, das hatten seine Helfer offenkundig nicht einkalkuliert und noch weniger, dass die beiden Männer dort so couragiert sein würden, die Polizei zu rufen und ihn nicht aus den Augen zu lassen, um der zügig eintreffenden Sondereinheit der Polizei den Weg zu ihm zu weisen. Er wäre sonst womöglich in ein Fahrzeug gestiegen und auf Straßen gefahren, auf denen keine Polizeisperren und Kontrollen zu erwarten gewesen wären, und falls er doch angehalten worden wäre, hätte er weiterhin seine Legende als Tourist parat gehabt. Die im Hotel in Warschau zurückgelassenen Gegenstände und das Flugticket ließen die Ermittler vermuten, dass Krassikow dorthin zurückkehren und zwei Tage später einen Flug nach Moskau nehmen wollte. Jedoch zeigte sich bei anderen Fällen, dass es häufig Umbuchungen und Stornierungen von Flügen und Hotels gab, dies sicher auch zur Verschleierung von Reiserouten. Dies lässt es möglich erscheinen, dass Krassikow einen anderen Weg wählen und zum Beispiel wie Dawydow mit einem Auto in Polen die Schengen-Grenze nach Belarus überqueren wollte.

Verräterisch professionell

Was für den Laien nach einem professionellen Fluchtplan klingen mag, hält Ex-BND-Agent Conrad nicht für ein gut durchdachtes Vorgehen. Zwar sei es grundsätzlich angebracht, sich so nah wie möglich am Tatort der Kleidung und der verwendeten Gegenstände zu entledigen mit dem Ziel, dass diese nicht so bald in die Hände von Ermittlern und Forensikern fallen. Doch wäre es seiner Einschätzung nach viel sicherer gewesen, dies in einem geschützten, privaten Raum zu tun. Dafür käme etwa eine Wohnung oder eine Garage eines Konfidenten – polizeisprachlich für einen Vertrauten – in Frage. Dort hätte er sich zum Beispiel auch in Ruhe den Bart stutzen können, um nicht als schlecht rasiert aufzufallen, oder anderweitig sein Äußeres verändern können. Selbst ein zeitweises Untertauchen in Tatortnähe, also in Berlin, hätte nach Einschätzung von Conrad erwogen werden müssen. So hätte der Täter den „ersten Fahndungsdruck aussitzen können“. Solche Ungereimtheiten lassen vermuten, dass die Planer der Operation zwar Ortskenntnisse nutzten, aber womöglich doch nicht genug Vertrauensleute vor Ort hatten oder dass sie Risiken entweder unterschätzten oder Krassikow für erfahren und skrupellos genug hielten, um sie einzugehen.

Die bekannten Ermittlungsergebnisse sprechen jedenfalls nicht für einen Verrat Krassikows, wie es der ehemalige Agent des österreichischen Bundesamtes für Verfassungsschutz und Terrorismusbekämpfung (BVT) Egisto O. vermutete. Egisto O. sorgte unter anderem im Zusammenhang mit dem Skandal um Ex-Wirecard-Manager Jan Marsalek für Aufmerksamkeit über Österreich hinaus. Beiden – Marsalek und Russland – soll Egisto O. Informationen bereitgestellt und dazu ohne dienstlichen Anlass in internen Datenbanken Details zu einer Vielzahl von Personen abgefragt haben. Die Wiener Staatsanwaltschaft warf Egisto O. daraufhin den Verrat von Staatsgeheimnissen vor. Die US-Zeitung *The Washington Post* berichtete, bei einer Durchsuchung seiner Wohnung in Wien habe die Polizei ein Mobiltelefon gefunden, auf dem sich eine dreiseitige Analyse befunden habe, in der Mängel der russischen Operation gegen Changoschwili bewertet und Empfehlungen gegeben werden, wie russische Agenten künftig besser vorgehen sollten. In dem Papier, nach Einschätzung von Experten von Egisto O. verfasst, wird nahegelegt, dass ein Maulwurf oder ein russischer Überläufer Informationen geliefert und so den Plan für die Flucht Krassikows durchkreuzt haben könnte. Egisto O. empfahl, so zitierte die *Washington Post* aus der Analyse, alle geplanten Operationen sofort einzustellen, bis der Maulwurf beseitigt sei.[41]

Wenn auch wenig dafür spricht, dass Egisto O. genauere Kenntnisse über die Vorgänge um den Mord im Tiergarten hatte, und er mit seiner Analyse womöglich nur Aufmerksamkeit erregen wollte, so hatte sein Handeln doch reale Auswirkungen, und zwar auf Bellingcat-Rechercheur Grozev. Zu ihm soll Egisto O. im Dezember 2020 eine Personenabfrage durchgeführt haben. Die österreichischen Behörden informierten Grozev im Laufe der Ermittlungen über die Abfrage, die auch seine Privatadresse in Wien beinhaltete, wie er der Autorin bestätigte. Er gehe davon aus, dass Egisto O. die Abfrage im Auftrag Russlands durchgeführt habe, denn dieser habe gegenüber einem anderen Agenten von „unseren Freunden“ und von einer „Causa“ gesprochen, in die sich Grozev angeblich eingemischt haben sollte. Ziel könne Einschüchterung, Beschattung oder auch die Vorbereitung eines Attentats gewesen sein, so der Bellingcat-Rechercheur.

Mitte Februar 2023 dann teilten die österreichischen Behörden Grozev mit, dass er und seine Familie in Wien nicht mehr sicher seien. Russische Agenten suchten aktiv nach ihm, sagte Grozev der britischen Zeitung *Financial Times*. Kurz zuvor war bekannt geworden, dass ihn die russischen Behörden auf ihre Liste der meistgesuchten Personen gesetzt hatten. Grozev verließ Österreich daraufhin.

Die Bellingcat-Recherchen trugen in vielen Fällen, so auch bei der Vergiftung des ehemaligen GRU-Agenten Sergej Skripal und dessen Tochter im englischen Salisbury im Jahr 2018, erheblich zum Aufdecken der beteiligten Agenten bei. Die Organisatoren in Moskau könnten dies bedacht und sich deshalb um eine gründlichere Planung für den Tiergartenmord bemüht haben. Doch war es gerade die professionelle und detaillierte Vorbereitung, die sich als verräterisch erwies, sobald Krassikow festgenommen worden war und der Verdacht aufkam, es könne es sich um einen Mörder mit Auftrag aus Moskau handeln.

Wäre Krassikow unerkannt vom Tatort entkommen, so hätte der Mord nach Einschätzung von Experten allerdings kaum aufgeklärt werden können. Dann hätten sich die Geheimdienstmethoden, die sich an diesem Fall studieren lassen, als erfolgreich erwiesen: eine scheinbar wasserdichte Legende inklusive echter falscher Dokumente, falsche Fährten zum Beispiel durch die Buchung von Reisetickets und Hotelzimmern, das Verschleiern der Herkunft und die Entsorgung von Beweismitteln, außerdem eine

Verkleidung während der Tat, die viele Zeugen zwar merkwürdig fanden, die es Ermittlern aber erschwert, ein konsistentes Bild vom Täter zu rekonstruieren, und schließlich die Wahl einer Reiseroute, bei der der Täter in einer Masse von Menschen verschwinden und Überwachungskameras meiden kann. Klar ist, dass Krassikow – offenbar ohne jemals zuvor in Berlin gewesen zu sein – nur mit Hilfe anderer so effizient vorgehen konnte. Personen um Dawydow könnten ein Vorabteam gebildet haben, das von Moskau aus operierte und mehrfach vor Ort war, wie dies beim Mord an Edelgirijew in Istanbul nachvollzogen werden konnte. Die Detailinformationen zu Changoschwili, zum Tatort und zur Fluchtroute sowie die für die Tat notwendigen Gegenstände und Kleidungsstücke bedurften längerfristiger Vorbereitung, die am besten von mehreren Personen mit Wohnsitz in Berlin und mit Kontakt in die tschetschenische Diaspora und womöglich in die Behörden geleistet werden könnten. Spekulativ bleibt die Frage, wie diese Personen rekrutiert worden sein könnten – ob es für solche Zwecke ein Netzwerk aus sogenannten Illegalen oder anderen Personen mit Kontakt zum FSB gibt. Dass sich in Deutschland willige Helfer finden lassen, die sich in den Dienst russischer Geheimdienste stellen, ist jedenfalls nicht zu bestreiten.

Kapitel 4
Der Gerichtsprozess

Hätte Krassikow sich vor der Tat vorstellen können, dass er wie in einem Albtraum in den folgenden zweieinhalb Jahren immer wieder nach Moabit zurückkehren würde? Dass er in nur 700 Meter Entfernung 55 Tage auf einer Anklagebank des Kammergerichts verbringen und schließlich zu lebenslanger Haft in dem Land verurteilt würde, das er vermutlich noch am Tattag hatte verlassen wollen?

Die Prozesstage begannen damit, dass Krassikow in einem gesicherten Fahrzeug mit Eskorte und Blaulicht zur Justizvollzugsanstalt Moabit gefahren wurde. Der trutzige Klinkerbau mit meterhohen Mauern und einem vorgelagerten Stahlzaun befindet sich auf der Hinterseite des Kriminalgerichts. Dort sitzen Untersuchungshäftlinge ein, Krassikow war jedoch aus Sicherheitsgründen in anderen JVAs untergebracht worden. Die Angeklagten werden durch verborgene, teils unterirdische Gänge in die Gerichtssäle geführt. Seit der Eröffnung des Kriminalgerichts im Jahr 1906 hat sich in den düsteren Gängen wenig verändert. Für Krassikow endete der Weg im Saal 700 in der obersten Etage des Gerichtsgebäudes, wo bereits die Anwälte von Anklage und Verteidigung, Dolmetscher, Gerichtshelfer und Justizbeamte warteten – die aus Karlsruhe angereisten Vertreter der Bundesanwaltschaft auffällig in ihren purpurfarbenen Roben rechts neben der Richterbank, die anderen Anwälte in schwarzen Roben. Hatte Krassikow, ohne Handschellen, seinen Platz links von der Richterbank hinter Sicherheitsglas eingenommen, wurden die Zuschauer und akkreditierten Journalisten in den holzgetäfelten Saal eingelassen. Schließlich traten die Mitglieder des 2. Strafsenats des Kammergerichts aus einem Raum hinter der Richterbank ein. Hatte der Vorsitzende Richter Olaf Arnoldi den Verhandlungstag eröffnet, durften sich die Anwesenden wieder setzen.

Es gibt keine Fotos vom Angeklagten und keine Audio- oder Videoaufzeichnungen von den Verhandlungstagen. Gerichtshelfer halten in einem Protokoll fest, welche Zeugen auftreten, nicht aber, was sie sagen. So war es an allen Prozessbeteiligten, eigene Notizen anzufertigen – wie das bei den meisten Strafgerichtsprozessen in Deutschland der Fall ist. Hinzu kam in diesem Fall eine erhöhte Sicherheitsstufe, weshalb Besucher und Journalisten nur Stifte und Papier in den Gerichtssaal mitnehmen durften, also keine Smartphones, Laptops oder Ähnliches. Taschen mussten in einem Regal auf dem Gang vor dem Saal 700 deponiert werden, nachdem eine zweite Sicherheitskontrolle durchlaufen war. Am Eingang des Gerichtsgebäudes mit seiner imposanten Eingangshalle und den geschwungenen Steintreppen wartete die erste Sicherheitskontrolle.

Wie sehr die Nähe des Gerichtsgebäudes zum Tatort auf die Stimmung des Angeklagten gewirkt haben mag, weiß man nicht. Für die Angehörigen von Changoschwili, die als Nebenklägerinnen auftraten, war der Gerichtsprozess eine sichtbar schwere Belastung, mussten sie doch den Ausführungen zum Tathergang folgen und abstrakte Begriffe wie „Liquidation" und „Tötungsauftrag" hören. Als Zeuginnen vor Publikum in einem Land mit einer gänzlich anderen, offeneren Kultur über ihren Mann, Bruder oder Vater sprechen zu müssen, auch das fiel ihnen nicht leicht, zumal bei der simultanen Übersetzung aus dem Russischen manches verloren ging. Dennoch waren ihre Ausführungen unersetzlich, wenn es darum ging zu verstehen, was für Spuren Krieg, Flucht und Verfolgung bei den Tschetschenen hinterlassen haben.

Vom Beschuldigten zum Täter

Der Prozess begann am 7. Oktober 2020 mit der Anklageverlesung durch Bundesanwalt Ronald Georg. Der Wahlverteidiger des Angeklagten Robert Unger, der kurz vor Beginn des Prozesses noch zu den beiden Pflichtverteidigern Ingmar Pauli und Christian Koch hinzugekommen war, stellte den Antrag, die für die Beweisaufnahme verwendeten Unterlagen ins Russische zu übersetzen, da sein Mandant kein Deutsch verstehe. Die Anwältinnen der Nebenklage Inga Schulz, Johanna Künne und Barbara Petersen unterstützten dies, doch lehnten die Richter den Antrag schließlich ab. Es hätte für das Gericht einen erheblichen Mehraufwand bedeutet, die in Dutzenden Ordnern aufgereihten Akten zu übertragen. So begann der zweite Prozesstag mit der Beweisaufnahme vom Tatort. An den folgenden Verhandlungstagen stellte sich bald heraus: Krassikow hatte seine Spuren nicht so gründlich vermeiden und verwischen können, dass ihm die Tat nicht hätte nachgewiesen werden können. Im Gegenteil. Die Schüsse mit der Glock 26 hatten Schmauchspuren an der Pistole und dem Schalldämpfer hinterlassen, auch an den Handschuhen, den Ärmelbündchen der Jacke, am Schirm des Basecaps, die er trug, sowie an zwei Rucksäcken, in denen er die Waffe verstaut hatte. Dort überall konnten Sachverständige die Schmauchspuren nachweisen, obwohl Krassikow die Asservate in der Spree versenkt hatte. Polizeitaucher fanden einige Stunden später direkt an der Kaimauer auch die Tatwaffe mit dem Schalldämpfer und einem Magazin. Nur die Perücke schwamm offenbar davon, es wurde jedenfalls keine sichergestellt.

Außerdem fanden sich DNA-Spuren an mehreren Gegenständen, die in der Spree sichergestellt worden waren. Dazu zählten das Basecap sowie die dunkelgraue Adidas-Trainingshose, die er bei der Tat trug und die wie die Waffe vor Gericht vorgeführt wurde. Auch die Haarschneidemaschine, mit der er sich nach der Tat im

Gebüsch grob den Bart rasiert hatte, enthielt seine DNA. An der Hose klebten überdies Blutspuren von der Abschürfung am linken Schienbein, die sich Krassikow zugezogen hatte, als er nach den ersten zwei Schüssen auf Changoschwili von der Fahrradpedale gerutscht war. Die Abschürfungen hatte eine Rechtsmedizinerin entdeckt, die Krassikow nach der Festnahme untersuchte. Die Antirutschnägel der Fahrradpedale hielt sie für potenziell geeignet, solche Abschürfungen zu verursachen.

Die Aussagen der Tatortzeugen, der beiden jungen Männer am Holsteiner Ufer, der Polizeibeamten und Mitarbeiter der Mordkommission sowie die detaillierten Beschreibungen der Sachverständigen zu ihren Untersuchungen prägten die ersten Wochen im Saal 700 des Kriminalgerichtes Moabit. Den Worten der Zeugen aus dem Kleinen Tiergarten war zu entnehmen, wie sehr sie die Schüsse schockiert und teils auch traumatisiert hatten. Ihre Beschreibungen vom Ablauf der Tat, von den verwendeten Gegenständen und der Kleidung Krassikows variierten nicht nur untereinander; auch zwischen den Aussagen bei der Polizei kurz nach der Tat und fast zwei Jahre später vor Gericht taten sich Unterschiede auf. Eine Zeugin meinte sich zu erinnern, dass der Schütze „Haare wie der junge Maradona" gehabt habe. Ein Mann sah eine glänzende Perücke, ein anderer hielt ihn wegen der langen Haare für eine Frau. Die Befragungsmethode des Vorsitzenden Richters legte die kleinen und größeren Widersprüche offen. Olaf Arnoldi ermunterte die Zeugen zunächst, selbst alles zu schildern, was ihnen erinnerlich war – um dann mit Fragen auf Details einzugehen und den Zeugen die von der Polizei protokollierten Aussagen „vorzuhalten", wie es im Juristendeutsch heißt. Solche Widersprüche sind jedoch normal und sogar ein Zeichen der Glaubwürdigkeit der Zeugen. Sie zeigen, dass die Zeugen allein ihre abgespeicherten Erinnerungen abrufen und sich nicht im Vorfeld der Aussage vor Gericht Beschreibungen zurechtgelegt oder mit anderen abgesprochen haben, was die Verteidiger Krassikows bei der einen oder anderen Aussage in den Raum stellten. Durch die Vielzahl der befragten Zeugen ergab sich letztlich ein konsistentes Bild von Tatort, Tat und Täter. Und an eines erinnerten sich viele Zeugen übereinstimmend: Der Täter ging kaltblütig vor, er richtete die Waffe mit ausgestrecktem Arm auf den Kopf des am Boden Liegenden – die ganze Szene empfanden sie als Hinrichtung. Dieses Wort wählten mehrere Zeugen.

Detailliert ließen sich die Richter auch die Tatortumgebung und den Zeitablauf beschreiben. Ein Kriminalkommissar erzählte zum Beispiel, wie er selbst mehrfach auf einem Fahrrad die Strecke vom Tatort im Kleinen Tiergarten zum Holsteiner Ufer an der Spree zurückgelegt und die Zeit gestoppt habe, um zu prüfen, ob Krassikow den Weg in so kurzer Zeit zurückgelegt haben konnte. Am Ende war die Beweislage so dicht, dass der Strafsenat keine Zweifel mehr daran hatte, dass der Angeklagte der Täter aus dem Kleinen Tiergarten war. Auch Wahlverteidiger Robert Unger hielt im Plädoyer nicht mehr daran fest, dass sein Mandant nicht der Täter gewesen sei, auch wenn dieser selbst bis zum Schluss darauf beharrte.

Die Richter sahen das Mordmerkmal der Heimtücke erfüllt, da Changoschwili zum Zeitpunkt der Schussabgabe nicht mit einem Angriff auf sein Leben rechnen konnte, er in diesem konkreten Moment also arg- und wehrlos war. Dabei sei es unerheblich gewesen, dass Changoschwili als ehemaliger Kämpfer im Tschetschenienkrieg grundsätzlich mit Anschlägen rechnen musste, zumal 2015 in der georgischen Hauptstadt Tbilisi ein Attentat auf ihn verübt worden war: „Maßgeblich ist allein die aktuelle Tatsituation", schrieben die Richter im Urteil.[1] Krassikow nutzte demnach bewusst die Möglichkeit, Changoschwili zu folgen und ihn von hinten mit Schüssen zu überraschen. Die Richter ließen den Einwand von Verteidiger Unger nicht gelten, dass sich keiner der Zeugen erinnern konnte, was im Moment vor den Schüssen geschehen war, ob Krassikow sein Opfer nicht doch gerufen und sich beide nicht doch gestritten haben könnten. Unger wollte auch nicht ausschließen, dass Changoschwili von tschetschenischen Bekannten in den Park gelockt worden sei, die Auftraggeber mithin nicht in Moskau, sondern in Tschetschenien sitzen könnten. Allerdings regiert Machthaber Ramsan Kadyrow die Teilrepublik von Putins Gnaden. Diese liegt damit immer noch im Verantwortungsbereich der russischen Staatsführung. Es hätte sich deshalb immer noch um russischen Staatsterrorismus gehandelt. Davon abgesehen, wiesen die Indizien nicht in die tschetschenische Hauptstadt Grosny, sondern nach Moskau.

Der Auftraggeber, dessen Motivation und die Frage, inwieweit sich der Täter mit ihm gemein gemacht hatte, waren für das Gericht von juristischer Bedeutung zur Bemessung des Strafmaßes – vor allem ob das Mordmerkmal niedriger Beweggründe zutrifft: War die Tat noch über den Tötungswillen hinaus besonders verwerflich, also unmoralisch? Davon waren die Richter am Ende überzeugt. Einem staatlichen Liquidierungsauftrag liege ein politisches Motiv zugrunde, wenn ein politischer Gegner aus Rache für die Teilnahme an einem zurückliegenden Konflikt ermordet werde. Das Urteil hält fest:

> „Denn die Vorstellung, dass ein fremder Staat auf deutschem Staatsgebiet ohne jede strafprozessuale Grundlage und ohne jede völkerrechtliche Berechtigung Vergeltung übt, steht in so fundamentalem Widerspruch zur rechtsstaatlichen Ordnung des Grundgesetzes, dass derartige Taten von vornherein als besonders strafwürdig anzusehen sind."

Es komme nicht darauf an, ob es einen nachvollziehbaren Vorwurf für das Bedürfnis nach Vergeltung gebe. Internationales Recht sehe für die Ahndung von Straftaten die Möglichkeit eines Auslieferungsersuchens vor, was Russland in diesem Fall nicht getan habe. Für eigenmächtige Vergeltungsaktionen auf fremdem Staatsgebiet sei hingegen kein Raum. Das sei „nicht nur rechtswidrig und missbilligenswert, sondern auch in höchstem Maße verwerflich". Diese Feststellung erstrecke sich auch auf den Angeklagten, da er sich bewusst in den Dienst der staatlichen Auftraggeber gestellt habe, ob aus Loyalität oder blindem Gehorsam.

Doch um zu dieser Aussage kommen zu können, musste die Anklage die Richter davon überzeugen, dass der Mann auf der Anklagebank nicht der Tourist Wadim Sokolow, sondern Wadim Krassikow mit engen Verbindungen zu staatlichen Stellen in Russland war. Ein erster Schritt bestand also darin, die Person Sokolow als Scheinidentität zu entlarven. Im nächsten Schritt musste nachgewiesen werden, dass der Angeklagte Krassikow war. Um diese beiden Aspekte entspann sich während des Gerichtsprozesses die schärfste Auseinandersetzung zwischen der Verteidigung einerseits und den Nebenklagevertreterinnen und der Bundesanwaltschaft andererseits. Letztere hatte die Übernahme des Ermittlungsverfahrens am 4. Dezember 2019, fast fünf Monate nach der Tat, damit begründet, dass der Beschuldigte nicht Sokolow heiße, sondern Krassikow sei und im Auftrag staatlicher Stellen in Russland gehandelt habe, es sich mithin also um eine „staatsschutzspezifische Tat von besonderer Bedeutung" handele, für die der Generalbundesanwalt zuständig sei. Als Beleg führte die Staatsanwaltschaft des Bundes den erwähnten Abgleich von Porträtfotos des Beschuldigten mit Lichtbildern an, die in polizeilichen Fahndungsdatenbanken gefunden worden seien. Dass es sich bei beiden um ein und dieselbe Person handelt, war in einem Behördengutachten des Landeskriminalamtes Berlin mit hoher Wahrscheinlichkeit festgestellt worden.[2] Doch wie waren die Ermittler der 7. Mordkommission in Berlin überhaupt auf diese Fahndungsfotos gestoßen?

Ein Polizeibeamter sagte aus, man habe in den Datenbanken nicht nur nach Namen, sondern auch nach Gesichtern gesucht. Auch Bellingcat war auf der Suche nach Fotos erfolgreich.

Auf die Spur gekommen

Die Organisation Bellingcat geht auf den Briten Eliot Higgins zurück, der weder Journalist noch Ermittler war, sondern als kritischer Konsument der medialen Berichterstattung auf den Grund gehen wollte. Er entdeckte Posts in den sozialen Medien als Fundgrube für Informationen und wertete sie systematisch aus. Im Geheimdienstjargon wird dies Open Source Intelligence (OSINT) genannt und heutzutage in starkem Maße auch von Nachrichtendiensten genutzt: Schätzungen gehen davon aus, dass der OSINT-Anteil von einst 20 auf mittlerweile 80 Prozent am Gesamtaufkommen der nachrichtendienstlichen Arbeit gestiegen ist.

Higgins' Themen waren zu Beginn der 2010er Jahre der Arabische Frühling mit dem Aufstand auf dem Tahrir-Platz in Ägyptens Hauptstadt Kairo, darauf folgend die Kriege in Libyen und Syrien. Er überprüfte Orts- und Zeitangaben von Aktivisten, Kämpfern und Journalisten. Was er im Hintergrund von Videos als Straßen, Häuser und Bäume erkennen konnte, fügte er auf Papier zu einer Landkarte zusammen, glich diese mit Satellitenaufnahmen bei Google Maps ab und dokumentierte seine Erkenntnisse in den Kommentarspalten des *Guardian*. 2014 gründete er Bellingcat. Die Recherche zum Abschuss des Passagierflugzeugs MH17 über der Ostukraine war das erste große Projekt. Im Laufe unzähliger Nachforschungen wurden Higgins und andere technik- und internetaffine Enthusiasten, die sich aus Leidenschaft auf zeitintensive Suchen im Internet einlassen, zu Profis. Dutzende Internettools vereinfachen inzwischen die geografische Zuordnung von Fotos und Videos sowie die Suche nach Informationen aller Art, sei es die Erstellung von Personenprofilen oder die Überprüfung von Orten und Landschaften anhand von Satellitenbildern. Sehr beliebt ist zum Beispiel die App flightradar24, um Flugzeuge auf ihren Routen in Echtzeit zu verfolgen. Auch für die weltweite Verfolgung von Schiffen gibt es mehrere Tools.

Mit Trainings verbreiten Bellingcat-Mitarbeiter ihre Kenntnisse weltweit, finanzieren damit nach eigenen Angaben mit bis zu 35 Prozent die Organisation und erweitern zugleich ihr Netzwerk um ortskundige Rechercheure.

Ein Buch von Higgins zur Geschichte von Bellingcat aus dem Jahr 2021 trägt den Titel *We are Bellingcat: An Intelligence Agency for the People.*[3] Den Anspruch, ein Geheimdienst für das Volk zu sein, hatte einst Wikileaks-Gründer Julian Assange erhoben. Er setzte aber darauf, dass ihm Whistleblower geheime Informationen zutrugen, die er anfangs in Kooperation mit renommierten Medien in aufgearbeiteter Form veröffentlichen ließ, dann immer häufiger im Original auf der Website von Wikileaks, ohne Rücksicht darauf, ob durch die Veröffentlichungen Menschen gefährdet werden könnten. Bellingcat setzt im Gegensatz dazu vor allem auf eigene Recherchen in öffentlich zugänglichen Informationen. In Texten auf der Bellingcat-Website beschreiben die Rechercheure detailliert ihre Vorgehensweise bei der Suche, wie sie ihre Thesen begründen und welche Unsicherheiten ihre Ergebnisse enthalten. Das ist nicht immer leicht zu lesen und entspricht häufiger einer technischen Analyse als einem aufbereiteten Artikel in klassischen Medien. Um ihre Ergebnisse einem allgemein interessierten Publikum zugänglich zu machen, kooperiert auch Bellingcat mit jenen Medien. Einige Journalisten wechselten ihren Arbeitsplatz zwischen Bellingcat und der *New York Times* oder der *BBC.*

Die Arbeit brachte Bellingcat Anerkennung und Bewunderung ein. Ihnen schlagen aber auch Neid und Skepsis aus journalistischen Redaktionen entgegen und weit darüber hinaus Anfeindungen vor allem aus Richtung jener, deren Machenschaften die Rechercheure aufdeckten. Zu den häufigsten Vorwürfen zählt die Finanzierung aus angeblich dubiosen Quellen. Jedoch macht die in den Niederlanden registrierte Organisation ihre Finanzierung und deren Prinzipien öffentlich.[4] So akzeptiert Bellingcat keine direkte Unterstützung durch nationale Regierung, ebenso nicht solche Finanzierungen, die Bellingcat im Aufdecken von Missständen oder in ihrer redaktionellen Unabhängigkeit behindern würden. Als zulässigen Finanzier sieht Bellingcat hingegen die EU, darüber hinaus die niederländische Lotterie, die schwedische Postcode Foundation sowie weitere Stiftungen.

Ein weiterer Vorwurf lautet, Bellingcat sei eine Ausgründung von Geheimdiensten oder werde von diesen gesteuert. Putin selbst, der ehemalige KGB-Agent, sprach von „Erkenntnissen westlicher Geheimdienste", als er bei seiner Jahrespressekonferenz im Dezember 2020 nach einem Bellingcat-Bericht über die jahrelange Beschattung und schließlich Vergiftung des Oppositionellen Alexej Nawalny durch den FSB gefragt wurde. Die Mobilfunkdaten der FSB-Agenten, aus denen Grozev und sein Team auch in diesem Fall Bewegungsprofile erstellt hatten, seien per Geolokalisierung von den US-Geheimdiensten erhoben und ausgewertet worden, behauptete Putin.[5] Aber auch der ehemalige Generalstabsoffizier im Militärischen Nachrichtenwesen der Bundeswehr, Reiner Haunreiter, schrieb in einer Fußnote zu einem Aufsatz über die Auslandsaktivitäten der russischen Geheimdienste, dass die Recherchen von Bellingcat seriös zu bewerten seien, „trotz einer mutmaßlichen Nähe zu den britischen Diensten MI5 und MI6". Er führte allerdings keine Belege für seine Mutmaßung an.[6] Tatsächlich findet sich unter den Autoren bei Bellingcat ein ehemaliger Mitarbeiter des britischen Nachrichten- und Sicherheitsdienstes Government Communications Headquarters (GCHQ), zuständig für Datensicherheit und die Überwachung elektronischer Kommunikation. Cameron Colquhoun betreibt aber seine eigene Firma, die er offen mit seinen Erfahrungen bei der Terrorismusbekämpfung und Cyberspionage beim GCHQ bewirbt. Bellingcat-Gründer Higgins selbst erklärt immer wieder, die Ursprünge von Bellingcat lägen bei ihm und nicht bei der CIA, dem MI5 oder MI6. Auch Grozev weist immer wieder Gerüchte über Kooperationen mit Geheimdiensten zurück und begründet dies mit der gegensätzlichen Vorgehensweise: Geheimdienste hielten ihre Erkenntnisse zurück. Er und seine Kollegen arbeiteten hingegen daran, verborgene Informationen öffentlich zu machen und damit die Verursacher von Missständen zu exponieren. Ein Stück weit entzaubert die Arbeit von Bellingcat und anderen Rechercheuren gar den Nimbus der Geheimdienste, indem sie aus der gewaltigen Datenflut im Internet frei zugängliche Informationen destillieren. Erkenntnisse, die vor dem Internetzeitalter nur mit hohem technischem und personellem Aufwand zu erlangen waren, stehen heute weit mehr Menschen zur Verfügung, wenn sie beharrlich und geschickt arbeiten. Die Herausforderung besteht nun darin, die Vorgehensweise transparent und nachvollziehbar zu machen, um Glaubwürdigkeit zu erzeugen.

Grozev, der aus Bulgarien stammt und lange in Russland gearbeitet hat, stieß für die Recherche zum Absturz des Passagierflugzeugs MH17 zu Bellingcat und arbeitete dann an Themen, die hauptsächlich Russland betreffen. Zum Mord im Tiergarten begann Grozev mit seinem Team gleich nach der Tat, auf Grundlage der aus den Medienberichten bekannt gewordenen Daten, Nachforschungen anzustellen. Die ersten Erkenntnisse veröffentlichten sie am 30. August 2019 auf der Bellingcat-Website. Schon da schrieben sie von einer falschen Identität, die der Täter für die Reise nach Deutschland genutzt habe.[7] Ende September veröffentlichte das Bellingcat-Team weitere Erkenntnisse zur Scheinidentität Sokolows, angelegt nach einem Muster, wie es von anderen russischen Geheimdienstoperationen bekannt sei.[8] Grozevs Team arbeitet mit der russischen Investigativplattform *The Insider* zusammen, die damals noch in Russland arbeitete (Grozev selbst konnte schon seit der MH17-Untersuchung nicht mehr nach Russland einreisen). Die russischen Kollegen überprüften vor Ort angebliche Wohnadressen und Arbeitgeber und waren in Kontakt mit Informanten. In Deutschland kooperiert Bellingcat mit dem *Spiegel*, dessen Reporter über Verbindungen zu den deutschen Behörden verfügen.[9] Grozev zitierte in einem Artikel auch aus der 67 Seiten langen Anklageschrift, die ihm als Ansatzpunkt für Recherchen zu möglichen Mittätern diente.[10] Er kommunizierte zudem direkt mit den Ermittlern in Deutschland.

Dass Ermittler und Journalisten auf einem vergleichbaren Ermittlungsstand waren, sich geradezu einen Wettlauf lieferten, wurde Ende 2019 deutlich: Am 3. Dezember berichtete der *Spiegel*, der Generalbundesanwalt werde die Ermittlungen an sich ziehen, weil er staatliche Organe in Russland als Auftraggeber sehe.[11] Am selben Tag veröffentlichte Bellingcat seine Rechercheergebnisse zu Wadim Krassikow mit zwei Fotos von ihm: jenes von seinem Antrag auf ein Schengen-Visum und eines von seinem russischen Führerschein.[12] Am nächsten Tag bestätigte die Bundesanwaltschaft die Übernahme der Ermittlungen.

Es ist ungewöhnlich in Deutschland, dass sich ein Journalist bei Ermittlungen als Zeuge zur Verfügung stellt und noch dazu so viel zur Aufklärung eines Falls beiträgt. Generell wird eine Kooperation mit Behörden skeptisch gesehen. Einer der wichtigsten Punkte im Kodex des deutschen Presserats ist das Berufsgeheimnis, das den Schutz von Informanten in den Mittelpunkt stellt.[13] Es ist eine der wesentlichen Voraussetzungen journalistischer Arbeit, dass Informanten auf Vertraulichkeit setzen können. Deshalb steht Journalisten wie auch Anwälten und Ärzten das Recht auf Zeugnisverweigerungsrecht zu. Hinzu kommt ein gewisses Misstrauen gegenüber den Behörden. Grozev war zuvor in den Niederlanden Zeuge bei den Ermittlungen zur Aufklärung des Abschusses von MH17 über der Ostukraine. Dass eine Aussage vor Gericht in Berlin auch für ihn eine komplexe Abwägung war, wurde daran deutlich, dass er nicht sofort zusagte und an einer wichtigen Stelle von seinem Zeugnisverweigerungsrecht Gebrauch machte.

„Zeuge G."

Gewissenhaft und geradezu pedantisch wirkt Grozev im persönlichen Gespräch. Er zeichnet Schemata und Namen auf Papier, um seine Beschreibungen zu veranschaulichen. Grozev macht einen offenen Eindruck, ist freundlich und verbindlich, trotz unzähliger Anfragen und umfangreicher Recherchen, die ihn permanent umtreiben. In der Abwägung zwischen Sicherheit und Anerkennung für seine Arbeit durch öffentliche Auftritte wählt er häufig Letztere, zum Beispiel als er in einer Pressekonferenz mit dem russischen Oppositionellen Alexej Nawalny auftrat. Vor Gericht ergab sich dadurch die paradoxe Situation, dass Grozev zu seiner Sicherheit nur als Zeuge G. geführt wurde, aber jeder ihn kannte: Seine Texte zum Tiergartenmord erschienen unter seinem vollen Namen.

Während der Ermittlungen hatten sich die Rechercheergebnisse von Bellingcat als glaubhaft erwiesen, wie Ermittlungsbeamte angaben. In Vernehmungen an vier Tagen im Dezember 2019 in Berlin und an zwei weiteren Tagen im Januar 2020 in Wien stellten sie Grozev detaillierte Fragen zur Personalie Sokolow, zu den Aktivitäten und dem Lebenslauf Krassikows. Die Ermittler seien respektvoll mit ihm umgegangen und hätten ihn auf Augenhöhe behandelt, berichtete er der Autorin.

Für die Anklage wurde Grozev zum Hauptbelastungszeugen für den Aspekt, dass der Mordauftrag aus Russland kam. Anders als zunächst berichtet, war Grozev dann auch bereit, als Zeuge vor Gericht zu erscheinen. Er sagte an vier Terminen im Februar und März 2021 jeweils den ganzen Tag lang aus – unter massiven Sicherheitsvorkehrungen, wie sie für keinen anderen Zeugen getroffen wurden. Während seines Aufenthalts in Deutschland begleiteten ihn Personenschützer des BKA. Eine schwer bewaffnete Sondereinheit der Polizei überwachte den Gang zum Saal 700 im Kriminalgericht Moabit, während Grozev drinnen aussagte.

Niemand anderes wurde während der mündlichen Hauptverhandlung so lange und so gründlich befragt. Richter Olaf Arnoldi teilte die Vernehmung in neun Fragenkomplexe, zu denen jeweils erst das Richtergremium, dann die Anklagevertreter und schließlich die Verteidigung Fragen stellen konnten. Grozev, am ersten Tag in anthrazitfarbenem Anzug und dunkelroter Krawatte, beschrieb, wie er Daten ausfindig machte. Er erklärte die verschiedenen Datenbanken und die darin enthaltenen Akten, in denen in Russland Informationen der Bürger gesammelt und gespeichert werden. Er beschrieb, was Mobilfunkdaten über den möglichen Aufenthaltsort des Telefonbesitzers aussagen können und wie die Behörden in Russland arbeiten. Dabei hielt er sich bei der Interpretation von Rechercheergebnissen zurück, korrigierte sich immer wieder und lieferte Daten nach, die er während der Sitzungspausen zusammensuchte. Grozev blieb geduldig, auch als sich die detaillierten Fragen um die immer gleichen Aspekte drehten und Wahlverteidiger Robert Unger Fragen stellte, die er nicht beantworten konnte oder wollte. Daran, dass die Fragesteller so insistierten, war abzulesen, welche Bedeutung sie seinen Aussagen beimaßen.

Grozev berichtete von den Quellen, die er und seine Kollegen bei Recherchen in Russland nutzten: Programme zur Rückwärtssuche von Telefonnummern, Mobilfunkdaten sowie teils offene und teils geschlossene staatliche Datenbanken unter anderem zu Reisedaten, Steuer-, Pass- und Strafakten. Grozev und seinen Kollegen kommt dabei die Datensammelwut der russischen Behörden zugute. Dank der Korruption, die alle Ebenen von Staat und Gesellschaft in Russland durchzieht, lassen sich anhand weniger Ausgangsdaten ausführliche Personenprofile erstellen. Erhältlich sind sie auf einem Schwarzmarkt, früher analog, heute virtuell. Grozev kaufte nach eigenen Angaben seit 2014 mehr als 1000 Datenbanken mit Meldeanschriften aus russischen Städten. Ihm zufolge gibt es idealistische Whistleblower, andere Beamte liefern gegen Geld Dokumente aus geschlossenen Datenbanken. Grozev gab zu, auch Letzteres genutzt zu haben. Das ist schon für Bellingcat ein unübliches Vorgehen und widerspricht prinzipiell journalistischer Ethik. In einem Rechtsstaat mit Pressefreiheit wäre es nicht hinnehmbar. Doch Grozev lieferte eine für Russland nachvollziehbare Argumentation: Er halte das Bezahlen von Informanten für gerechtfertigt, wenn damit Verbrechen staatlicher Institutionen aufgedeckt werden können, die auf anderem Wege nicht aufgeklärt und folglich auch nie geahndet werden könnten. Außerdem habe auch in Russland das öffentliche Interesse an der Wahrheit Vorrang vor privatem Recht. Als Antwort auf Bedenken zum Wert von gekauften Informationen beschrieb er seine Vorgehensweise: Damit solche Informanten nicht bei der Datensuche beeinflusst würden und gefällige Auskünfte lieferten, sage er nicht, wer er sei und worin das Ziel seiner Informationssuche bestehe. Er vergebe jeweils nur einen Auftrag und suche dann neue Informanten. Honorare zahle er nicht nach dem Ergebnis, sondern nach Risiko. Eine Steuerakte koste 20 Euro, Metadaten von Mobiltelefonen 200 Euro.

Ganz ausschließen kann er dennoch nicht, bei einem solchen Vorgehen in eine Falle gelockt zu werden. Eine zweite Quelle für die gleiche Information zu finden, wäre als journalistisches Grundprinzip geboten, ist in einem so heiklen Bereich aber schwer umzusetzen. Grozev und seinen Partnern ist zugutezuhalten, dass sie, soweit möglich, Informationen wie Wohnadressen und Arbeitgeber durch Anrufe und Besuche vor Ort überprüfen. Ins Gewicht fallen auch langjährige Erfahrung, sorgfältige Arbeitsweise, ein breiter Rechercheansatz und die Offenlegung der Vorgehensweise in ausführlichen Texten auf der Website von Bellingcat.

Was sich zu Wadim Sokolow in den Datenbanken fand, ergab nach Ansicht von Grozev keinen Lebenslauf eines normalen russischen Bürgers. Es fanden sich keine Wohnadressen in den Meldedaten, ein Inlandsreisepass wurde erst 2015 registriert, der Auslandsreisepass im Juli 2019 kurz der Visumsbeantragung ausgestellt. An den angegebenen Wohnadressen kannte ihn niemand, auch beim angeblichen Arbeitgeber ZAO Rust – wie beschrieben – bestätigte niemand seine Anstellung.

In einem nächsten Schritt nutzte Grozev im Rückwärtsgang ein Verfahren zur Erstellung von Scheinidentitäten durch die Geheimdienste, das er von anderen Fällen kannte. Demnach würden Vorname und Sternzeichen oft beibehalten, um es den Agenten zu erleichtern, sich an ihre Legende zu halten. Das Geburtsjahr werde üblicherweise nur um ein oder zwei Jahre verschoben. Doch wurde Grozev im Falle der Scheinidentität von Sokolow nicht fündig. Erst als er die Differenz des Geburtsjahres auf fünf Jahre erhöhte und nach Morden mit einer Vorgehensweise vergleichbar der beim Mord im Tiergarten suchte, stieß er auf Krassikow.

Wo Krassikow in den Monaten vor der Tat war, rekonstruierte Grozev hauptsächlich anhand von Funkdaten eines Mobiltelefons, das er Krassikow zuordnete. Seine Nummer war allerdings nirgendwo verzeichnet. Er fand sie erst, als er die Daten von Krassikows Ehefrau auswertete und feststellte, wen sie am häufigsten anrief und welche Nummer gewöhnlich über Nacht und an Wochenenden in ihrer Nähe war. Krassikows mutmaßliche Aufenthalte in den hochgesicherten Einrichtungen des FSB rekonstruierte

Grozev anhand der Funkmasten, bei denen sich die mutmaßliche Nummer von Krassikow einwählte. Die Kontakte zu möglichen Komplizen wie die Person mit dem Namen Roman Dawydow vollzog Grozev darüber hinaus anhand der Anrufliste des Mobiltelefons nach. Über diese stellte er auch eine Rückverbindung zwischen Krassikow zur Person Sokolow her: Dort, wo das Telefon Krassikows vor seiner Abreise ausgeschaltet wurde, loggte sich das Telefon Sokolows ein, das nach dem Mord im Hotelzimmer in Warschau gefunden wurde. Hinzu kam der Vergleich der Fotos vom Führerschein Krassikows und vom Visumsantrag Sokolows. Das Mobiltelefon Krassikows blieb Grozevs Erkenntnissen zufolge bei seiner Ehefrau. Nachdem Bellingcat die Identität Krassikows veröffentlicht hatte, telefonierte sie von seinem Handy aus mit einem FSB-Agenten, der sie und die Tochter auf die Halbinsel Krim begleitet und wo sie eine neue Identität nach dem bewährten Muster erhalten haben soll. Das ging aus der Anrufliste hervor, die Grozev vorlag.

Grozev gab während der Gerichtsverhandlung zu, dass es sich nur um eine Indizienkette handelte – er hatte zum Beispiel keine Belege wie Fotos, die Krassikow in einer der FSB-Einrichtungen zeigten, und auch keinen Mitgliedsausweis der Sondereinheit Wimpel. Aber er argumentierte, dass diese Indizien seiner Ansicht nach keine andere Interpretation zuließen, als dass Krassikow den Mord im Auftrag und mit Hilfe von Personen beim FSB und aus dessen Umfeld begangen hatte.

Der Vorsitzende Richter Olaf Arnoldi zeigte sich durchaus beeindruckt von der Gründlichkeit und Logik, mit der Grozev seine Erkenntnisse vortrug. Aber er äußerte Bedenken zur Art und Weise, wie Grozev an die Daten gelangt war. Dass Grozev die Namen seiner Informanten zu deren Schutz nicht nennen wollte – bereits drei seien nach der Bereitstellung von Informationen festgenommen worden –, erklärte Arnoldi für rechtmäßig. Er hatte ihn zu

Beginn seiner Aussage auf das Zeugnisverweigerungsrecht zum Schutz von Informanten hingewiesen, ebenso darauf, dass er sich nicht selbst belasten müsse. Allerdings, auch das stellte Arnoldi klar, die Beweiskraft von Grozevs Aussagen sei beeinträchtigt, falls er von diesem Recht Gebrauch mache.

Verteidiger Robert Unger, bei jedem Themenkomplex immer der letzte Frager, nannte Grozevs Angaben „ungeeignet“, um „in einem Strafprozess sichere Feststellungen treffen zu können“. Das Gericht könne die Validität der Informanten nicht prüfen, ebenso wenig die Echtheit und Vollständigkeit der von Grozev genannten Unterlagen. Auch habe Grozev Unsicherheiten und Unschärfen eingestehen müssen. Ein Beispiel sei die angeblich nicht vorhandene Passakte von Sokolow. Theoretisch hätte es auch sein können, dass Grozev lediglich keinen Zugang erhalten hatte. Noch grundsätzlicher versuchte Unger, dem Zeugen einseitige Interessen gegen Russland zu unterstellen, indem er nach seiner Motivation, Finanziers und Unterstützern sowie seinem öffentlichen Auftreten im Umfeld des Gerichtsprozesses fragte. Vorwerfen konnte er ihm jedoch letztlich nur Äußerungen auf Twitter, wo Grozev den FSB als „terroristische Vereinigung“ bezeichnet hatte. Grozev konterte, die hohe Zahl an Recherchen zu Russland gehe darauf zurück, dass dieser Staat die meisten grenzüberschreitenden Verbrechen begehe. Dennoch stellte Unger in Frage, ob Grozev auch Material veröffentlicht hätte, das den Angeklagten entlastet hätte. Zudem finanzierten sich Bellingcat und dessen Kooperationspartner wie *The Insider* nach einem Modell, dessen Grundlage möglichst viele und spektakuläre Berichte seien. Medienberichte könnten deshalb den Erkenntnissen von Ermittlern nicht gleichgestellt werden.

Unger äußerte durchaus angebrachte Bedenken. Dies trug zu einem fairen Prozess für den Angeklagten bei. Doch würdigte der Strafverteidiger nicht die Bemühungen Grozevs und seiner Kollegen, den problematischen Aspekten der Recherche durch gewissenhafte Vorgehensweise zu begegnen, und ebenso wenig den Umstand, dass die russische Staatsführung als Verdächtige in diesem Prozess alle Möglichkeiten hatte, eine Aufklärung zu verhindern und die Lücken im internationalen Rechtssystem auszunutzen – indem zum Beispiel Rechtshilfegesuche nicht beantwortet wurden.

Die Nebenklagevertreterinnen Johanna Künne, Inga Schulz und Barbara Petersen kamen zu dem Schluss: Für jedes einzelne der vielen von Grozev genannten Indizien könne, für sich betrachtet, eine andere Erklärung als eine Beteiligung des russischen Staates an der Tat gefunden werden. Doch in der Gesamtschau sei keine andere Erklärung möglich.

Der Zeuge aus der Ukraine

Nachdem Grozev Ende Februar und Anfang März 2021 an vier Tagen ausgesagt hatte, schien sich bereits das Ende des Gerichtsprozesses abzuzeichnen. Der Vorsitzende Richter Olaf Arnoldi lud noch Zeugen vor, die zu Selimchan Changoschwili aussagten. Dann bat er Anklage und Verteidigung bereits darum, ihre Schlussvorträge – die Plädoyers – vorzubereiten, sodass mit dem Urteil bereits Ende April zu rechnen war, ein halbes Jahr nach Beginn der mündlichen Hauptverhandlung. Doch dann deutete sich an, dass der Bundesanwaltschaft neues Material vorliegen und womöglich ein wichtiger Zeuge vorgeladen werden könnte.

Wie Grozev der Autorin später beschrieb, hatte er herausgefunden, woher Krassikows zweite Ehefrau stammte und wo ihre Familie lebte – in Charkiw, der zweitgrößten Stadt der Ukraine, 40 Kilometer von der Grenze zu Russland entfernt und im Frühjahr 2022 eines der Hauptziele der Streitkräfte Russlands. Es bestand also die Möglichkeit, Zeugen aus dem familiären Umfeld Krassikows und womöglich Beweismaterial zu seinem Leben zu finden. Dazu war aber Rechtshilfe aus der Ukraine nötig. Die Herausforderung bestand darin, unter mehreren ukrainischen Strafverfolgungsbehörden eine zu finden, die im Osten der Ukraine nach der Familie suchen und dort auf ein Rechtshilfeersuchen aus Deutschland hin vorstellig werden würde.

Wie sich herausstellte, hatte das Staatliche Ermittlungsbüro der Ukraine Durchsuchungen bei den Eltern der Ehefrau Krassikows und der Familie ihrer Schwester in Charkiw angeordnet. Diese fanden am 16. März 2021 statt, allerdings unter dem Vorwand, dass ein Verdacht auf Bildung einer kriminellen Vereinigung, Betrug, Diebstahl, Handel mit Betäubungsmitteln und Glücksspiel bestehe. Die bewaffneten Ermittler trafen am frühen Morgen um 6:40 Uhr im 4. Stock eines zwölfgeschossigen Plattenbaus ein, rissen die ahnungslosen und überforderten Schwiegereltern aus dem Schlaf, sie durchsuchten die Wohnung mit ihren zwei Zimmern, Bad und Küche. Sie stellten Urkunden, einen Notizblock, digitales Fotomaterial und SIM-Karten sicher. Nach einer Befragung des 68-jährigen Schwiegervaters und der 63-jährigen Schwiegermutter verließen die Beamten die Wohnung um 11:35 Uhr. Die beiden bestätigten, dass Krassikow ihr Schwiegersohn sei. Das sichergestellte Material erlaubte einen tiefen Einblick in das Familienleben Krassikows und wurde zum weiteren Beweis dafür, dass er der Mann auf der Anklagebank war. Bis das Material jedoch vor Gericht präsentiert werden konnte, vergingen noch mehrere Wochen bis Mitte Juni 2021.

Nochmals gut anderthalb Monate später trat ein Mann in den Zeugenstand – Zeuge V. Er musste einen hohen Preis zahlen für seine Nähe zu Krassikow, die sich allein aus familiären Gründen ergeben hatte: Die Schwester seiner Ehefrau ist seit 2010 mit Krassikow verheiratet und lebte mit ihm und der gemeinsamen Tochter in Moskau. Er habe einen guten Kontakt zu Krassikow gehabt, habe den sportlichen Mann sogar bewundert, beschrieb der 55-Jährige sein Verhältnis zu dem fast gleichaltrigen Russen, mit dem ihn über ihre familiäre Verbindung hinaus die Erfahrungen einer Kindheit in der Sowjetunion und der harten Jahre nach deren Zerfall verband. Doch schon 2014, als Russland in der Ostukraine den Krieg auslöste, kühlte sich ihr Verhältnis ab. Sie hätten kaum noch direkten Kontakt gehabt, Neuigkeiten über Krassikow habe er nur noch von den Schwiegereltern und seiner Frau erfahren, die mit ihrer Schwester in Moskau in Kontakt blieb. Er selbst habe sich auf die proukrainische Seite in Kiew gestellt und die Soldaten der ukrainischen Armee mit Material unterstützt. Doch auch die Korruption und die politische Schwäche von Präsident Petro Poroschenko sah er kritisch. Den 2019 gewählten Nachfolger im Präsidentenamt, Wolodymyr Selenskij, sah er auch nicht als kompetent an. Er wandte sich von Kiew ab, wollte sogar eine eigene Partei gründen und schimpfte in YouTube-Videos mit kräftigen Worten über den Zustand seines Landes. Dass sein Schwager schließlich als Auftragsmörder verdächtigt wurde, ließ das Leben der Familie in Charkiw aus den Fugen geraten. V. wurde mehrfach von lokalen Ermittlern vorgeladen, bis er Folge leistete und am 10. Juli 2021 auf Bildern seinen Schwager identifizierte. Schließlich willigte er ein, auch in Berlin auszusagen, nachdem er einen Brief vom Kammergericht erhalten hatte. Da er nicht direkt mit Krassikow verwandt ist, konnte er nicht wie seine Frau oder seine Schwiegereltern vom Recht auf Zeugnisverweigerung Gebrauch machen.

Begleitet von zwei Personenschützern des BKA, erschien er am 31. Juli 2021 in Saal 700, gekleidet in ein weißes Leinenhemd, weiße Hose und helle Slipper. Nun kam der Moment, der den Gerichtsprozess um einen entscheidenden Schritt voranbringen konnte: Arnoldi bat den Angeklagten hinter der gläsernen Schutzwand, seine Coronaschutzmaske abzulegen und aufzustehen. Den Angeklagten und den Zeugen trennten nur noch wenige Meter. „Er sieht ihm ähnlich. Wenn er es ist, hat er sich sehr verändert“, war jedoch die ausweichende Antwort, die V. in diesem Moment gab. Er habe ihn kräftiger und sportlicher in Erinnerung. Ohnehin seien sie sich nur zweimal direkt begegnet, das letzte Mal vor zehn Jahren. Dies war nicht der von der Anklage erhoffte Durchbruch. Die Pressesprecherin des Kammergerichts, Lisa Jani, verließ den Saal.

Immerhin, auf den Fotos aus dem Familienbesitz, auf eine Leinwand projiziert, erkannte V. seinen Schwager wieder. Doch wenn Richter Arnoldi in eine Richtung fragte, die den Angeklagten belasten konnte, wich er aus, behauptete Dinge, die er später als falsch korrigieren würde. So erklärte V., er habe Krassikow immer nur in langen Ärmeln gesehen, deshalb wisse er nichts von den zwei Tattoos, die dieser in Form einer Schlange auf dem rechten Unterarm und als Tierkopf mit Krone und Flügeln auf dem linken Oberarm trägt. V. ließ erkennen, was ihn so zögerlich sein ließ: „Ich möchte nicht über meine Gedanken sprechen, sonst müsste ich Asyl beantragen", antwortete er auf die Frage, was er über die Berichte zum Mord im Tiergarten gedacht habe. Ob er Angst vor Reaktionen von russischer Seite habe? Er sei sich sicher, dass er auf diversen Listen stehe, allein weil er freiwillig die Soldaten der ukrainischen Streitkräfte unterstützt habe. Und Druck von der ukrainischen Seite? Männer vom Innenministerium und der Ermittlungsbehörden seien bei ihm und den Schwiegereltern mit Maschinenpistolen aufgetaucht. In Charkiw gebe es „Banditen mit Schulterklappen", die sich einfach nähmen, was sie wollten. Vor drei Wochen sei eine Granate auf seinem Hof explodiert. Zur Vernehmung nach Deutschland sei er aber freiwillig gekommen. In einem Vermerk eines Verbindungsbeamten des Bundeskriminalamtes in der deutschen Botschaft in Kiew hatte es allerdings geheißen, ein Polizist in Charkiw habe V. mehrfach aufgesucht, um ihn von der Fahrt nach Berlin zu überzeugen. Für Krassikows Verteidiger Robert Unger war damit klar, dass in der Ukraine massiver

Druck auf V. ausgeübt wurde. Auch die Nebenklagevertreterinnen gestanden zu, dass die Ukraine politisches Interesse an einer Verurteilung des Angeklagten als Auftragsmörder aus Russland hatte. Doch Anwältin Johanna Künne erinnerte daran, dass sich V. offen kritisch über die ukrainische Regierung geäußert habe.[14]

In den folgenden Wochen tat V. etwas, was noch mehr Fragen über ihn und eine mögliche Beeinflussung vonseiten ukrainischer staatlicher Stellen auf ihn aufwarf: Er gab Reportern von Bellingcat, *The Insider* und dem *Spiegel* in Kiew ein Interview in Begleitung eines „schweigsamen bulligen Beschützers", wie das Hamburger Magazin schrieb. „Ich war nicht ehrlich im Prozess", sagte er den Reportern. „Ich war mir sicher, dass Krassikow vor mir stand."[15] Die Frage nach dem Umgang mit dem Interview und der Zeugenaussage von V. führten im Gericht in Moabit in der sonst so sachlichen Atmosphäre zu einem heftigen Schlagabtausch zwischen Verteidiger Unger und den Nebenklagevertreterinnen zur Frage, wie die ukrainischen Ermittlungsergebnisse einzuordnen seien. Musste man das gesamte Beweismaterial in Frage stellen, oder war das Interview der klare Beweis, der den Angeklagten als Wadim Krassikow überführte?[16] Doch dann wandte sich V. mit einem Brief an das Gericht: Er wolle nochmals vor Gericht erscheinen und seine Aussagen richtigstellen.

Ende Oktober 2021, vier Monate nach seinem ersten Auftritt, erschien V. dann zum zweiten Mal im Gerichtssaal. Arnoldi empfing ihn mit anfangs strengen Fragen. Doch V. wirkte dieses Mal gut vorbereitet, mit fester Stimme sagte er: „Ja, das ist er", als ihm der Angeklagte ein weiteres Mal gegenüberstand. Er sprach überlegt, unterschied zwischen dem, was Krassikow ihm selbst gesagt, was ihm seine Verwandten erzählt und was er aus dem Verhalten seines angeheirateten Schwagers geschlussfolgert hatte. Auf die Frage Arnoldis, was ihn bewogen habe, ein zweites Mal zu erscheinen, antwortete er mit Fatalismus in der Stimme: Ihm sei klar, dass er

„so oder so in einer Tragödie enden werde". Er befürchte, „auf den Radar russischer Spezialeinheiten zu geraten". In der Ukraine sehe die Gesetzeslage keinen Schutz für ihn vor. Wenn er in die Ukraine zurückkehre, werde ihn niemand bewachen. Von deutscher Seite wurde ihm kein Zeugenschutz angeboten. Auch Asyl konnte ihm das Gericht nicht versprechen, eine solche Entscheidung muss das Bundesamt für Migration und Flüchtlinge treffen.

Die Verteidigung Krassikows sah V. als diskreditiert an. „Sie haben das letzte Mal gelogen. Sie erzählen heute das Gegenteil. Ich sage es Ihnen deutlich: Sie lügen heute wieder", hielt Strafverteidiger Unger dem Ukrainer vor. V. seinerseits legte nahe, dass Unger von Russland bezahlt werde. Sodann verstrickten sie sich in einen Disput darüber, ob und welche ukrainischen Behörden V. unter Druck gesetzt haben könnten, was inmitten der Übersetzung, die die Dolmetscher simultan leisteten, mehr oder weniger in einem Wirrwarr endete. Nach dem Verhandlungstag blieb Unger bei seiner Einschätzung: Es erscheine ihm äußerst fragwürdig, ob V. die 180-Grad-Wende freiwillig gemacht habe. Es sei doch offensichtlich, dass die Ukraine ein politisches Interesse daran habe, eine Verwicklung Russlands in den Fall festzustellen, sagte er vor Journalisten. Die Nebenklagevertreterinnen Johanna Künne, Inga Schulz und Barbara Petersen bewerteten das Auftreten V.s hingegen als nachvollziehbar. Schon beim ersten Auftritt habe er plausibel seine Furcht vor russischer Vergeltung zum Ausdruck gebracht, die ukrainischen Behörden hingegen offen kritisiert. Das spreche dafür, dass er Letztere nicht fürchte.[17]

Dass das Gericht V. ein zweites Mal die Möglichkeit zur Aussage gewährte, zeigt die Bedeutung, die die Richter dem Ukrainer beimaßen. Ein weiterer Zeuge, der Krassikow so nahegestanden hatte, würde sich kaum finden lassen. Noch dazu hätten die Restriktionen aufgrund der Coronapandemie eine Anreise nach Berlin so gut wie unmöglich gemacht.

V. hinterließ den Eindruck eines Mannes, der grundsätzlich Gutes bewirken und dies auch zeigen will, den aber die Lebensumstände im Osten der Ukraine so sehr zwischen die Fronten geraten ließen, dass er kaum noch einen Entscheidungsspielraum hatte. Schließlich wurde er zum wertvollen Zeugen, der sich bewusst war, dass niemand ihn und seine Familie auf Dauer würde beschützen können.

Während das Gericht über die Monate mit der Beweissammlung gegen Krassikow voranschritt, ließ Putin seine Streitkräfte an den Grenzen zur Ukraine aufmarschieren und in Gefechtsbereitschaft bringen. Als Mitte Dezember 2021 das Urteil fiel, warnten Militärexperten bereits, dass Putin es ernst meinen könnte mit seinen militärischen Drohgebärden gegen die Ukraine. Sein Angriffsbefehl am 24. Februar 2022 brachte V. und seine Familie nicht nur in Gefahr, durch russische Bomben getötet zu werden. Es war auch davon auszugehen, dass sie auf einer Todesliste des FSB standen. Doch gelang ihnen die Flucht nach Westeuropa.

Trotz der russischen Aggression will V. seinen Schwager weiter nicht als Feind sehen. Vor Gericht hatte er gesagt, Krassikow habe nur einen Befehl ausgeführt. Die Verantwortung für die Tat liege bei Russland. Er wolle ihn im Gefängnis besuchen und über alles mit ihm reden.

Gesichtsvergleiche

Die Bundesanwaltschaft legte Wert darauf zu zeigen, dass die Identität Krassikows ausreichend durch die deutschen Ermittlungsbehörden nachgewiesen wurde. Das Gericht ließ sich vor allem durch den Abgleich von Lichtbildern überzeugen, die den deutschen Ermittlern vorlagen und bei denen es sich nicht wie bei Bellingcat um das Foto des Visumsantrags und vom Führerschein

Krassikows handelte. Die Berliner Polizei hatte die Aufnahme des Landeskriminalamtes von der erkennungsdienstlichen Behandlung nach der Festnahme Krassikows vorliegen und daneben die Porträtaufnahme aus der Fahndungsdatenbank der Berliner Polizei. Sie stammte aus dem Fahndungsaufruf der russischen Polizeibehörden wegen des „Fahrradmordes“ 2013 in Moskau. Er war am 23. April 2014 beim Moskauer Büro von Interpol unter dem Aktenzeichen 2014/23773 angelegt worden. Das Bezirksgericht in Moskau hatte deswegen am 7. Februar 2014 einen Haftbefehl auf Krassikow, geboren 1965 in der Region Chimketskiy in der Sowjetunion, ausgestellt. Zwar wurde das Verfahren wegen „fehlender Teilnahme an der genannten Straftat“ eingestellt und die internationale Fahndungsausschreibung am 7. Juli 2015 gelöscht. Doch die Daten waren weiterhin bei der Berliner Polizei gespeichert. Außerdem bestätigte das Ermittlungskomitee Russlands in einer Antwort am 13. Mai 2020 auf ein deutsches Rechtshilfeersuchen drei Monate zuvor, dass gegen Krassikow wegen Mordes ermittelt worden sei.

Vor Gericht sagten zwei Sachverständige für Gesichtsvergleiche aus. Hinzugezogen wurde außerdem das Gutachten einer weiteren Sachverständigen des Landeskriminalamtes Berlin vom November 2019. Vor Gericht beschrieben die Experten zunächst, wie sie bei ausreichend guter Bildqualität von Fotos anatomische Feinstrukturen vom Haaransatz über die Ohren und die gesamte Gesichtspartie bis zum Hals, für die es jeweils detaillierte Fachbegriffe gibt, vergleichen und dann bewerten, ob es sich „mit an Sicherheit grenzender Wahrscheinlichkeit“, „mit hoher Wahrscheinlichkeit“ oder „wahrscheinlich“ um ein und dieselbe Person handelt. Bei den Fotos, die Krassikow zugeschrieben wurden, fanden sie eine Vielzahl an übereinstimmenden anatomischen und individuellen Merkmalen. Als besonders prägnant beschrieben sie die Augenpartie und dort die „Oberlidräume“ Krassikows, die auf beiden Seiten eine Dreiecksform bildeten. Diese deutlich ausgeprägten Schlupflider seien ein sehr individuelles Merkmal.

Unter den zahlreichen bei den Schwiegereltern in Charkiw sichergestellten Fotos erwiesen sich zwei für das Gericht als besonders aussagekräftig: das Hochzeitsfoto aus Moskau, in dessen Metadaten sich der 7. Juli 2010 als Aufnahmedatum fand und das damit zur Hochzeitsurkunde passte. Der Hintergrund entsprach der Gegend um das Standesamt, in dem die Hochzeitsurkunde ausgestellt wurde. Auf einem Strandfoto ist Krassikows Gesicht zwar nur von der Seite und im Schatten eines Basecaps zu erkennen, aber es zeigt seine beiden Tätowierungen deutlich: eine Schlange auf dem rechten Unterarm und einen Tierkopf mit Krone und Flügeln auf dem linken Oberarm. Zusammen mit Narben und Leberflecken ergab sich für das Gericht ein eindeutig zuzuordnender „Fingerabdruck" des Angeklagten. Das Bundeskriminalamt untersuchte die Fotos auf Montagen oder andere Manipulationen, wurde jedoch nicht fündig. Die Aufnahmen konnten somit als Beweismittel gewertet werden.

Krassikows Verteidiger Unger hinterfragte die von den Sachverständigen angewandte Methode der Gesichtserkennung, die kein standardisiertes Messverfahren sei, sondern nur individuelle Merkmale vergleiche. Entsprechend wies er darauf hin, dass die Sachverständigen nicht in allen Fällen die gleichen Merkmale in ihre Bewertungen hatten einfließen lassen, und versuchte, die Beschreibungen der beiden Zeugen vor Gericht gegeneinander auszuspielen. Den Strafsenat um den Richter Arnoldi überzeugte diese Argumentation jedoch nicht. Im Urteil stellte das Gericht klar, was für die Prozessbeteiligten augenscheinlich war: Während der 15 Monate dauernden Hauptverhandlung sei genügend Zeit gewesen, um festzustellen, dass die Fotos den Angeklagten mit seinen charakteristischen Augenpartien zeigten, die auch trotz der verpflichtenden Coronaschutzmaske deutlich erkennbar waren.

Zeuge auf der Flucht

Als letzter Zeuge sagte am 23. November 2021 der russische Journalist Roman Dobrochotow aus. Der Gründer von *The Insider* war einer derjenigen, die unter hohem persönlichen Risiko vor Ort in Russland geprüft hatten, ob die Person Wadim Sokolow existiert und ob Krassikow mit dem FSB und Personen in dessen Umfeld in Verbindung stand. Dobrochotow war derjenige, der beim Unternehmen ZAO Rust anrief.

Dobrochotow beschrieb, wie er auch Kontakt zu Eduard Bendersky aufnahm, dessen Telefonnummer häufig in der Anrufliste von Krassikows Mobiltelefon auftauchte. Bendersky ist in Russland nicht zuletzt durch Fernsehauftritte bekannt als Veteran der FSB-Sondereinheit Wimpel. Dobrochotow erreichte unter Benderskys Festnetznummer in Sankt Petersburg eine Sekretärin. Er wolle mit ihrem Chef über eine Frage von nationaler Sicherheit sprechen, habe er ihr gesagt. Bendersky rief ihn tatsächlich zurück. Als sich Dobrochotow ihm als Journalist vorstellte und nach Krassikow fragte, behauptete er, ihn nicht zu kennen.

Weitere mögliche Verbindungen Krassikows zu den Sicherheitsdiensten fanden Dobrochotow und seine Kollegen, wie im Kapitel „Die Tat" erwähnt, bei Recherchen zu dem Mord an einem Lokalpolitiker 2007 in der nordwestrussischen Region Karelien. Krassikow war einer von drei Tatverdächtigten. Auch bei Recherchen zum „Fahrradmord" 2013 an dem Geschäftsmann in Moskau wurden Dobrochotow und seine Kollegen fündig. Laut Behördendaten reiste Krassikow mit seiner Familie nach der Tat in die Ukraine, offenbar auf der Flucht vor den Strafbehörden. Dobrochotow fand einen Taxifahrer, der Krassikow von einer Fahrt an die ukrainisch-belarussische Grenze wiedererkannte. Krassikows Schwager, Zeuge V., bestätigte ebenfalls einen Aufenthalt der Krassikows in der Ukraine zu dieser Zeit.

Dobrochotows Aussagen fanden hinsichtlich des angeblichen Arbeitgebers ZAO Rust direkten Eingang in das Urteil. Sie trugen dazu bei, das Gesamtbild des Täters abzurunden. Wie bei Grozev versuchte der Verteidiger Krassikows auch bei Dobrochotow, die Ergebnisse der Nachforschungen in Frage zu stellen, dies vor allem zu dem Aspekt, was russische Datenbanken über die Scheinidentität Sokolow aussagen – oder eben nicht aussagen, weil staatliche Akteure die Registrierung von Daten versäumt oder als nicht wichtig erachtet hätten. Ein Beispiel waren Daten zum Inlandspass der Person Sokolow, die sich nicht in einschlägigen russischen Datenbanken fanden. Dobrochotow interpretierte dies als Beleg dafür, dass der Inlandspass und damit die Person Sokolow nicht existierten. Verteidiger Unger zeigte sich nicht überzeugt. Die Nichtexistenz eines Dokuments sei nun einmal schwer zu beweisen, entgegnete Dobrochotow und führte an: „Es wäre doch aber ein Einfaches, den Inlandspass als Beweismittel vor Gericht zu präsentieren.“ Es war ein Argument, auf das Unger wenig zu erwidern hatte. Denn die Existenz Sokolows konnte Unger nicht belegen – musste er als Verteidiger aber auch nicht. Die Beweislast liegt schließlich immer bei der Anklage. Als Unger dann allerdings Dobrochotow in einer polemischen Bemerkung aufforderte, bessere journalistische Recherchearbeit zu leisten, äußerten die Anklagevertreter auf der gegenüberliegenden Seite des Gerichtssaals deutlich ihren Unmut durch missbilligendes Murmeln.[18] Wenn er als Verteidiger auch für seinen Mandanten sprach, so ging er in diesem Moment doch zu weit – zumal Dobrochotow zu Beginn seiner Zeugenaussage die Repression gegen Journalisten in Russland beschrieben hatte.

Dobrochotow lebte zu dieser Zeit bereits seit Wochen nicht mehr in Russland, wie damals schon zwei Drittel seiner Kollegen. Auch im Ausland würden sie noch mit Cyberattacken verfolgt, ebenso wie ausländische Kollegen, die mit ihnen zusammenarbeiten. Zwei Tage nachdem sein Recherchepartner Grozev vor dem Kammergericht in Berlin ausgesagt hatte, war Dobrochotow bei der Einreise am Moskauer Flughafen Scheremetjewo verhört worden. Er habe 20 Minuten lang „absurde Fragen zum Lockdown in Österreich" beantworten sollen. Für ihn sei offensichtlich gewesen, dass die Zeit für den Versuch genutzt wurde, Daten auf seinen Mobiltelefonen auszulesen. Später wurden die Wohnungen seiner Frau, seiner Eltern und weiterer Angehöriger durchsucht, Computer und Mobiltelefone beschlagnahmt. Dann wurde *The Insider* wie andere Medien und Organisationen kriminalisiert und zum „ausländischen Agenten" erklärt. Im Zuge des Krieges gegen die Ukraine ist freie Berichterstattung in Russland durch weitere Gesetzesverschärfungen praktisch unmöglich geworden. Zu den Zehntausenden, die nach Kriegsbeginn am 24. Februar 2022 Russland verließen, zählt ein Großteil der noch im Land verbliebenen unabhängigen Journalisten.

Klares Urteil ohne Revision

Dobrochotow, Grozev und ihre Kollegen machten sich bei ihren Recherchen grundlegende Schwachstellen des russischen Staates zunutze. Was den Herrschenden zu Machterhalt und Bereicherung dient – Überwachung durch Datensammeln und Korruption –, wendeten sie gegen diesen Machtapparat und stellten Teile der Sicherheitsorgane bloß. So war es Bellingcat und *The Insider* möglich, die Scheinidentität Wadim Sokolow aufzudecken und Verbindungen zu anderen Fällen wie den Morden an Tschetschenen in Istanbul ausfindig zu machen. Vom real existierenden Wadim Krassikow wiederum konnten sie ein umfangreiches Bewegungsprofil seit Beginn des Jahres 2019 erstellen. In der Europäischen Union, bei seiner Reise von Warschau nach Berlin, konnte Krassikow hingegen verschwinden, sobald er die Absicht dazu hatte, ohne dass die Ermittler der staatlichen Behörden in monatelangen Nachforschungen etwas hätten herausfinden können.

Im Prozessverlauf ergab sich der Eindruck, dass die Erkenntnisse Grozevs und seiner Kollegen den deutschen Strafverfolgungsbehörden entscheidende Anstöße für deren Ermittlungen gaben. Die Nebenklagevertreterinnen beschrieben Grozev als „außerordentlich kompetent und geradezu akribisch" bei jeder Art von Datenrecherche. Der Wert seiner Recherchen hatte sich auch bei den Ermittlungen zum Abschuss des Passagierflugzeugs MH17 über der Ostukraine gezeigt, wo er mit den niederländischen Behörden kooperiert und als Zeuge ausgesagt hatte. Doch wies nicht nur Krassikows Verteidiger Unger, sondern auch der Vorsitzende Richter Olaf Arnoldi auf die besonderen Anforderungen an Beweismittel und Zeugenaussagen in Strafverfahren hin, zumal wenn es um die Höchststrafe einer lebenslangen Haft für den Angeklagten geht. Für eine Brüskierung des Gerichts sorgte, dass zu Grozevs erster Aussage vor Gericht Ende Februar 2021 beim *Spiegel* ein Bericht erschien, der neue Details enthielt, die er auch im Zeugenstand beschrieb. Problematisch war auch die Vorgehensweise des Zeugen V. aus Charkiw, der seine Aussagen vor Gericht erst in einem Interview widerrief und dann nochmals um Erscheinen vor den Richtern bat. Das erleichterte es der Verteidigung, die Glaubwürdigkeit des Zeugen und des Materials aus der Ukraine in Frage zu stellen. Die Nebenklagevertreterinnen hoben hingegen hervor, dass ein großer Teil der Aussagen und Unterlagen, die Grozev vorgelegt hatte, von den deutschen Ermittlungsbehörden nach einer Überprüfung bestätigt werden konnte. Teils hätten auch ausländische Ermittlungsbehörden geholfen. Das Berliner Landeskriminalamt habe ganz unabhängig vom Zeugen G. ermittelt, dass Sokolov und Krassikow eine Person seien. Die Bundesanwaltschaft präsentierte bis zum Ende der Beweisaufnahme immer neue Details, zum Beispiel von einer Reise Krassikows nach Zypern, die das Bild des Täters geradezu zementierten.

Unger sah jedoch in seinem Plädoyer am 14. Dezember 2021 das Mordmerkmal der niedrigen Beweggründe nicht erfüllt. Das von der Anklage vorgebrachte politische Motiv beruhe auf zwei fragwürdigen Zeugen und Material der ukrainischen Behörden, deren Echtheit nicht bewiesen sei. Trotz der langen Ermittlungen seien kein konkreter Auftrag und kein Auftraggeber nachgewiesen worden. Er plädierte deshalb für seinen Mandanten auf Totschlag für den Fall, dass das Gericht die Täterschaft des Angeklagten für erwiesen hielt. Auf Totschlag steht eine Strafe von fünf bis 15 Jahren Gefängnis. Mord wird mit einer lebenslangen Freiheitsstrafe geahndet. In beiden Fällen handelt es sich um eine vorsätzliche Tötung, doch muss im zweiten Fall ein Mordmerkmal wie niedrige Beweggründe nachgewiesen werden.

Die Bundesanwaltschaft, vertreten durch die Staatsanwälte Nikolaus Forschner und Lars Malskies, forderten eine lebenslange Freiheitsstrafe und die Feststellung der besonderen Schwere der Schuld. Den Angeklagten bezeichneten sie, der Beschreibung des Zeugen V. aus Charkiw folgend, als Offizier des russischen Inlandsgeheimdienstes FSB im Range eines Oberst. Der russischen Führung warfen sie eine „radikale Missachtung rechtsstaatlicher Prinzipien" vor. Der Mord habe das Sicherheits- und Gerechtigkeitsgefühl der Menschen in Deutschland erschüttert.[19]

Obwohl der 2. Strafsenat des Kammergerichts beim Strafmaß der Anklage folgte, ließ Unger die Frist für eine Anfechtung verstreichen, sodass das Urteil Ende Dezember 2021 Rechtskraft erlangte.[20] Eine Revision hätte vor dem Bundesgerichtshof ausgetragen werden müssen, dessen für Berlin zuständiger Senat in Leipzig sitzt. Bei einer Revision findet allerdings keine neuerliche Beweisaufnahme statt, nur das Verfahren kann angefochten werden. Unger kritisierte dennoch im Interview mit der Autorin, „dass das Urteil offensichtlich deutlich vor meinem Plädoyer vor Gericht geschrieben worden war". Nachdem der Strafverteidiger am Dienstag, 14. Dezember 2021, seinen Schlussvortrag gehalten hatte, hatte Richter Arnoldi bereits am Mittwochvormittag das Urteil verlesen. Er gehe deshalb davon aus, dass das Gericht seine Argumente nicht mehr berücksichtigt habe, sagte Unger. Für die Feststellung, dass es sich um Staatsterrorismus, beauftragt und unterstützt von staatlichen Stellen in Russland, gehandelt habe, sehe er keine Grundlage. Den Verzicht auf Revision hatte Unger allerdings schon angedeutet, als er nach dem Urteil am 15. Dezember 2021 ein Statement vor den Medien abgab. Im Interview mit der Autorin in seinem Büro in Berlin-Charlottenburg erklärte Unger im Januar 2022: „Mein Mandant hat entschieden, er möchte keine Revision. Das war seine Entscheidung." Er hätte Revision einlegen können.

Für die Angehörigen von Selimchan Changoschwili war es hingegen eine Erleichterung, dass das Urteil kurz vor Ende des Jahres 2021 rechtskräftig wurde und das Verfahren damit endgültig abgeschlossen war, wie sie über ihre Anwältinnen Petersen, Künne und Schulz mitteilen ließen. Sie bezeichneten das Urteil des Kammergerichtes als „äußerst sachlich, ausgewogen und sorgfältig begründet". Der Bewertung der Tat als Staatsterrorismus schlössen sich die Nebenklägerinnen ausdrücklich an. Dass als politische Antwort nur zwei russische Diplomaten zu unerwünschten Personen erklärt wurden, bezeichneten sie als nicht ausreichend. „Unsere Mandantinnen gehen nicht davon aus, dass diese Maßnahme die russische Regierung zukünftig davon abhalten wird, weiterhin auch außerhalb Russlands gegen Oppositionelle vorzugehen", teilten die Nebenklagevertreterinnen mit.

Kapitel 5
Selimchan Changoschwili – ein Leben im Kampf mit Russland

Wenige Wochen nach der Beerdigung liegt die Erde auf Selimchan Changoschwilis Grab noch aufgeschüttet. Ein Holzscheit steckt auf der Seite, auf der der Grabstein gesetzt werden soll. In die dunklen Steine der Gräber um ihm herum sind die Namen anderer Kämpfer aus den Tschetschenienkriegen eingraviert. Der Friedhof liegt auf einer Anhöhe von Duisi. Es ist das größte Dorf im Pankisi-Tal und Changoschwilis Herkunftsort.

Im Norden türmt sich hinter sattgrünen Bergen die Gipfelkette des Großen Kaukasus. Hinter Wolken sind die 3000 Meter hohen Schneespitzen zu erahnen. Dort verläuft die Grenze zwischen Georgien und Russland. Mit den Tschetschenen auf der anderen Seite der Berge sind die Menschen im Pankisi-Tal verwandtschaftlich verbunden. Sie nennen sich Kisten und gehören wie die Tschetschenen und Inguschen zur ethnischen Gruppe der Wainachen. Sie sind überwiegend Muslime sunnitischen Glaubens.

In einem bodenlangen schwarzen Kleid und mit Kopftuch, geknotet unter dem Kinn, steht Changoschwilis Nichte Aischa am Grab ihres Onkels. Auch wenn sie ihn schon seit fünf Jahren nicht mehr gesehen habe, könne sie sich nicht vorstellen, dass er nicht mehr zurückkehre, sagte sie der Autorin im September 2019. Die 19-jährige Lehramtsstudentin wohnte zu dem Zeitpunkt mit zwei Geschwistern bei ihrer Mutter im Haus, in das sie nach der Trauerwoche für Changoschwili gerade alle zurückgekehrt waren. Ein Feldweg führt zum Haus, ein Tor aus Stahl öffnet sich zum Hof.

Aischas Mutter sitzt auf einer Couch aus dunkelbraunem Leder. Auch Changoschwilis Schwester trägt ein bodenlanges schwarzes Kleid und ein Kopftuch mit dezentem rot-gelbem Blumenmuster. Mit Tränen in den Augen spricht die 47-jährige Saira über ihren Bruder. Sie findet nur gute Worte, er habe allen geholfen, sei für die Eltern da gewesen.

Die politischen Entwicklungen haben die Familie während der vergangenen Jahrzehnte zu einem unsteten Leben zwischen Nord- und Südkaukasus verdammt. Ursprünglich stammt sie aus dem Pankisi-Tal. Selimchan ging dort vier Jahre lang zur Schule. Er verließ sie ohne Abschluss, als die Familie ins südrussische Rostow am Don auswanderte. Diesen Weg Richtung Norden gingen in den 1980er Jahren viele Familien aus dem Pankisi-Tal und aus Tschetschenien angesichts mangelnder Verdienstmöglichkeiten, hervorgerufen auch durch Diskriminierung in den Bereichen Bildung und Arbeit. Andererseits ließ die von Michail Gorbatschow ausgerufene Perestroika den nichtrussischen Nationalitäten mehr Bewegungsspielraum. 1992 zog die Familie weiter in die tschetschenische Hauptstadt Grosny. Als dort zwei Jahre später der Krieg begann – Selimchan war damals 15 Jahre alt –, brachten ihn die Eltern zurück nach Georgien in das Pankisi-Tal. Nach Abzug der russischen Truppen unternahm die Familie einen neuen Versuch, ihr Leben in Tschetschenien aufzubauen. Damals erhielt Selimchan einen russischen Pass. Er besaß auch einen Pass der nicht anerkannten Republik Itschkeria, des 1991 einseitig ausgerufenen Staats der Tschetschenen. Zu Beginn des Zweiten Tschetschenienkrieges suchte die Familie dann erneut im Pankisi-Tal Zuflucht.

Inzwischen war Selimchan alt genug, um als Kämpfer in den Krieg zu ziehen. Doch die Eltern hätten ihn davon abhalten wollen, erzählt Saira, auch weil der Vater damals krank war und Selimchan zu Hause gebraucht wurde. Er habe sich aber nicht davon abbringen lassen, immer mehr Freunde seien getötet worden. Was

Selimchan im Krieg getan habe, davon wüssten sie nicht viel. Nach seiner Rückkehr hätten sie beständig in Angst um ihn gelebt. Die Russen hätten seinen älteren Bruder Surab töten und Selimchan entführen und dafür im Pankisi-Tal Kidnapper engagieren wollen.

Das Pankisi-Tal

Der Mord an Changoschwili weckte Erinnerungen an die Zeit, als das abgelegene Tal am Fluss Alasani als angeblicher Rückzugsort islamistischer Terroristen international in die Schlagzeilen geriet und darüber um die Jahrtausendwende zu einem Konfliktherd zwischen Russland und den USA wurde. Wie dramatisch die Jahre waren, als Tausende Kriegsflüchtlinge im Tal ausharrten, lässt sich heute nur noch erahnen. Vor allem Frauen haben sich in den vergangenen Jahren darum bemüht, dem Pankisi-Tal ein neues, gastfreundliches Gesicht zu geben und für den Tourismus zu erschließen.

Von der georgischen Hauptstadt Tbilisi aus sind es zwei Stunden Autofahrt in Richtung Osten, bis man die Kleinstadt Achmeta erreicht. Am nördlichen Ortsausgang beginnt das Pankisi-Tal. Es folgen auf der rechten Seite eine Polizeistation, links Schule und Kindergarten, dann eine Moschee aus rotem Backstein, gebaut zur Jahrtausendwende mit Geld aus Saudi-Arabien. Die Grundstücke auf beiden Seiten der Straße sind begrenzt von Steinmauern, bebaut mit meist rechteckigen, von umlaufenden Veranden gesäumten, eingeschossigen Wohnhäusern. Die Zinkdächer der Häuser reflektieren das Sonnenlicht nur matt.

Nicht mehr zu sehen sind die hellblauen Planen des UN-Flüchtlingswerks, ursprünglich für Zelte, dann zum Abdecken von Heu verwendet, oder die Konservendosen mit dem Aufdruck USA, die noch Jahre später als Blumentöpfe auf den Terrassen standen – Überbleibsel der internationalen Hilfe für die einst 7000 Flüchtlinge aus dem Nordkaukasus, die sich in dem schmalen Tal drängten.

Sah man allerdings vor einigen Jahren noch überwiegend bunte Kleider und Kopftücher, typisch für einen moderat gelebten Islam, dominiert bei jungen Menschen heute Kleidung, die für eine glaubensstrenge Auslegung, den konservativen Salafismus, steht. Junge Frauen sind seitdem häufiger in schwarzen, knöchellangen Kleidern und dunklen Kopftüchern zu sehen. Junge Männer tragen ihre Bärte länger. Zugleich gibt es immer mehr Gästehäuser, Touristen werden Ausflüge zu Pferd und Wanderungen angeboten.

Doch die Vergangenheit bleibt präsent. Angehörige und Freunde verfolgten die Nachrichten zum Mord an Changoschwili, zum Beispiel Omar, Anfang 60, ein entfernter Cousin Changoschwilis, der seinem Ärger über die unterschiedliche Behandlung von Tschetschenen und Russen im Gespräch mit der Autorin Luft machte: Wie könne es sein, dass der Attentäter mit einem Reisepass ohne biometrische Daten einreisen konnte, während Tschetschenen bei der Beantragung von Schengen-Visa Fingerabdrücke und zahlreiche Dokumente vorlegen müssten und sie praktisch komplett durchleuchtet würden? Im Tal befürchte man, dass der Attentäter nach Russland ausgeliefert werde, sagte Omar. Es würde bedeuten, dass die Täter am Ende doch davonkommen.

Im Krieg

2500 Kilometer entfernt, im Gerichtssaal 700 des Berliner Kriminalgerichts, wird im Dezember 2020 Manana Tsatiewa an die grausamsten Zeiten ihres Lebens erinnert. Richter Olaf Arnoldi bittet Changoschwilis frühere Ehefrau, vom Krieg in Tschetschenien zu berichten. Sie erinnert sich an Angriffe der russischen Streitkräfte im ersten Krieg, sie habe mit ihren Eltern, drei Schwestern und deren Kindern in der Hauptstadt Grosny gelebt. Ein Bild wie aus dem Hades habe die Stadt nach den Bombardements geboten. Im Jahr 1996 sei auch ihr Haus getroffen worden. „Meine siebenjährige Schwester und meine dreijährige Nichte wurden getötet. Meine Mutter wurde schwer verletzt, ihr Körper war voller Splitter. ‚Mama, stirb bitte nicht‘, habe ich gerufen. Im Bombenhagel haben wir meine Mutter durch die Gärten in das Krankenhaus gebracht."

Nach dem Ersten Tschetschenienkrieg beendete Tsatiewa ihre Ausbildung zur Ärztin und lebte mit der Familie in Grosny – bis der zweite Krieg begann. Sie hätten fliehen müssen, Frauen, Alte, Kinder. In Inguschetien hätten Kampfjets auf die Flüchtlingskonvois geschossen. „Wir saßen auf einem Lkw und versuchten, uns zu verstecken."

Anfang Mai 2000 seien sie im Pankisi-Tal angekommen, wo ihre Familie noch ein Haus hatte. Sie lernte Selimchan kennen, vermittelt durch Verwandte. Schon wenige Tage später arrangierten die Verwandten die Hochzeit nach islamischem Recht, auch wenn die Brautleute sehr verschieden waren: sie eine ausgebildete Ärztin, selbstbewusst, mit klaren Vorstellungen vom Leben und nicht religiös. Er fünf Jahre jünger, ohne Schulabschluss, fromm und mit seinen Gedanken als Kämpfer im Krieg. Als Tsatiewa bereits schwanger war, ging er nach Tschetschenien. „Ich hatte Fieber und eine Nierenentzündung. Er kam und holte alles Geld, das wir hatten. Er musste ja sein Land verteidigen. Wir sahen uns ein Jahr und zwei Monate nicht. Unser erstes Kind starb. Unsere anderen Kinder wurden 2002, 2004, 2005 und 2010 geboren."

Was Tsatiewa im Gerichtssaal mit fester Stimme über den Krieg erzählt, wirft ein bedrückendes Schlaglicht auf das Schicksal der Tschetschenen. Richter Arnoldi pausiert für Momente, bevor er fortfährt. Als Bundesanwalt Lars Malskies Tsatiewa, vermittelt über Dolmetscher, mit Blick auf mögliche Motive für den Mord an Changoschwili befragt, wird deutlich, wie wenig Verständnis es zwischen deutschen Behörden und den Tschetschenen für ihren Widerstand gegen die russische Staatsgewalt gibt. Ein Kampf, der sich gängigen Kategorisierungen und bürokratischen Begrifflichkeiten entzieht – auch bei der Frage nach der Organisation der tschetschenischen Freischärler: War es eine Armee mit Befehlsstrukturen und Dienstgraden, wie wurden die Verwundeten versorgt, hatte Changoschwili Waffen und Uniform im Haus? Tsatiewa antwortet, vom Krieg habe er nur seinen Freunden erzählen und sie auch zu ihrem Schutz nicht einweihen wollen. Einiges berichtete er aber doch, anderes hörte sie, als er am Telefon mit Kameraden sprach. Sie habe ihn nur in Zivilkleidung gesehen.

Im Zweiten Tschetschenienkrieg war die Lage weniger übersichtlich als im Krieg zuvor, in dem Führungsfiguren wie Dschochar Dudajew und Aslan Maschadow als Befehlshaber den Ton angaben. Sie waren in der Sowjetunion ausgebildete Offiziere und traten als Verfechter einer nationalen Unabhängigkeit der selbsterklärten tschetschenischen Republik Itschkeria auf. Zwar spielte der Islam nach dem Ende der Sowjetunion vor allem als Bestandteil der ethnischen Zugehörigkeit eine wachsende Rolle, und schon im Ersten Tschetschenienkrieg standen einige Kämpfer aus Saudi-Arabien und den Golfstaaten dem bewaffneten Widerstand zur Seite. Aber Dudajew sei „alles andere als eine religiöse Autorität“ gewesen, schrieb der renommierte Kaukasusexperte Uwe Halbach im Jahr 2017.[1] Dudajew hatte sogar mit der Sowjetarmee gegen die islamischen Mudschaheddin in Afghanistan gekämpft.[2]

Maschadow war nach Einschätzung des Rechts- und Kaukasusexperten Otto Luchterhandt im Jahr 2000 „Anhänger des traditionellen Volksislam und tschetschenischer Patriot“, er habe für einen „gemäßigten, friedlichen, auf Verhandlungen und Einigung setzenden politischen Kurs“ gestanden.[3] Maschadow wurde im Januar 1997 mit 60 Prozent der Wählerstimmen zum Präsidenten Tschetscheniens gewählt und verhandelte mit der russischen Zentralmacht über das Ende des ersten Krieges. Im Mai 1997 unterzeichnete er mit dem damaligen russischen Präsidenten Boris Jelzin in Moskau einen Friedensvertrag, der den russischen Truppenabzug aus Tschetschenien besiegelte, den Status Tschetscheniens aber offenließ. Gleichwohl gelang es den separatistischen Kräften nicht, einen funktionierenden Staat zu errichten. Kriminalität prägte die Region, und rivalisierende Gruppen kämpften gegen Maschadow um die Macht. In der Auseinandersetzung mit islamistischen Herausforderern und zur Stärkung der politischen Einheit ließ sich Maschadow auf eine Islamisierung Tschetscheniens ein. 1999 erklärte er die Scharia zum allgemein verbindlichen Recht der Republik.

Im zweiten Krieg ab 1999 spaltete sich die Führung der Tschetschenen endgültig auf. Die politische Führung um Präsident Maschadow wurde in den Untergrund gedrängt. Sein Sprecher und Auslandsemissär Achmed Sakajew ging nach Großbritannien ins politische Exil. Maschadow, der als politischer Führer der aufständischen Tschetschenen angesehen wurde, fand sich im Untergrund mit Rivalen wie den radikalislamischen Terroristen Schamil Bassajew und dem Dschihadisten Ibn al-Chattab wieder. Daneben gab es ideologisch neutral auftretende Feldkommandeure wie Ruslan Gelajew. Sie einigte die Gegnerschaft zu Achmat Kadyrow, der sich im Jahr 2000 von Putin als Verwaltungschef Tschetscheniens einspannen ließ und dem sein Sohn Ramsan in der Führung Tschetscheniens nachfolgte.

Changoschwili sah in Kadyrow wie viele Tschetschenen einen Kollaborateur, der so wie die russischen Truppen bekämpft werden musste. Tsatiewa verliert vor Gericht kein schlechtes Wort über ihren früheren Ehemann, auch wenn sie wie ihre Schwiegereltern gegen dessen Einsätze im Krieg war. Über Changoschwilis Leben im Pankisi-Tal spricht sie lobend. Er sei hilfsbereit gewesen. Er habe sich um seine Eltern, um sie und die Kinder gekümmert. Den Flüchtlingen aus Tschetschenien habe er mit anderen jungen Männern geholfen, über den Winter zu kommen. Seine Aufgabe sei es gewesen, Brennholz aus den Wäldern zu holen. Doch er wollte unbedingt in den Krieg gehen: Er wolle Gerechtigkeit für den Tod ihrer Schwester und ihrer Nichte, erklärte er seiner Frau. Sie weiß von einem ersten Kampfeinsatz im Jahr 2001. Zu Fotos, die ihr vor Gericht präsentiert werden, hat sie wenig zu sagen. Sie zeigen Changoschwili mit anderen Kämpfern im Wald, mit Bart und in Tarnfleck. Auf einigen Bildern ist er mit Maschadow zu sehen, den er als seinen Kommandeur beschrieb. Ein Foto zeigt ihn mit dem berüchtigten Terroristen Bassajew. Ob Changoschwili auch ihm zumindest zeitweise unterstellt war, wird aus den Zeugenaussagen nicht ganz klar.

Bei Gesprächen mit näheren und ferneren Angehörigen ist das Bemühen zu spüren, Konflikte innerhalb der tschetschenischen Gemeinschaft nicht nach außen zu tragen. Fremden gegenüber soll kein schlechtes Wort über einen Verwandten, zumal einen verstorbenen, fallen. Einen kleinen Einblick in Denken und Motive Changoschwilis gab Tsatiewa in einem Interview mit der Autorin im Dezember 2021. Sie beschreibt, wie Changoschwili als Jugendlicher aus dem Pankisi-Tal und lediglich mit Grundschulbildung zum Patrioten und Verfechter eines unabhängigen Tschetscheniens wurde, in dem sie als Muslime selbstbestimmt und diskriminierungsfrei leben wollten. Die Tschetschenen aus Georgien seien noch patriotischer eingestellt gewesen als jene aus Tschetschenien. So wie Tsatiewa ihn beschreibt, war sein Leben mit Anfang zwanzig so sehr auf diesen Kampf ausgerichtet, dass er es als persönliche Aufgabe und als Frage der Ehre verstand, Vergeltung für getötete Verwandte und Freunde zu üben. Später habe er über diese Zeit reflektiert, so Tsatiewa. Im Alter von 35 Jahren habe er ihr rückblickend gesagt: „Ich habe mich damals nicht einmal gefragt, wer uns eigentlich das Geld geliefert hat.“ Ihm sei klar geworden, dass das Geld auch aus Russland hätte kommen können, damit die junge Generation im Krieg getötet werde. Die Russen hätten gewusst, „dass junge Leute dumm und große Patrioten seien. Wenn es dann noch heißt, der Krieg werde im Namen Allahs geführt, lassen sich viele darauf ein.“ Deutlich wird aus den Beschreibungen, wie sehr er in jungen Jahren vom Kampf beseelt war, dass ihm aber auch der Horror des Krieges insbesondere für die Zivilbevölkerung bewusst war. Wie sein Kommandeur Maschadow ließ er sich womöglich im gemeinsamen Kampf gegen die russischen Kräfte auf Terroristen wie Bassajew ein, zog dann aber seine Lehren daraus und versuchte in späteren Jahren, junge Männer davon abzuhalten, mit dschihadistischen Terrormilizen wie dem „Islamischen Staat“ (IS) in den Kampf zu ziehen.

Kämpfer, Islamisten, Terroristen

Anders als Aslan Maschadow hatte Bassajew keine Offizierskarriere durchlaufen, sondern nur Grundwehrdienst in der Sowjetarmee geleistet. Aber schon zu Beginn der 1990er Jahre beteiligte er sich an den gewalttätig ausgetragenen Konflikten im Südkaukasus, die während des Zerfalls der Sowjetunion aufbrachen: Er kämpfte im Krieg um die Region Bergkarabach auf Seiten Aserbaidschans gegen Armenien. Danach schloss er sich den Abchasen an, als diese sich von Georgien lossagten.

Seine Kampferfahrungen machten Bassajew im Ersten Tschetschenienkrieg zu einer Führungsfigur. 1995 wurden viele Mitglieder seiner Familie, darunter zwei seiner Kinder, bei einem russischen Bombenangriff getötet – sicherlich ein Schlüsselerlebnis für seine weitere Radikalisierung. Schon früh setzte er terroristische Methoden auch gegen Zivilisten ein, so als Anführer einer Geiselnahme in einem Krankenhaus in der südrussischen Stadt Budjonnowsk im selben Jahr. Bei der Erstürmung wurden mehr als 100 Geiseln getötet, doch Bassajew und die Mittäter erhielten freies Geleit.

Im Spätsommer 1999 fiel Bassajew, verbündet mit dem Dschihadisten Ibn al-Chattab und Hunderten Kämpfern, im benachbarten Dagestan ein. Die Attacken nahm Putin, zu dem Zeitpunkt Ministerpräsident Russlands, zusammen mit den Bombenanschlägen auf russische Wohnhäuser zum Anlass, den Befehl zum Zweiten Tschetschenienkrieg zu geben. Bassajew war in der Folgezeit für zahlreiche Terrorattacken verantwortlich, darunter die Geiselnahme 2004 in Beslan. Er wurde zum meistgesuchten Terroristen in Russland. 2006 schließlich kam er bei einer Explosion in Inguschetien ums Leben. Offenbar war es dem FSB gelungen, Bassajews Kampfgruppe zu infiltrieren und die Explosion auszulösen.[4] Nicht ausgeschlossen ist jedoch, dass es sich um einen Unfall handelte. Al-Chattab war bereits 2002 mit einem schnell wirkenden Nervengift, womöglich Sarin oder einem Derivat, getötet worden. Es war auf einem Brief aufgebracht worden. Überbracht hatte ihn ein vom FSB angeheuerter dagestanischer Agent, der den Brief von al-Chattabs Mutter in Saudi-Arabien in dessen Versteck brachte.[5]

Im Gegensatz zu Dudajew und Maschadow, die für die nationale Selbstbestimmung der Tschetschenen kämpften, standen Bassajew und al-Chattab für eine religiös ausgerichtete Radikalisierung des tschetschenischen Widerstands. Sie wollten eine streng konservativ und puristisch ausgerichtete Strömung des sunnitischen Islam, der gemeinhin als Wahhabismus bezeichnet wird, verbreiten. Sie fanden damit Anklang vor allem bei jungen Männern im Kaukasus, die darin einen alternativen Lebenssinn gegen die grassierende Korruption, fehlende Rechtsstaatlichkeit und das Versagen der Verwaltung sahen. Mit der Verklärung zum Heiligen Krieg rechtfertigten sie auch Terrorakte gegen Zivilisten.[6]

Nach dem Tod Bassajews und al-Chattabs lebte der Konflikt zwischen dem extremistischen Islam und den patriotisch und moderat islamisch orientierten Tschetschenen fort, Letztere repräsentiert von einer Exilregierung im britischen Asyl unter Führung des Politikers Achmed Sakajew, der als Sprecher und Vermittler Maschadows auftrat. Sakajews erbitterter Gegner wurde Doku Umarow, in beiden Tschetschenienkriegen ein hochrangiger Feldkommandeur. Er rückte 2006 zum Untergrundpräsidenten jener tschetschenischen Freischärler auf, die weiter gegen Putins Statthalter Kadyrow kämpften. Ein Jahr später erklärte er sich zum „Emir des Kaukasus" und wollte ein Herrschaftsgebiet weit über Tschetschenien hinaus errichten. Was ihn dazu bewogen hatte, blieb Spekulation: War er unter den Einfluss der Al-Kaida geraten? Oder hatten ihn FSB oder GRU dazu gebracht, die Islamisierung des tschetschenischen Widerstands fortzuführen? Dies könne dazu führen, dass die Tschetschenen die internationale Unterstützung für den Freiheitskampf verlieren, befürchtete die gemäßigte Londoner Exilregierung um Sakajew zu Recht. Sie warf Umarow Verrat vor. Dieser wiederum ließ vom Obersten Schariagericht des „Emirats" ein Todesurteil gegen Sakajew verhängen.[7]

Umarow reklamierte die Urheberschaft für Anschläge mit Hunderten Opfern in Russland für sich, darunter auf die Moskauer U-Bahn im März 2010 und den Hauptstadtflughafen Domodedowo im Januar 2011. Folglich setzten die UNO, die USA, Russland und andere den Terroristenführer und das Kaukasus-Emirat auf ihre Terrorlisten. 2013 rief Umarow schließlich dazu auf, die Olympischen Winterspiele im März 2014 in Sotschi scheitern zu lassen, „mit allen Mitteln, die der allmächtige Gott erlaubt".[8]

Den tschetschenischen und russischen Sicherheitskräften war es jedoch bereits seit 2010 gelungen, die islamistische und terroristische Aufstandsbewegung so weit einzudämmen, dass von ihr bei den Olympischen Spielen in Sotschi keine Gefahr mehr ausging.

Gut ausgebildete Einsatzkräfte des Militärs, Spezialeinheiten des russischen Innenministeriums und des FSB hatten hart durchgegriffen. Sie bekämpften gezielt die Unterstützungsbasis der Freischärler. Sie machten deren Angehörige ausfindig, entführten viele von ihnen und ließen etliche verschwinden. In der Folge entzog die Bevölkerung in Tschetschenien den Kämpfern ihre Unterstützung. Nur noch wenige radikalisierte Männer schlossen sich den Kämpfern an. Eine andere brachiale Methode bestand darin, tschetschenische Dorfbewohner zu zwingen, die Untergrundkämpfer mit vergiftetem Essen zu versorgen. Auf diese Weise sollen allein 2010 mehr als 17 Aufständische getötet und viele weitere dauerhaft krank geworden sein. Außerdem unterwanderten die Spezialeinheiten die Aufstandsbewegung und töteten gezielt die kampferfahrenen Anführer. Bassajew und al-Chattab waren nur zwei prominente Beispiele von zahlreichen weiteren Fällen.

Zudem zog Syriens Machthaber Baschar al-Assad 2011 mit der brutalen Niederschlagung des Aufstands gegen ihn die Wut vieler sunnitischer Muslime auch im Nordkaukasus auf sich, noch verstärkt dadurch, dass Putin im Herbst 2015 russische Streitkräfte zur Unterstützung nach Syrien schickte. Die Erfolge des „Islamischen Staates“ in Syrien und im Irak ließen auch tschetschenische Kämpfer hoffen. Mehrere Kommandeure des Kaukasus-Emirats schworen dem IS Gefolgschaft. Bis Ende 2015 hatten sich die Aufständischen weitgehend der „Kaukasusprovinz“ des IS angeschlossen. FSB-Chef Alexander Bortnikow sprach 2017 von 2000 russischen Staatsbürgern, die meisten von ihnen aus dem Nordkaukasus, die in den Krieg nach Syrien gezogen seien. Die russischen Geheimdienste unternahmen damals wenig, um junge Nordkaukasier von der Reise über die Türkei nach Syrien abzuhalten.[9] Es gab sogar Hinweise darauf, dass der FSB, auch für den Grenzschutz zuständig, Aufständische ermutigte und ihnen die Ausreise nach Syrien erleichterte.[10] In einigen Fällen soll der FSB

Dschihadisten angeboten haben, der Verhaftung durch Ausreise zu entgehen, und sie mit Pässen und Flugtickets nach Istanbul ohne Rückreise ausgestattet haben. Russische Experten schätzten, dass 90 Prozent der Kämpfer getötet wurden oder ohne Ausweispapiere in Ländern wie Syrien, der Türkei oder in der Ukraine blieben. Die zurückgekehrten zehn Prozent würden streng überwacht, erfuhr der schwedische Sicherheitsexperte Jakob Hedenskop bei Gesprächen in Moskau.[11]

Wie radikal war Changoschwili?

Wie weit ging Changoschwili in seiner Feindschaft zu Russland? Richtete sich sein Kampf allein gegen russische Sicherheitskräfte, oder nahm er auch zivile Opfer in Kauf? Seine eigenen Aussagen und die seiner Verwandten lassen darauf schließen, dass er sich hauptsächlich an Maschadow hielt. Aber auch wenn Maschadow und der Terrorist Bassajew für grundverschiedene Ziele und Vorgehensweisen im Aufstand gegen die russische Zentralmacht standen und politische Gegner waren, so kooperierten sie doch gegen die gemeinsamen Feinde Kadyrow und Putin.[12] Auf einem der bei Gericht gezeigten Fotos sind sie zusammen zu sehen, auch Changoschwili ist dabei.

Insofern kann er unter dem Kommando Maschadows gestanden haben, wie er selbst bei einer Vernehmung in Deutschland angegeben hatte, aber er könnte auch an Angriffen unter dem Kommando Bassajews beteiligt gewesen sein. Das sagte Ekkehard Maaß, Vorsitzender der Deutsch-Kaukasischen Gesellschaft. Er schrieb während Changoschwilis Asylverfahren 2017 einen Brief an das Bundesamt für Migration und Flüchtlinge mit der Bitte, Changoschwili vor dem „langen Arm Putins“ zu schützen. Maaß lernte Changoschwili in Berlin kennen und versuchte ihm über das Asylverfahren hinaus zu helfen. Maaß schätzte ihn trotz der beschriebenen Verbindung zu Bassajew als frommen Muslim ein, aber nicht als Islamisten und Terroristen. So beschreiben Changoschwili auch Bewohner des Pankisi-Tals wie der Journalist Sulchan Bordsikaschwili: Changoschwili habe eine gute Verbindung zu Maschadow gehabt und meist unter seinem Kommando gekämpft, aber auch mit Bassajew sei er in den Kampf gezogen.

Wann Changoschwili erstmals als Kämpfer aktiv wurde, darüber gibt es verschiedene Angaben. Einige Aussagen sprechen dafür, dass er zumindest seit Kriegsbeginn 1999 mit Gleichaltrigen aus dem Pankisi-Tal Schießübungen machte und andere militärische Fertigkeiten trainierte. Er selbst gab bei einer Vernehmung durch das Landeskriminalamt Berlin an, im Jahr 2000 erstmals als Kämpfer nach Tschetschenien gegangen zu sein. Als Feldkommandeur habe er unter dem Kommando Maschadows eine Gruppe von 60 Kämpfern in der Region um die Hauptstadt Grosny angeführt. Maschadow nannte er einen guten Freund. Dafür sprechen Fotos mit beiden. Auf einem sind sie beim gemeinsamen Angeln zu sehen.

Nachdem Changoschwili 2000 geheiratet hatte, zog er zu seiner Frau in die tschetschenische Nachbarrepublik Inguschetien, wo sie ein medizinisches Praktikum absolvierte. Er ging immer wieder für Tage oder Wochen in die Wälder. Von dort aus unternahmen die Aufständischen Angriffe auf russische Einheiten in Tschetschenien – und schließlich im Juni 2004 den Überfall auf Polizeistationen und Sicherheitskräfte in Inguschetien selbst. Die ganze Einheit Maschadows mit 200 Kämpfern sei daran beteiligt gewesen, sagte Tsatiewa aus. Changoschwili habe ihr erzählt, dass er dabei gewesen sei.

Dieser Angriff außerhalb Tschetscheniens war ein eher verzweifelter Schritt der Eskalation seitens der Aufständischen. Diese sahen sich einer geänderten und erfolgreichen Vorgehensweise der russischen Zentralmacht und Kadyrows gegenüber, die verstärkt paramilitärische Einheiten aus Tschetschenien einsetzten, unter ihnen viele Überläufer mit langjährigen Erfahrungen in diesem Guerillakrieg.[13] Russischen Medienberichten zufolge wurden in Inguschetien erbeutete Waffen bei der Geiselnahme in Beslan wenige Wochen später eingesetzt. FSB-Kräfte waren dort am Antiterroreinsatz beteiligt, bei dem es zu offenen Gefechten mit den Kämpfern kam. 335 Geiseln, die meisten von ihnen Schulkinder, wurden getötet.[14] Die Geiselnahme trug die Handschrift Bassajews, während Maschadow eine Beteiligung energisch bestritt. Die Täter seien „Wahnsinnige", die die russische Brutalität um den Verstand gebracht habe. Maschadow bot sich mit Mitgliedern der tschetschenischen Exilregierung als Vermittler an, ohne dass sein Angebot angenommen wurde. Die russische Regierung erhöhte stattdessen das auf ihn ausgesetzte Kopfgeld auf umgerechnet mehr als acht Millionen Euro. Auch die Journalistin Anna Politkowskaja bot sich als Vermittlerin an, sie wurde jedoch auf dem Flug nach Rostow am Don vergiftet und fiel ins Koma.

Nachdem die Geiselnahme auch international aufs Schärfste verurteilt worden war, befahl Maschadow im Januar 2005 den tschetschenischen Aufständischen die Einstellung aller Kampfhandlungen außer zur Selbstverteidigung. Er rief zu Friedensverhandlungen auf. Ziel sei nicht mehr die Unabhängigkeit Tschetscheniens, es gehe ihnen nur noch um Garantien für das Bestehen der tschetschenischen Nation. Die russische Führung in Moskau lehnte Verhandlungen jedoch kategorisch ab. Wenige Wochen später wurde Maschadow in Tolstoi-Jurt von einer Spezialeinheit des FSB getötet. Dessen Direktor Patruschew behauptete, man habe ihn gefangen nehmen wollen. Er sei nur zufällig durch eine Handgranate getötet worden. Kritiker wie Anna Politkowskaja sahen in der Tötung Maschadows jedoch eine Bestätigung dafür, dass Putin kein Interesse an Verhandlungen und an einem Ende des Konflikts hatte: Krieg und eine damit verbundene Militarisierung der russischen Gesellschaft dienten ihm zum Machterhalt, erklärte Politkowskaja, wie im Kapitel „Es begann in Tschetschenien" näher beschrieben.

Changoschwili zog sich nach eigenen Angaben im Herbst 2004 aus dem Kampf in Tschetschenien zurück. Doch sollte er nach dem Angriff in Inguschetien keinen Frieden finden. Seine Ehefrau sagte vor Gericht aus, fünf seiner Kämpfer seien entführt und gezwungen worden, ihn wegen des Angriffs zu beschuldigen. Er und seine Familie hätten danach in beständiger Angst vor Entführungen und Anschlägen gelebt. Angehörige wurden immer wieder von russischen Behörden nach ihm ausgefragt. Um sich besser vor Verfolgung zu schützen, ließ Changoschwili seinen Namen im Mai 2005 bei den georgischen Behörden offiziell in Tornike Kawtaraschwili ändern.

Dem 2007 gegründeten Kaukasischen Emirat des Dschihadisten Umarow habe Changoschwili wie viele andere im Pankisi-Tal nichts abgewinnen können, sagte Tsatiewa. Sie seien für die Unabhängigkeit Tschetscheniens gewesen, aber nicht für ein Emirat im Kaukasus. Auch der Journalist Bordsikaschwili sagt, Changoschwili habe Tschetschenien nicht in ein islamistisches Land verwandeln wollen. Ob er Kontakt zu Umarow hatte, wisse er nicht. Er hätte aber nichts dagegen, meinte Bordsikaschwili: „Wenn man gegen den gleichen Feind kämpft, muss man in Kontakt sein."

Die FSB-Vertretung an der russischen Botschaft in Berlin hatte in ihrem Schreiben vom 13. Juli 2012 an das BKA behauptet, Changoschwili habe als Mitglied des Kaukasischen Emirats in Georgien Terroristen ausgebildet und sie bei der Infiltration Russlands unterstützt. Belege erhielten die deutschen Ermittler jedoch nicht. In dem Rechtshilfeersuchen des Ermittlungskomitees der Russischen Föderation vom 17. Januar 2020 ist ebenfalls keine Mitgliedschaft im Kaukasischen Emirat aufgeführt, sondern Strafverfahren wegen

Changoschwilis Beteiligung an den Angriffen im Juni 2004 in Inguschetien sowie wegen eines Kampfeinsatzes im Oktober 1999 in Tschetschenien, bei dem 20 russische Soldaten getötet worden sein sollen. Auch nicht aufgeführt sind in dem Rechtshilfeersuchen die Behauptungen Putins, die auf eine Teilnahme Changoschwilis an Terrorattacken in Russland hindeuteten.

Die Ermittlungen der deutschen Behörden und Erzählungen von Personen aus seinem Umfeld ergaben ebenfalls keine Hinweise darauf. Die Auswertung eines Facebook-Profils mit dem Namen Zelimxan Xangoshvili, das ihm zugeordnet wurde, ergänzt das Bild, das Personen aus seinem Umfeld von ihm zeichneten: dass er ein Anhänger der Unabhängigkeit Tschetscheniens und damit politischer Gegner der russischen Führung und der Statthalter in Tschetschenien war, dass er ein frommer Muslim war und offenbar mit einigen Extremisten gegen den russischen Staat kämpfte, er aber den Wahhabismus ebenso ablehnte wie den „Islamischen Staat“. Letzteres habe jeder im Pankisi-Tal gewusst, sagte Bordsikaschwili der Autorin.

„Tal der Terroristen“

Mehr als 20 Männer aus dem Pankisi-Tal sollen nach Schätzungen in den vergangenen Jahren zum Kämpfen in Syrien gewesen sein. Eine genauere Zahl ist schwer zu ermitteln. Um 2015 waren nach Angaben des Geheimdienstes Georgiens bis zu 50 Staatsbürger als Mitglieder terroristischer Gruppen in Syrien und im Irak aktiv. Ihre Zahl sank demnach auf 15 im Jahr 2018. Eine lokale Radiostation berichtete 2019 von mindestens 34 Männern aus dem Pankisi-Tal, die seit Beginn des Krieges in Syrien ums Leben gekommen sein sollen.[15] Einige hatten schon in Tschetschenien gekämpft, wie ein Mann aus Duisi mit Kampfnamen Muslim al-Schischani. Der

Nachname steht für „der Tschetschene“. Er ist auf einem Foto mit Changoschwili, Maschadow und Bassajew zu sehen. Zu internationaler Bekanntheit brachte es indes ein Kämpfer aus dem Nachbarort Birkiani: Tarchan Batiraschwili, der mit seinem markanten roten Bart unter dem Kampfnamen Abu Omar al-Schischani zum hochrangigen IS-Kommandanten aufstieg. Batiraschwili hatte eine militärische Ausbildung in der georgischen Armee durchlaufen, in der er von 2007 bis 2010 diente. Nachdem er seine Arbeit verloren hatte und wegen illegalen Waffenbesitzes ins Gefängnis kam, radikalisierte er sich und ging 2012 nach Syrien. Bevor er sich dem IS anschloss, führte er eine Gruppe von Kämpfern aus dem Kaukasus an. In den sozialen Medien veröffentlichte Berichte über seine Kampferfolge zogen damals auch Deutsche und weitere junge Männer aus dem Pankisi-Tal an, die in Georgien keine Perspektive mehr sahen.[16] Mehrfach wurde über die Tötung Batiraschwilis berichtet, 2016 bestätigte der IS selbst seinen Tod.

Changoschwili sprach mit beiden sowie mit Männern, die Anfang der 2010er Jahre nach Syrien in den Kampf gehen wollten. Einige habe er davon abhalten können, so die Aussage des ehemaligen georgischen Vizeinnenministers Giorgi Lortkipanidse – mit dem Changoschwili zeitweise eng zusammenarbeitete – vor dem Berliner Kammergericht. Changoschwilis Bruder Surab schrieb der Autorin nach Spekulationen über einen angeblichen Aufenthalt in Syrien, Changoschwili sei nie dort gewesen. Er habe lediglich einmal zwei Frauen zu ihrem Schutz in die Türkei begleitet, deren Männer beim IS waren, damit sie sich mit ihnen treffen konnten. Den IS habe Selimchan gehasst.

Dass sich junge Einwohner des Pankisi-Tals dem IS und anderen islamistischen Terrororganisationen anschlossen, ließ den überkommenen Ruf der Region als „Tal der Terroristen“ in den 2010er Jahren aufleben und gab den georgischen Sicherheitsbehörden erneut Anlass, die Menschen dort stärker zu überwachen.

Dabei war es für ehemalige Kämpfer ohne Berufsausbildung wie Changoschwili ohnehin schon schwer, sich wirtschaftlich über Wasser zu halten. Er unternahm einige Anläufe mit Freunden, als Händler und Geschäftsmann Fuß zu fassen, beschäftigte sich mit Viehzucht, Honigexport, Altmetallhandel und dem Verkauf von Silberschmuck und betätigte sich als Restaurantbetreiber. Nach langen harten Jahren ging es aufwärts für die Familie, als sie zu Beginn der 2010er Jahre nach Tiflis zog. Seine Frau hatte dort eine Stelle als Ärztin gefunden.

Angesichts der Dominanz der georgisch-orthodoxen Kirche hatten es religiöse Minderheiten wie die muslimischen Tschetschenen und Aserbaidschaner, aber auch Angehörige der armenischen Orthodoxie schon immer schwer in Georgien. Der Krieg im benachbarten Tschetschenien trug um die Jahrtausendwende über das Pankisi-Tal hinaus zu einer Destabilisierung des Landes bei. Allerdings hatte die georgische Führung um den damaligen Präsidenten Eduard Schewardnadse dies zu einem Gutteil selbst zu verantworten. Ende der 1990er Jahre war Georgien ein weitgehend dysfunktionaler, von Korruption und Gesetzlosigkeit geprägter Staat, dessen Institutionen kaum Kontrolle über das Land ausüben konnten.

Im Schatten der Anschläge vom 11. September 2001 in den USA und vom kurz darauf begonnenen Afghanistankrieg braute sich dort eine Krise zwischen Russland und den USA zusammen, die der Führungszirkel um Putin nutzte, um Georgien als Unterstützer des Terrorismus im Nordkaukasus zu brandmarken und damit ein Eingreifen gegen Tschetschenen außerhalb der eigenen Grenzen zu begründen. Mit internationalem Druck unter Führung der USA konnte eine sich anbahnende Eskalation der Krise verhindert werden. Der Führungszirkel um Putin griff damals auf Behauptungen über Tschetschenen als Terroristen zurück, die er seither immer wieder, so auch beim Mord im Tiergarten, aufgreift.

Das Pankisi-Tal wurde im Verlauf der Tschetschenienkriege nicht nur Zufluchtsort für Tausende Tschetschenen. Es war auch Versteck für Kämpfer, Islamisten und Kriminelle sowie Handelszone und Umschlagplatz zwischen Nord- und Südkaukasus für Drogen, Waffen und andere illegale Waren, oftmals gedeckt von Polizisten und Beamten des Innen- und des Sicherheitsministeriums in Tiflis. Wiederholt kam es zu Entführungen ausländischer Geschäftsleute, auch ein georgischer Parlamentsabgeordneter wurde verschleppt und Lösegeld für ihn gefordert.

Für die russische Führung um Putin war das Tal ein Sicherheitsproblem und zugleich eine Möglichkeit, Druck auf Georgien auszuüben, dies bestärkt durch die Terroranschläge am 11. September 2001 in den USA. Das Tal sei ein Rückzugsort für islamistische Terroristen, lautete der Vorwurf aus Moskau. Der damalige Verteidigungsminister Sergei Iwanow sprach von einem „Mini-Afghanistan“, Außenminister Igor Iwanow behauptete im Februar 2002, womöglich halte sich Al-Kaida-Chef Osama bin Laden in Georgien auf: „Es mag sensationell klingen, aber wer sagt, dass er nicht dort ist?“[17] Eine Umfrage in der georgischen Hauptstadt Tiflis zeigte allerdings, dass sich die Menschen dort nicht von den Spekulationen aus Russland beeindrucken ließen. Lediglich neun Prozent glaubten an die Präsenz islamistischer Kräfte aus Afghanistan dort. Die Mehrheit erklärte sich die außer Kontrolle geratene Lage im Pankisi-Tal mit einheimischem Banditentum und den mangelnden Sicherheitsstrukturen.[18]

Ende 2001 spitzte sich die Lage allerdings so weit zu, dass Russland und Georgien am Rande einer militärischen Auseinandersetzung standen. Zunächst forderte die Führung in Moskau noch eine abgestimmte Militäraktion. „Russland und Georgien müssen gemeinsam das Zentrum des Terrorismus im Pankisi-Tal vernichten“, forderte etwa der damalige Generalstabschef Anatoli Kwaschnin.[19] Dann drohte Russland mit einem Einmarsch im

Pankisi-Tal. In diesen angespannten Wochen verletzten russische Kampfflugzeuge mehrfach den georgischen Luftraum und warfen Bomben ab – eine Machtdemonstration, der die schwache georgische Regierung nichts entgegenzusetzen hatte.

Unter dem wachsenden Druck suchte die georgische Führung nach einer Lösung, zumal im Pankisi-Tal der tschetschenische Feldkommandeur Ruslan Gelajew eine Gruppe von mehr als 100 Kämpfern versammelt hatte. Gelajew, ein kampferprobter Veteran der Tschetschenienkriege, wurde mit seinen Gefolgsleuten Anfang Oktober 2001 mit Lastwagen quer durch Georgien in das abtrünnige Abchasien gefahren. Beobachter waren sich sicher, dass dies nur mit Wissen und Unterstützung des georgischen Innenministeriums oder Sicherheitsministeriums geschehen konnte. Schewardnadse war zu dieser Zeit auf einem offiziellen Besuch in den USA. Gelajews Ziel war es damaligen Medienberichten zufolge, eine russische Militärbasis im abchasischen Gudauta anzugreifen, was ihm nicht gelang. Seine Truppen wurden von abchasischen Milizen zurückgeschlagen.[20]

Die Auseinandersetzungen kosteten mehr als 40 Menschen das Leben. Am 8. Oktober 2001 wurde im Grenzgebiet zu Abchasien ein Hubschrauber der dort stationierten UN-Beobachtermission UNOMIG abgeschossen. Unter den fünf Mitarbeitern an Bord, die dabei ums Leben kamen, war ein deutscher Sanitäter. Ein georgischer Offizieller berichtete der Autorin, Gelajew habe ihm erzählt, seine Kämpfer hätten den Helikopter abgeschossen, weil sie ihn für einen Hubschrauber der russischen Streitkräfte gehalten hätten. Die UNOMIG nutzte damals Hubschrauber aus russischer Produktion. Weder der damalige Leiter der UN-Mission noch das UN-Hauptquartier in New York oder das Bundesverteidigungsministerium in Berlin wollten sich anlässlich einer Recherche der Autorin im Jahr 2010 auf Nachfragen zu dem Fall äußern.

Das georgische Sicherheitsministerium räumte dann 2003 ein, dass sich Gelajew und auch „Emir" Umarow im Pankisi-Tal versteckt gehalten hatten. Gelajew operierte offenbar weiter von Georgien aus gegen russische Truppen, bis er an der Grenze zur russischen Teilrepublik Dagestan getötet wurde. Anfang März 2004 bestätigte der FSB seinen Tod.[21]

Die US-Regierung des damaligen Präsidenten George W. Bush beobachtete 2001 die Spannungen zwischen Russland und Georgien und die Lage im Pankisi-Tal mit wachsender Sorge. Befürchtet wurde auch in Washington, dass Al-Kaida-Kämpfer nach dem Einmarsch der USA und Alliierter in Afghanistan in das Pankisi-Tal ausweichen könnten.

Im Dezember 2001 kündigte US-Verteidigungsminister Donald Rumsfeld bei einem Besuch in Tiflis die Intensivierung der militärischen Kooperation mit Georgien an. Konkret ging es um ein „Train and Equip"-Programm für georgische Sicherheitskräfte im Rahmen des nach den Anschlägen vom 11. September erklärten „Krieges gegen den Terrorismus". Die USA stellten dafür 200 Militärberater und 64 Millionen US-Dollar bereit. Wenige Wochen später sprach der diplomatische Repräsentant Washingtons in Georgien, Philip Remler, im Interview mit einer georgischen Zeitung davon, dass einige Dutzend ausländische Kämpfer mit Verbindungen nach Afghanistan und zu al-Chattab im Pankisi-Tal seien.[22]

Sah sich die russische Führung zunächst durch diese Äußerungen der US-Regierung in ihren Vorwürfen gegen Georgien bestätigt, protestierte sie kurz darauf gegen jegliche Einmischung der USA in der Region. Das Problem zwischen Georgien und Russland solle ohne Beteiligung Dritter geklärt werden. Der russische Spitzenpolitiker Dmitri Rogosin, damals Mitglied im Auswärtigen Ausschuss der Staatsduma, reklamierte ein moralisches Recht auf eine russische Antiterroroperation im Pankisi-Tal, unter anderem weil sich dort der Warlord Rappani Chalilow aus der russischen Teilrepublik Dagestan aufhalte.

Das war für Georgiens Präsident Schewardnadse, der einen NATO-Beitritt seines Landes zum Ziel erklärt hatte, nicht hinnehmbar. Schließlich konnte die russische Führung nur zuschauen, als die 200 US-Ausbilder nach Georgien kamen. Kurz darauf startete das georgische Sicherheitsministerium eine Polizeiaktion im Pankisi-Tal, angeführt von Irakli Alasania. Der damals 29-Jährige hatte als Mitarbeiter der georgischen Botschaft in den USA das Vertrauen von Sicherheitspolitikern und Militärs gewonnen und wurde später Verteidigungsminister Georgiens.[23] „Unser Ziel war es, die tschetschenischen Kämpfer friedlich aus dem Tal zu vertreiben und jene zu neutralisieren, die mit Terrororganisationen verbunden waren", erzählte Alasania der Autorin 2012. Er und die Einsatzkräfte hätten dabei auch von Geheimdienstinformationen der USA profitiert. Ende 2002 reklamierte die georgische Regierung, sie habe die Kontrolle über das Tal hergestellt.

Letztlich hatten sich Alasania zufolge um die Jahrtausendwende 1000 bis 1500 Kämpfer aus dem Nordkaukasus sowie einige Dutzend Ausländer hauptsächlich aus dem Nahen Osten im Pankisi-Tal aufgehalten. „Darunter war niemand mit direkten Verbindungen zu Osama bin Laden, aber dennoch einige hochwertige Ziele", resümierte er.[24] Der massive Druck aus Russland ließ schließlich nach. Jedoch litten die Einwohner und Flüchtlinge unter den vom Sommer bis in den späten Herbst 2002 andauernden Polizeioperationen mit engmaschiger Kontrolle des Pankisi-Tals und immer neuen Durchsuchungen. Kämpfern um Gelajew gelang es, sich anderswo im Grenzgebiet Georgiens Rückzugsorte zu suchen, und die Kriminalität im Land ging nicht grundlegend zurück. Schewardnadse verschaffte das rigorose Vorgehen damit höchstens eine Verschnaufpause.

Saakaschwilis Bündnis mit den Tschetschenen

Changoschwilis Ehefrau und ihre Kinder lebten zu Beginn der 2000er Jahre noch in der russischen Teilrepublik Inguschetien. Als sie Ende 2004 und Changoschwili Anfang 2005 zurück ins Pankisi-Tal kamen, hatte sich die politische Lage in Georgien grundlegend geändert. Präsident Schewardnadse hatte nach einer gefälschten Wahl endgültig das Vertrauen der Menschen verspielt. Nach einem Aufstand, der als Rosenrevolution in die Geschichte einging, übernahm eine junge Politikergeneration die Führung des Landes, an der Spitze der dynamische und charismatische Politiker Michail Saakaschwili. In den USA und in den EU-Staaten galt er vielen als Hoffnungsträger. US-Präsident Bush nannte Georgien 2005 bei einem Besuch in Tiflis „Leuchtturm der Demokratie". Saakaschwili stellte sogleich die Kontrolle des Staates über das Land her, konzentrierte aber auch die Macht im Amt des Präsidenten.

Anfangs noch in Kooperation mit Russland setzte Saakaschwili in den Grenzregionen und im Pankisi-Tal die unter Schewardnadse begonnene Politik fort, gegen bewaffnete Kämpfer und deren illegale Grenzübertritte vorzugehen. Während eines Besuchs in Moskau am 11. Februar 2004, kurz nach seiner Wahl zum Präsidenten, vereinbarte Saakaschwili mit der russischen Führung eine Kooperation zur Sicherung der gemeinsamen Grenze, dazu zählten gemeinsame Patrouillen. Kurz darauf kündigte er an, „mit aller Härte" gegen die Verbreitung der „wahhabitischen Ideologie" vorzugehen. Das Pankisi-Tal werde nicht den Wahhabiten überlassen, „Georgien ist ein säkulärer Staat". Er werde es auch nicht zulassen, wenn nach der Schneeschmelze im Frühjahr tschetschenische Kämpfer in das Pankisi-Tal kämen.[25]

Aufgrund solcher Ankündigungen befürchteten Changoschwili und andere, sie könnten nach Russland ausgeliefert werden. In einigen Fällen geschah dies auch. Changoschwili wurde ebenfalls in das Zentrum für Terrorismusbekämpfung des georgischen Innenministeriums einbestellt. Er sei aber nach einer langen Vernehmung zurückgekehrt und habe sich zufrieden mit den Gesprächen gezeigt, so seine Ehefrau. Offenbar war er mit seinen Gesprächspartnern übereingekommen, nichts gegen die Sicherheitsinteressen Georgiens zu unternehmen. Dafür könnten er und seine Kameraden sich so für Tschetschenien einsetzen, wie sie es für angemessen hielten. Um diese Zeit wurde Changoschwili Informant und Mittler zwischen Tschetschenen und georgischen Sicherheitsbehörden. Er habe sich um Streitigkeiten und Probleme der Menschen im Pankisi-Tal gekümmert und sei als Vermittler allseits gefragt gewesen, berichteten mehrere Gesprächspartner.

Sein Verbindungsmann zu den georgischen Sicherheitsbehörden war der damalige Vizeinnenminister Giorgi Lortkipanidse. Der 1968 geborene Georgier arbeitete bereits unter Schewardnadse als Agent bei der Terrorismusabwehr des georgischen Geheimdienstes. Als Zeuge vor dem Berliner Kammergericht sagte Lortkipanidse, er habe Changoschwili seit 1999 gekannt und ihn dann 2005 als Informanten gewonnen: „Selimchan hat geholfen, Menschen zu identifizieren, die mit schlechten Absichten kamen." Changoschwili habe nicht gewollt, dass Georgien zu einem Ort der Gewalt werde wie Tschetschenien. Sie hätten sich ein- bis zweimal im Monat getroffen und sonst telefoniert. Changoschwili habe kein Geld bekommen, sagte Lortkipanidse Ende April 2021.[26]

Der ehemalige Präsident Saakaschwili bestätigte der Autorin ein Jahr nach Changoschwilis Tod, dass dieser der Regierung zugearbeitet und bei Krisen zwischen ihr und den Tschetschenen vermittelt habe. Changoschwili und Saakaschwili verband die Feindschaft gegen die russische Zentralregierung und den tschetschenischen Machthaber Kadyrow. Auch wenn er frommer Muslim war, teilte Changoschwili den transatlantischen Kurs Saakaschwilis, wie Posts auf seinem Facebook-Account zeigen. Weder die USA noch die europäischen Staaten sahen Changoschwili und seine Mitstreiter als Gegner. Für viele Tschetschenen wurde Europa zum Fluchtort und Rückzugsort, wo sie hofften, Ruhe zu finden.

Lortkipanidse bestätigte, dass ein weiterer Tschetschene, Omar Salukwadse, mit dem Antiterrorismuszentrum Georgiens zusammengearbeitet hat. Salukwadse sagte ebenfalls als Zeuge im Tiergartenmordprozess aus. Er hat in beiden Tschetschenienkriegen gekämpft und lernte Changoschwili in der Zeit vor dem zweiten Krieg kennen. Sie hätten eine militärische Ausbildung bekommen.[27]

Dank dieser Zeugenaussage und einiger Interviews, die Lortkipanidse in den vergangenen Jahren gegeben hat, ergibt sich ein kleiner Einblick in die übersichtliche Szene von Tschetschenen mit Verbindungen nach Georgien, in der sich Changoschwili bewegte. So erwähnte Lortkipanidse ihn in einem Interview 2014 in einem Atemzug mit einem Tschetschenen, einer ebenso schillernden wie undurchsichtigen Persönlichkeit mit mehreren Tarn- und Aliasnamen: Sein Kampfname war Zona, er war darüber hinaus als Ruslan Papaskiri, Ali Dubajew und Timur Machauri bekannt. Er soll es gewesen sein, der einen Lastwagen mit Waffen und Sprengstoff zum Terroristen Schamil Bassajew gefahren hatte. Der Wagen explodierte, als Bassajew ihn inspizierte. Machauri werden weitere Morde an hochrangigen Tschetschenen im Auftrag des FSB zugeschrieben. Angeblich soll er sich zusammen mit Changoschwili auf Vereinbarungen mit FSB-Mitarbeitern eingelassen haben, um diese dann zu hintergehen. Machauri soll auch gegen russische Truppen im Krieg 2008 in Georgien, in Syrien sowie in der Ostukraine gekämpft haben.

Was Machauris Verbindungen zum georgischen Sicherheitsapparat angeht, so wird Lortkipanidse in dem Interview aus dem Jahr 2014 mit abwiegelnden Worten zitiert, der ihn dort Papaskiri nannte: „Weder Changoschwili noch Ruslan Papaskiri sind meine Agenten. Ich hatte und habe weiterhin freundschaftliche Verbindungen zu ihnen." Für die georgischen Sicherheitsorgane sei es wichtig gewesen, Informationen zu bekommen und die Kontrolle über die Lage zu behalten. Man habe sich auf die Autorität Papaskiris und Changoschwilis verlassen.[28]

Vergleichbar ist wohl die Motivation Lortkipanidses einzuschätzen, Achmed Tschatajew als Informanten und Vermittler zum islamistischen Untergrund im Nordkaukasus zu rekrutieren, was er in einem Interview im Jahr 2017 zugab. Auf diese Weise habe man mehrere Terroranschläge in Georgien verhindern können.[29] Auch Tschatajew war eine höchst problematische Figur. Ihm wurde unter anderem ein Anschlag auf den Atatürk-Flughafen in Istanbul im Frühjahr 2016 zugeschrieben. Im November 2017 kam er bei einem Polizeieinsatz gegen ihn in einem Wohngebiet in Tiflis ums Leben. Er soll sich mit einer Handgranate getötet haben.

Für die russische Führung war der Umgang Georgiens mit diesen Tschetschenen ein Grund, in Frage zu stellen, ob Saakaschwili in lauterer Absicht handelte. So warf im Jahr 2010 der damalige russische NATO-Botschafter Dmitri Rogosin Saakaschwili vor, dieser wolle im Nordkaukasus Unruhe stiften. Rogosin sagte im Interview mit der Autorin, es gebe Verbindungen zwischen der georgischen Regierung und Extremisten im Nordkaukasus. Als Beleg führte er jedoch keine Namen wie Machauri oder Tschatajew an. Er sagte, Saakaschwili habe dem Anführer des Kaukasus-Emirats, Doku Umarow, angeboten, im georgischen Fernsehen aufzutreten. Als „absurd" wies der damalige Vizeaußenminister Giga Bokeria diese Behauptung zurück. Mit solchen falschen Informationen rechtfertige die russische Regierung ihr aggressives Verhalten gegenüber Georgien, sagte er der Autorin.

Saakaschwili hatte allerdings die Gründung eines georgischen Fernsehsenders initiiert, der sein Programm in den Nordkaukasus ausstrahlte. Dieser ging Anfang 2010 als Erster kaukasischer Kanal auf Sendung. Zu den Gästen zählte die Witwe von Dschochar Dudajew, der Tschetschenien in die Unabhängigkeit geführt hatte und dessen erster Präsident war. Die anfänglichen Versuche der Kooperation zwischen der georgischen und der russischen Führung nach der Machtübernahme Saakaschwilis waren allerdings bereits im Jahr 2004 gescheitert. Sie schlugen um in Spannungen, die sich in den Folgejahren auf die abtrünnigen georgischen Regionen Südossetien und Abchasien konzentrierten.

Wie in einer Spirale spitzte sich die Lage über Jahre zu, bis sie im August 2008 in einem fünftägigen Krieg eskalierte, der in Südossetien begann. Das von Georgien abtrünnige Gebiet liegt knapp 70 Kilometer westlich des Pankisi-Tals. Nachdem südossetische Milizen und die georgischen Streitkräfte einander seit Ende Juli immer heftiger beschossen hatten, gab Saakaschwili am Abend des 7. August den Befehl zum Angriff auf die Hauptstadt Zchinwali. Russland nahm dies zum Anlass für einen Einmarsch weit über die Region Südossetien hinaus. Russische Streitkräfte hatten in den Tagen zuvor Militärübungen abgehalten und waren danach in Kampfbereitschaft geblieben. Die russischen Truppen rückten bis wenige Kilometer vor Tiflis vor.

In dieser Lage sammelten sich im Pankisi-Tal mit Changoschwili bis zu 200 freiwillige Kämpfer, bereit für den Einsatz gegen die russischen Truppen. Da aber der damalige französische Präsident Nicolas Sarkozy, der die EU-Ratspräsidentschaft innehatte, bereits einen Waffenstillstand aushandelte, kamen die Tschetschenen nicht mehr zu einem Kampfeinsatz. Auch wenn georgische Sicherheitskräfte die Grenze zu Russland bewachten, waren die Freiwilligen in den Bergen um Pankisi unterwegs, erinnert sich der Journalist Bordsikaschwili, der damals selbst noch zu jung zum Kämpfen war: „Sie wollten bereit sein zur Verteidigung von Pankisi. Ich weiß es noch genau, weil ich damals mit anderen Jungs in den Bergen unterwegs war. Sie forderten uns auf, sofort Bescheid zu geben, wenn Fremde kommen. Weil Pankisi schon einmal bombardiert worden war und es auch diesmal Drohungen gab, rechneten sie damit, dass die Russen auch im Pankisi-Tal wieder etwas unternehmen.“ Doch blieb es dort ruhig.

Der Lopota-Vorfall 2012

Saakaschwili und seine Mitstreiter verloren angesichts des desaströsen Krieges und aufgrund ihrer zunehmend autoritären Regierungsführung ihre Reputation als einstmals westlich orientierte Demokraten. Auch eine forcierte, geradezu hektische Modernisierung des Landes konnte den Ansehensverlust nicht ausgleichen. Als aussichtsreicher Opponent stand ihm der schwerreiche Geschäftsmann Bidsina Iwanischwili gegenüber. Dieser hatte die Regierung lange aus dem Hintergrund finanziert, sich aber mit Saakaschwili überworfen. Im Oktober 2011 trat er mit der Ankündigung an die Öffentlichkeit, bei der Parlamentswahl ein Jahr später mit einer eigenen Partei namens Georgischer Traum anzutreten. Im Wahlkampf war die politische Stimmung angespannt, der Machtverlust der Partei Saakaschwilis lag bereits in der Luft. In dieser Lage sorgte die Nachricht von einem Zwischenfall nahe des Pankisi-Tals für Aufsehen, zumal die Informationslage dazu undurchsichtig blieb. Der Fall wurde mangels unabhängiger strafrechtlicher und politischer Aufarbeitung nie vollständig aufgeklärt.

Bekannt wurde, dass 17 bewaffnete Männer aus Dagestan und dem Pankisi-Tal die Grenze nach Russland hatten überqueren wollen, von georgischen Grenzschützern aber davon abgehalten worden waren. Die Männer nahmen am 26. August 2012 fünf Jugendliche aus dem Dorf Lapankuri als Geiseln und zogen mit ihnen in die Berge der Lopota-Schlucht, die östlich des Pankisi-Tals liegt. Sie tauschten die Jugendlichen gegen einen Grenzschützer aus, wollten aber nicht aufgeben. Die georgische Regierung setzte einen Krisenstab ein, dem auch Lortkipanidse angehörte. Dieser rief Changoschwili mitten in der Nacht an und bat ihn, als Vermittler tätig zu werden. Changoschwili sei überrascht und verärgert gewesen, erzählte seine Frau. Er habe Achmed Tschatajew angerufen, der damals offizieller Vertreter des Kaukasischen Emirats war. Changoschwili vermutete offenbar, dass er es war, der die Männer geschickt hatte. Nun sollte er auch dafür sorgen, dass sie wieder abzögen. Lortkipanidse brachte beide, Changoschwili und Tschatajew, in die Lopota-Schlucht, wo sie die Männer zum Aufgeben bewegen sollten. Doch die Gruppe bestand darauf, die Grenze nach Russland zu überqueren. Dort waren jedoch bereits russische Sicherheitskräfte in Stellung gegangen, eine Eskalation mit Russland drohte. Als sich Changoschwili ohne Vermittlungserfolg zurückzog, blieb Tschatajew bei den Männern, während sich die georgischen Sicherheitskräfte zum Angriff entschlossen. Elf Mitglieder der Gruppe und drei Sicherheitskräfte wurden getötet. Tschatajew entkam, wurde schließlich am 8. September 2012 aufgegriffen und wegen illegalen Waffenbesitzes zu einer Haftstrafe verurteilt. Im Rahmen einer Amnestie, die die Nachfolgeregierung einige Wochen später veranlasste, wurde Tschatajew allerdings freigelassen. Er setzte sich in die Türkei ab.

Im Pankisi-Tal kursiert unter jungen Männern diese Version: Die schwer bewaffneten Männer hätten nach Russland zum Kämpfen gehen wollen. „Aber die Russen erwarteten sie schon und wollten das ausnutzen. Sie wollten Saakaschwili vorwerfen, Krieg gegen Russland führen zu wollen, um Georgien plattzumachen", erzählt ein Bekannter Changoschwilis. Drei der Männer seien aus dem Pankisi-Tal gewesen. Die anderen hätten zuvor in Europa gelebt, diese habe er nur vom Namen her gekannt.

Der Menschenrechtsanwalt Simon Papuaschwili sprach nach dem Vorfall mit Angehörigen im Pankisi-Tal. Er erfuhr, dass in den vergangenen Jahren zeitweise bis zu 200 Tschetschenen in das Pankisi-Tal gekommen waren, von denen die Einwohner nicht wussten, was sie vorhatten. Es sollen zumeist Tschetschenen gewesen sein, die einen Aufenthaltsstatus als Eingebürgerte oder Flüchtlinge in europäischen Staaten gehabt hätten. Der Vater eines Getöteten habe erzählt, sein Sohn habe einen Job in Österreich gehabt und sich regelmäßig gemeldet. Nach dessen Tod in der Lopota-Schlucht habe der Vater aber von Freunden des Sohns erfahren, dass dieser nie in Österreich gewesen sei, sondern in Ägypten und anderen arabischen Ländern. Dort habe er Religionsunterricht und wahrscheinlich eine militärische Ausbildung erhalten. Danach habe er in einer Wohnung in Tiflis gewohnt. Papuaschwili erzählte von anderen Gesprächspartnern, die die Perspektiven für junge Menschen im Pankisi-Tal als hoffnungslos beschrieben, weshalb es für extremistische Islamisten ein Leichtes gewesen sei, sie zu rekrutierten.

Der damalige Ombudsmann Georgiens, Utscha Nanuaschwili, führte seine eigene Untersuchung durch und warf dem Antiterrorismuszentrum des Innenministeriums vor, Kisten aus dem Pankisi-Tal, andere Tschetschenen und Flüchtlinge aus dem Nordkaukasus rekrutiert und auf dem Militärstützpunkt Vasiani östlich von Tiflis trainiert und dann bewaffnet zu haben. 16 der Männer hätten beschlossen, auf eigene Faust nach Russland zum Kämpfen zu gehen. Nanuaschwili zeigte der Autorin als Beleg für seine Untersuchungen vier Waffenscheine und Ausweise der Beteiligten.

Das Parlament wies Nanuaschwilis Vorschlag zurück, eine eigene Untersuchungskommission einzurichten, weil die Staatsanwaltschaft bereits ermittle. In der Tat wurden Changoschwili und Lortkipanidse mehrfach von Ermittlern befragt. Allerdings galten die Ermittlungen gegen Mitstreiter Saakaschwilis in diesem wie in vielen anderen Fällen als politisch motiviert, nachdem seine Partei die Parlamentswahl im Oktober 2012 verloren hatte. Der danach neu ernannte Generalstaatsanwalt war zuvor Rechtsanwalt von Geschäftsmann Iwanischwili gewesen, der seinerseits Ministerpräsident des Landes wurde und die juristische Verfolgung Saakaschwilis und seiner Mitstreiter zum vorrangigen Ziel erklärte: Im Interview mit der Autorin wiegelte Generalstaatsanwalt Archil Kbiliaschwili ab: Der Lopota-Fall sei „ein sehr sensibles Thema mit politischen Elementen". Ob er die Behauptung zum Training von Tschetschenen durch das Antiterrorismuszentrum des Innenministeriums bestätigen könne? „Ich kann weder dementieren noch bestätigen. Ausgehend von der Politik zu dieser Zeit: Alles ist möglich."

Letztlich blieb ungeklärt, ob die bewaffnete Gruppe diesen Vorfall durch ihr Verhalten ungewollt heraufbeschworen hatte oder ob es eine Aktion war, um den Wahlkampf zu beeinflussen – ob durch Russland, vom Oppositionskandidaten Iwanischwili oder sogar von Saakaschwilis Seite geplant. In den Jahren seiner Präsidentschaft hatte es immer wieder Vorfälle gegeben, die Fragen aufwarfen und nie ganz aufgeklärt wurden. Dazu zählte eine angebliche Meuterei eines Panzerbataillons der georgischen Streitkräfte im Jahr 2009 in Zusammenhang mit einem angeblichen Komplott Russlands zur Destabilisierung Georgiens.

Die Regierung als Gegner

Nachdem Saakaschwili regulär 2013 aus dem Präsidentenamt geschieden war, verließen Lortkipanidse und weitere Mitstreiter Georgien. Andere, wie der ehemals mächtige Innenminister Vano Merabischwili, wurden zu mehrjährigen Haftstrafen verurteilt. Die von Iwanischwili eingesetzten Nachfolger begegneten den

Verbündeten Saakaschwilis mit Argwohn, wenn nicht mit Feindschaft. Die Einwohner des Pankisi-Tals und besonders Informanten wie Changoschwili verloren den Rückhalt, den sie vorher bei Regierung und Behörden gehabt hatten.

Dabei hatte Changoschwili seine Rolle als Vermittler im Lopota-Fall bereits Probleme eingebracht. Unter den Einwohnern und vor allem den nahen Verwandten der Opfer im Pankisi-Tal wurde der Vorwurf laut, er habe den Sicherheitskräften geholfen und folglich den Tod der Männer mit zu verantworten. Als Attentatsmotiv taugt der Lopota-Vorfall aber nicht, waren sich Changoschwilis Frau und der Journalist Bordsikaschwili sicher. Beide berichteten, dass Changoschwili auf die Angehörigen zugegangen sei und seine Rolle bei dem Vorfall zu erklären versucht habe. „Es gab nichts gegen ihn, denn er hat niemanden getötet. Er war nur dort, um zu reden. Hätten ihm Tschetschenen wegen 2012 etwas antun wollen, hätten sie das längst in Pankisi tun können“, sagte Bordsikaschwili der Autorin 2019.

Es waren offenbar Verfolger aus Russland, die ihm nachstellten und seine Familie nicht zur Ruhe kommen ließen. Seine Angehörigen und andere seiner Bekannten aus dem Pankisi-Tal erzählten übereinstimmende Geschichten über mehr oder weniger gut geplante Versuche, Changoschwili gegen finanzielle Belohnung nach Russland zu entführen. Einer Geschichte zufolge konnte Changoschwili einem Möchtegern-Auftragsmörder die Tat ausreden. Lortkipanidse sagt aus, er habe mit tschetschenischen Informanten Anschlagspläne russischer Dienste vereiteln können, indem sie den potenziellen Täter auf ihre Seite gezogen und ein Attentat auf Machauri vorgetäuscht hätten, sodass die Auftraggeber von einer weiteren Verfolgung absahen. Weil die Familie im Pankisi-Tal nicht sicher war, zog Changoschwilis Ehefrau mit den Kindern nach Tiflis, er folgte ihr. Doch dann kam es in der Hauptstadt zu einem Anschlagsversuch, den er nur knapp überlebte. Am Morgen des 29. Mai 2015 schoss jemand unweit der Wohnung im Stadtteil Saburtalo auf ihn. Die Projektile drangen in seinen linken Arm ein, den er hochgerissen hatte, um seinen Kopf zu schützen. Der Täter glaubte wohl, der Angeschossene sei tot, und lief weg. Changoschwili gelang es, in ein Krankenhaus zu fahren. Bei der Obduktion seines Leichnams in Berlin stellt die Sachverständige zahlreiche Narben am linken Arm fest. Sie könnten Folge mehrerer Schüsse gewesen sein, vermutete sie vor Gericht.

Wer der Täter und die Hintermänner waren, wurde nie aufgeklärt, obwohl in der Straße mehrere Videokameras installiert waren. Die Anwältin Tamta Mikeladse vom Zentrum zur Überwachung der Menschenrechte in Tiflis kämpfte darum, dass die Ermittlungsbehörden dem Fall nachgingen. Erst im Mai 2020 seien wichtige Untersuchungen zu Blutspuren, der verwendeten Munition, den Mobilfunkdaten der in der Nähe befindlichen Sendemasten sowie zu Ein- und Ausreisen aus Georgien im zeitlichen Umfeld der Tat angeordnet worden, ohne dass Ergebnisse bekannt geworden wären. Videomaterial aus den Überwachungskameras wurde offenbar zerstört. Dies belege einmal mehr die Ineffizienz der georgischen Ermittlungsbehörden und bestärke den Eindruck bewusster Gleichgültigkeit und Nachlässigkeit gegenüber den rechtlichen Interessen und der Sicherheit der eigenen Bürger, kritisierte Mikeladse. Auch ein Antrag auf Schutz Changoschwilis sei abgelehnt worden.

Nach dem Urteil gegen Krassikow äußerte sich die Regierung erstmals zu dem Fall. Das georgische Außenministerium teilte knapp mit, es „verurteile die Ermordung des georgischen Staatsbürgers und bringe seine Besorgnis darüber zum Ausdruck“. Man fordere die Weltgemeinschaft auf, „den Vorfall angemessen zu bewerten“.[30]

Die Menschen im Pankisi-Tal und anderswo im Land hätten den Umgang mit dem Mord als Geste unterwürfiger Loyalität gegenüber Russland verstanden, meinte Mikeladse. Für sie sei nach dem Attentat 2015 klar gewesen, dass die georgische Regierung Changoschwili nicht beschützen würde. Deshalb hätten sich Freunde und Verwandte um seine Sicherheit gekümmert, erzählte Bordsikaschwili. Nachdem Changoschwili erneut vor einem Attentat gewarnt worden war, verließ er Georgien. Er folgte Lortkipanidse und Saakaschwili in die Ukraine.

Keine Sicherheit, nirgends

Nachdem seine Schusswunden am Arm verheilt waren, reiste Changoschwili Mitte Oktober 2015 in die südwestukrainische Hafenstadt Odessa. Seine Ehefrau und die Kinder blieben zunächst in Tiflis. Da sie sich überall verfolgt fühlten, verließen aber auch sie bald das Land. Polen hätte für sie Transitland sein sollen, doch bei der Einreise erfuhren sie, dass ihre Visa für ungültig erklärt worden waren, sie mussten deshalb in ein Flüchtlingslager. Im August 2016 erhielt Tsatiewa an mehreren Tagen Droh-SMS auf ihr Mobiltelefon. Darin standen auf Russisch Sätze wie: „Wir wissen, dass Sie in einem Lager bei Warschau sind“, „Wir wissen, dass Sie Kinder haben“, „Wohin ihr auch reist, wir lassen euch nicht in Ruhe.“ Und: „Glaube nicht, dass Dein Mann sicher ist.“

Absender war eine georgische Telefonnummer. Sie meldete den Vorfall der Polizei in Polen. Wem die Nummer gehörte, konnten die Ermittler nicht klären. Auch Changoschwili habe in Berlin Mitteilungen mit ähnlichen Drohungen bekommen, erfuhr Tsatiewa von dessen Schwester. „Deine Hölle beginnt erst jetzt“, war eine davon. „Wir werden es uns zur Ehre anrechnen, Dich und Deine Familie zu Fall zu bringen. Wir beginnen mit Deinen Kindern. Deutschland wird Dir nicht helfen!“ Außerdem: „Vergiss nicht, dass Dein Bruder heranwachsende Söhne hat. Du und

Dein Bruder werden es bedauern, dass sie in diese Welt geboren wurden."

Im Juni 2017 gelang es Tsatiewa nach mehreren Versuchen, mit ihren Kindern nach Deutschland zu reisen. Changoschwili war da bereits seit sechs Monaten in Berlin, und er hatte eine neue Partnerin. Mit ihr wohnte er unweit des späteren Tatorts. Für Tsatiewa war dies der letzte Grund, sich von ihrem Ehemann zu trennen. Sie kam mit den Kindern in Brandenburg unter.

Seine zweite Ehefrau hatte Changoschwili in Odessa kennengelernt. Eine Woche nach ihrer ersten Begegnung heirateten sie nach muslimischem Recht. Sie wurden von einem befreundeten Mullah getraut. Sonst war Changoschwilis Leben von Sorgen geprägt. Ihn verfolgten die Warnungen vor neuen Anschlägen. Nach Georgien traute er sich nicht zurück, solange die politischen Gegner Saakaschwilis an der Macht waren. In Odessa konnte er seine Geschäfte aber kaum weiterverfolgen. Er war auf die Unterstützung von Freunden und Angehörigen angewiesen.

Saakaschwili und Lortkipanidse hingegen bekleideten wichtige Ämter in Odessa. Beide waren inzwischen ukrainische Staatsbürger geworden. Saakaschwili war dank seines Freundes Petro Poroschenko, damals Präsident der Ukraine, Gouverneur der Region Odessa geworden. Lortkipanidse wurde Polizeichef der Stadt. Sie versuchten, die Korruption und das Banditentum zu bekämpfen, das vom Hafen in Odessa und von der von Moldau abtrünnigen Region Transnistrien, das an die Ukraine grenzt, ausging. Ein Job für Changoschwili fiel dabei nicht ab.

Es waren Changoschwilis Freunde aus Georgien, die sich um seinen Schutz kümmerten. Sie schickten den damals 25-jährigen Issa und einen weiteren jungen Mann aus dem Pankisi-Tal mit einem gepanzerten Auto nach Odessa, wie er der Autorin 2023 in einem Interview erzählte. Issa kannte Changoschwili von klein auf als Kämpfer, nun sollten die beiden jungen Männer ihn beschützen. Issa kam im Winter 2016 bei Changoschwili an, der ein Haus gemietet hatte. Sie seien immer vorsichtig gewesen, wenn sie rausgingen. Weil Changoschwili Herzbeschwerden hatte, sei er auf Anraten eines Arztes regelmäßig ins Schwimmbad gegangen. Sie begleiteten ihn dorthin und zum Fitnesstraining. Alle zwei, drei Wochen hätten sie sich mit Lortkipanidse getroffen. Changoschwili habe Issa als kleinen Bruder vorgestellt. Einmal habe er gesehen, wie Lortkipanidse ein großes Bündel Geldscheine an Changoschwili überreicht habe. Offenbar sollte das Geld helfen, über die Runden zu kommen.

Saakaschwili erinnerte sich 2020 im Gespräch mit der Autorin nicht daran, was Changoschwili in Odessa getan hatte. „Aber in der Ukraine gibt es eine große tschetschenische Diaspora. Als ich Gouverneur in Odessa war, waren alle dort. Sie sind sehr friedlich und sehr integriert." Die tschetschenischen Kämpfer seien übrigens schon damals ein wichtiger Faktor des ukrainischen Widerstands gegen die russische Invasion in der Ostukraine gewesen. „Sie waren sehr diszipliniert und haben einen guten Ruf, nicht nur im Hinblick auf den Kampf, sondern auch im Umgang mit der lokalen Bevölkerung, denn das ist auch ein heikles Thema in der Ukraine." Damit bezog er sich auf den Ruf der Tschetschenen als brutale Gewalttäter, ein rassistisches Vorurteil, das durch russische Propaganda geschürt wurde.

Changoschwili beteiligte sich nicht an den Kämpfen in der Ostukraine – da sind sich der Journalist Bordsikaschwili und andere sicher. Er sei dort nicht gesehen worden, es habe auch keine Berichte in den Medien gegeben. Aber sicherlich habe er Kontakt zu tschetschenischen Kämpfern gehabt.

Issa traf den Tschetschenen Timur Machauri in Kiew, als Changoschwili bereits in Deutschland war. Dann habe ihn Lortkipanidse gewarnt: Ein Auftragsmörder sei in der Ukraine unterwegs, sie sollten besser ausreisen. Der damalige Polizeichef von Odessa sollte recht behalten: Machauri wurde am 8. September 2017 in Kiew mit einer Autobombe getötet. Das tschetschenische Kämpferpaar Adam Osmajew und Amina Okujewa wurde zweimal angegriffen. Den zweiten Angriff überlebte Okujewa nicht. Lortkipanidse wiederum wechselte zum ukrainischen Geheimdienst SBU und wurde im März 2022 zum Vizechef der Spionageabwehr ernannt – eine wichtige Rolle im Krieg gegen Russland.[31]

Changoschwili seinerseits hoffte, in Berlin Ruhe zu finden. Er schränkte seine persönlichen Kontakte ein und kümmerte sich vor allem um seine beiden Familien. 2018 bekam seine neue Partnerin ein Kind. Eine seiner Töchter aus erster Ehe zog zu ihm nach Berlin, wo sie eine Ausbildung zur Bürokauffrau absolvierte. Seinen Sohn, der in einem Brandenburger Fußballverein spielte, wollte Changoschwili an einer Sportschule in Berlin anmelden. Er lernte Deutsch, machte seinen Führerschein und wollte beruflich etwas Neues aufbauen, wenn er in Deutschland Bleiberecht bekommen würde. Er bezog Sozialhilfe, mit Unterstützung von Freunden seien sie über die Runden gekommen, beschrieb seine zweite Ehefrau vor Gericht das Leben in Berlin. Wenn er Zeit gefunden habe, sei er freitags in die Moschee gegangen. Die Richter sahen keine Anhaltspunkte dafür, dass Changoschwili „in Deutschland noch politisch tätig war, geschweige denn extremistischen oder gar terroristischen Ideen nachging".

Für den Abend seines Todestages war Changoschwili mit Saakaschwilis Ehefrau Sandra Roelofs verabredet. Er hätte sie vom Bahnhof abholen wollen, zu ihrem ersten persönlichen Treffen. Bis dahin hatten sie nur telefoniert. Sie stammt aus den Niederlanden und war auch nach ihrer Zeit als First Lady in der georgischen Politik aktiv, kandidierte gar für Abgeordnetenmandate. In Europa wollte sie sich für die tschetschenische Diaspora engagieren. Deshalb hatte sich Changoschwili bereiterklärt, ihr Berlin zu zeigen und ihr Diasporatschetschenen vorzustellen, erzählte Saakaschwili

2020. Changoschwili habe zwei Identitäten – als Georgier und als Nordkaukasier – gehabt. Er sei alles andere als ein „Bandit" gewesen, wie Putin ihn genannt hat. Changoschwili habe bei gewalttätigen Zwischenfällen vermittelt und versucht, Konflikte zu klären, „damit die Gewalt nicht ihren Weg findet. Das war auch seine Botschaft in Europa. Jemanden wie ihn loszuwerden, bedeutete für Putin, dass er auch der tschetschenischen Diaspora die Hoffnung nehmen wollte", so Saakaschwili. Auch der Menschenrechtsanwalt Simon Papuaschwili, der in Brüssel lebt, hält es für möglich, dass sich Changoschwili in der tschetschenischen Diaspora engagieren wollte und der Mord für die Gemeinde ein Signal sein sollte.

„Die heutigen Machthaber in Russland oder in Tschetschenien akzeptieren keine Andersdenkenden. Sobald einer etwas anderes denkt als sie mit ihren beschränkten Denkmustern, sehen sie in diesen Menschen ernsthafte Gegner, die sich möglicherweise eines Tages gegen sie erheben könnten", resümierte Tsatiewa im Interview mit der Autorin die Risiken, die für Andersdenkende von Russland und Tschetschenien ausgehen. Sie bedankt sich ausdrücklich bei den Rechercheuren und Journalisten von Bellingcat, *The Insider* und *Spiegel* für ihre Arbeit: „Wenn es sie nicht gäbe, wäre die Sache hier so wie in Georgien im Sande verlaufen, da bin ich so gut wie sicher."

Ihre Skepsis gegenüber den deutschen Behörden kam nicht von ungefähr. Das Bundesamt für Migration und Flüchtlinge lehnte am 1. März 2017 Changoschwilis Antrag auf Asyl und Zuerkennung internationalen Schutzes ab. Es drohte die Abschiebung an, sollte er nicht nach Georgien ausreisen. Das Verwaltungsgericht Potsdam wies am 19. Januar 2018 seine Klage dagegen ab: Bei den von ihm beschriebenen Umständen handele sich um ein „ins Blaue behauptetes, unüberprüfbares Szenario allein zu dem Zweck, den illegalen Aufenthalt über das Asylverfahren in ein Bleiberecht zu wandeln". Die Richter in Potsdam glaubten nicht einmal, dass es sich beim Kläger um die Person handelte, die Changoschwili behauptete zu sein. Sie bezweifelten, dass die Behörden in Georgien tatenlos zusehen würden, wenn er dort von „den Russen" verfolgt würde – der von der Anwältin Mikeladse dokumentierte Umgang mit dem Anschlagsversuch 2015 belegte das Gegenteil. Außerdem, so das Potsdamer Gericht, könnten ihm „die Russen" genauso problemlos in Deutschland nachstellen, hieß es in der Potsdamer Entscheidung, aus der das Kammergericht in seinem Urteil zitierte. Die Potsdamer Richter hielten es darüber hinaus nicht für glaubhaft, dass Changoschwili an einer Herzerkrankung litt, obwohl er dies mit einem Attest belegt hatte. Auch die Obduktion nach seinem Tod ergab: Changoschwili litt an einer krankhaften Vergrößerung seines Herzens, die ihn gesundheitlich einschränkte.

Das Bundesamt für Migration und Flüchtlinge gewährte Tsatiewa und den vier Kindern am 19. Oktober 2019 immerhin einen Schutzstatus als Flüchtlinge, zwei Monate nach dem Mord an Changoschwili – dies sicherlich auch auf politischen Druck hin. Sein Bruder Surab kämpfte derweil in Schweden um Aufenthaltsrecht für sich und seine beiden Söhne, die in den SMS-Nachrichten an Changoschwili bedroht worden waren. Obwohl er Nebenkläger war, durfte er nicht zum Gerichtsprozess nach Deutschland kommen. Auch an der Beerdigung Changoschwilis im Pankisi-Tal konnte er nicht teilnehmen, weil er um seine Sicherheit fürchtete.

Auch Issa, der Changoschwili in Odessa beschützt hatte, fürchtet um seine und die Sicherheit seiner Familie. Als der 32-Jährige im Mai 2022 nach Georgien einreiste, sei er dreimal von Mitarbeitern des Geheimdienstes Staatlicher Sicherheitsservice Georgiens (SSSG) vernommen worden: am Flughafen, einen Tag danach und nochmals zwei Wochen später in einer Polizeistation im Pankisi-Tal. Die drei Geheimdienstmitarbeiter – Issa erinnert sich an die Namen Morisi, Vano und Dato – wollten offenbar seine Verbindung zu Changoschwili und darüber zu Saakaschwili nutzen, um von ihm politisch relevante Aussagen zu erpressen.[32]

Saakaschwili war im Herbst 2021 nach Georgien zurückgekehrt, obwohl ihm eine mehrjährige Haftstrafe wegen Amtsmissbrauchs erwartete und neue Gerichtsverfahren drohten. Wenige Tage nach seiner Ankunft wurde Saakaschwili aufgegriffen und zunächst in ein Gefängnis in der Industriestadt Rustawi, später in eine Haftanstalt in Tiflis gebracht. Er trat in Hungerstreik, brach ihn wieder ab, beklagte gesundheitliche Probleme. Er wurde in einem Krankenhaus untergebracht. Schließlich behaupteten seine Anwälte und Experten, Saakaschwili sei mit Schwermetallen vergiftet worden. Er müsse zur Behandlung ins Ausland gebracht werden. Er selbst wirft der georgischen Regierung vor, vollenden zu wollen, was Putin während des Kriegs 2008 dem damaligen französischen Präsidenten Nicolas Sarkozy verkündet hatte: ihn töten zu wollen, „ihn an den Eiern aufzuhängen", wie Putin es mit den für ihn typischen drastischen Worten ausdrückte. Aufnahmen von einer Gerichtsverhandlung im Dezember 2022, zu der Saakaschwili per Video aus dem Krankenhaus zugeschaltet wurde, zeigen den 55-Jährigen in einem alarmierenden gesundheitlichen Zustand. Er war ergraut und abgemagert, hatte sichtlich geistig und körperlich abgebaut.[33]

Die georgische Regierung jedoch behauptete, Saakaschwili simuliere nur, er wolle lediglich ein Ende seiner Haft erreichen. Offenbar will die Regierung zugleich für den Fall vorbereitet sein, dass Saakaschwili die Haft nicht überlebt. Zumindest erzählte Issa, die Geheimdienstagenten hätten von ihm Aussagen gefordert, wonach Saakaschwili von seiner eigenen Partei UNM nach Georgien zurückgelockt worden sei und dank ihrer Hilfe habe verhaftet werden können. Außerdem habe er erklären sollen, dass die Partei schuld sei, wenn der ehemalige Präsident in Haft sterbe. Das klingt weit hergeholt, doch machte dessen Gegenspieler, der Geschäftsmann Iwanischwili, nie einen Hehl aus seinem Hass auf Saakaschwili. Die Regierung zeigte keinerlei Kompromissbereitschaft, das zuständige Gericht in Tiflis hat mehrfach eine Haftaussetzung abgelehnt.

Issa und viele andere in Georgien halten ihre Regierung für Putin-hörig, sei es aus Überzeugung oder aus Schwäche und Inkompetenz – zum Beispiel im Umgang mit dem Krieg Russlands gegen die Ukraine, bei dem sich die Regierung sehr zögerlich mit klaren Statements zeigte und keine Sanktionen verhängte. Viele trauen ihr nicht. Sie sehen dies nicht nur darin begründet, dass Changoschwili als Verbündeter des ehemaligen Präsidenten nach dem Attentat 2015 keinen Schutz erhielt und die Ermittlungen dazu ins Leere liefen. Auch andere Fälle bestätigen ihr Misstrauen gegenüber den Sicherheitskräften. So wurde etwa im Dezember 2017 der 19-jährige Temirlan Machalikaschwili von Spezialeinheiten des SSSG erschossen, als er nachts in seinem Bett lag. Er soll eine Handgranate in der Hand gehalten haben, begründeten die Behörden das Vorgehen. Diese Handgranate lag als Beweismittel nicht vor, sie sei vernichtet worden, hieß es. Die Staatsanwaltschaft stellte die Ermittlungen gegen die Sicherheitsbeamten ein, weil kein Fehlverhalten festgestellt worden sei. Machalikaschwili war verdächtigt worden, Verbindungen zum Islamisten Tschatajew zu haben. Dieser hatte sich, wie erwähnt, wenige Wochen zuvor mit einer Handgranate getötet, als ihn die Polizei in einem Wohngebiet in Tiflis belagerte. Dass ihm dies nach der unbehelligten Einreise aus der Türkei gelungen war, setzte die Sicherheitsbehörden offensichtlich unter Druck, Härte zu zeigen. Für Machalikaschwilis Angehörige waren der tödliche Einsatz im Pankisi-Tal und die fehlende Aufklärung hingegen ein weiterer Beleg dafür, dass ihr Leben wenig zählt. Das befürchtete auch Issa. Nach den Verhören durch den Geheimdienst gelang es ihm, aus Georgien auszureisen. Sein Asylantrag in Deutschland wurde abgelehnt, eine

Klage dagegen vom Potsdamer Verwaltungsgericht Anfang März 2023 abgewiesen. Er und seine Familie, die gemeinsam in einem anderen EU-Staat lebten, hatten keinen sicheren Status und mussten beständig mit der Ausweisung rechnen. Verbittert stellte er fest: „Die deutschen Behörden glauben uns erst, wenn wir tot sind."

Kapitel 6
Wadim Krassikow – Agent oder einfacher Krimineller?

Er ist ein Held. Als Panzerkommandant fällt seine Chuzpe einem vorgesetzten Oberstleutnant auf, der ihn fortan mit geheimen Aufträgen zum Schaden von rivalisierenden Parteifunktionären und KGB-Oberen bedenkt. Er wird vom GRU rekrutiert und besteht dort zermürbend harte Prüfungen, um dann als Geheimagent an die russische Botschaft in Wien geschickt zu werden, von wo aus er schließlich zu den Briten überläuft. Es ist eine in Teilen autobiografische Geschichte, die der Überläufer Wladimir Resun unter dem Pseudonym Viktor Suworow im 1985 erschienenen Spionageroman *Aquarium* beschreibt. Das Buch hatte Einfluss auf die Vorstellungen von den Fähigkeiten und Waffen der russischen Spezialeinheiten, es trug zu ihrem Mythos als tödliche Bedrohung für die NATO bei. Vieles davon habe sich nach dem Ende der Sowjetunion als übertrieben oder falsch herausgestellt, schreibt der Russlandexperte Mark Galeotti in seinem Buch über „Putins Kriege".[1]

Dies spielte für einen BKA-Beamten jedoch keine Rolle. Er sah in dem Buch eine willkommene Gelegenheit, ein Gespräch mit Krassikow auf dessen mutmaßliches Berufsfeld zu lenken. Der redete gerade über die Lektüre von Jack Londons Abenteuerromanen, während sie am 11. Februar 2020 in den Hafträumen des Bundesgerichtshofs in Karlsruhe warteten. Krassikow biss an. Bereitwillig ging er auf *Aquarium* ein. Der Titel ist Synonym für das Hauptquartier des GRU in Moskau. Die Beschreibung der

Spionageausbildung sei übertrieben, meinte Krassikow. Realistischer sei die Beschreibung in einem anderen Buch: *Stark im Geist* (Сильные духом) von Dmitri Medwedjew,[2] welches er gern noch einmal lesen würde. Es ist eine sowjetische Heldensaga aus dem Zweiten Weltkrieg über den Kampf russischer Partisanen hinter feindlichen Linien, erschienen 1951 und 2010 neu aufgelegt. Der russische Investigativjournalist und Geheimdienstexperte Andrej Soldatow kennt das Buch. In den vergangenen Jahren habe es keine große Rolle mehr gespielt. Die Hauptfigur sei eher Killer als Spion gewesen, aber doch ein Held. Dass Krassikow das Buch bevorzuge, ergebe für ihn Sinn, so Soldatow.

Der BKA-Beamte stellte die naheliegende Frage, als Krassikow über die Ausbildung russischer Agenten fachsimpelte: „Das wissen Sie?“ Geantwortet habe Krassikow mit einem Schulterzucken: Das wisse man eben. So berichtete es der BKA-Beamte als Zeuge vor Gericht.[3]

Lebenslauf mit Lücken

Es war eines der Puzzleteile, aus dem sich während des Tiergartenmordprozesses das Bild von der Persönlichkeit des Angeklagten ergab. Auch wenn er alles unternahm, um sich von der Person Wadim Krassikow zu distanzieren, war sein Verhalten auf eine Weise beredt, dass es zusammen mit den zahlreichen Indizien und Belegen das stimmige, wenn auch schemenhafte Bild eines Mannes ergab, der sein Leben im Sicherheitsapparat Russlands und dessen Umfeld verbracht hatte. Einige Aspekte, die auf den ersten Blick widersprüchlich erscheinen, lassen sich mit einem spezifischen Milieu in Russland erklären, das sich aus Verbindungen zwischen dem staatlichen Sicherheitsapparat mit der Privatwirtschaft bis hinein in die organisierte Kriminalität ergibt.

Ausgehend von seinem Namen konnten, wie in den ersten Kapiteln geschildert, die Bellingcat-Rechercheure und die deutschen Ermittler den Werdegang Krassikows bis zu dessen Geburtsort und -datum zurückverfolgen. Allerdings blieb die Rekonstruktion des Lebenslaufs lückenhaft. Aus Sowjetzeiten liegen nicht viele Dokumente digitalisiert vor. Außerdem wurden Krassikows Akten offenbar manipuliert, sie enthalten falsche Angaben über Arbeitgeber und Wohnadressen, manche Daten fehlten komplett. Schließlich waren Krassikows Telefonnummern und andere persönliche Daten nicht im Internet zu finden. Dem Bellingcat-Rechercheur Grozev zufolge gab es in den staatlichen Datenbanken Akten auf den Namen Wadim Krassikow ohne Inhalte. Dies sei nur möglich, wenn eine Akte angelegt und die Daten darin nachträglich gelöscht worden seien.

Anders als bei der Scheinidentität Wadim Sokolow fanden die Rechercheure im Netz Hinweise darauf, dass Krassikow eine real existierende Person ist. Wohnadressen und andere Daten Krassikows rekonstruierten sie schließlich über seine zweite Ehefrau, von der sich online Spuren fanden. Grozev berichtete außerdem von einer Anzeige, die eine Cousine der Mutter Krassikows auf einer Internetseite zur Verwandtensuche gefunden hatte. Auch die BKA-Ermittler fanden die Anzeige. Die Richter luden zudem zwei Zeuginnen vor, die mit der ersten Ehefrau Krassikows in die Schule gegangen waren und später noch Kontakt zu ihr hatten. Als sie nacheinander vor Gericht aussagten, zeigte sich der Angeklagte geradezu galant: Auf Bitten von Richter Arnoldi nahm er seine Coronaschutzmaske ab, stellte sich jeweils in Richtung der Zeuginnen – und machte eine leichte Verbeugung mit der Andeutung eines Lächelns. Er wirkte so, als sei er sich sicher, dass sie ihn nicht identifizieren würden.

Zeuge V. aus Charkiw erzählte, sein Schwager Krassikow habe eine Ausbildung bei den Luftlandetruppen in Rjasan in Zentralrussland durchlaufen und sei in Afghanistan im Einsatz gewesen. Da Krassikow 1965 im heutigen Kasachstan geboren wurde, hätte er dieser Erzählung zufolge in jungen Jahren den Krieg erlebt, bevor die Sowjetarmee 1989 aus Afghanistan abzog. Da war er 24 Jahre alt.

Seine Tattoos habe er sich mit 25 stechen lassen, erzählte Zeuge V. dem BKA-Beamten in Karlsruhe. Die Motive seien ohne besondere Bedeutung und hätten keinen kriminellen Bezug. Er sei noch nie im Gefängnis gewesen. Herkunft und Bedeutung der Tattoos blieben bis zum Ende des Gerichtsprozesses ungeklärt. Das BKA hatte Anfragen auch an Spezialisten in Großbritannien gestellt. Doch konnten sie die Tiersymbole keiner der Spezialeinheiten der Sowjetunion beziehungsweise Russlands zuordnen, die in Afghanistan und in den Tschetschenienkriegen im Einsatz waren. Das Tier mit den Flügeln und der Krone auf Krassikows linkem Oberarm könnte nach Einschätzung von Grozev eine Fledermaus darstellen. Sowohl die Sondereinheit Wimpel als auch der GRU verwendeten dieses Tier als Symbol. Grozev wies darauf hin, dass sich Wimpel-Mitglieder in den 1980er Jahren anlässlich von Missionen Tattoos stechen ließen. GRU und Wimpel hätten zudem im Zweiten Tschetschenienkrieg kooperiert. Eine Fledermaus könne demzufolge wechselseitige Loyalität symbolisieren.

Krassikow ließ sich erst Ende 1992 im Alter von 27 Jahren einen gesetzlich vorgeschriebenen Inlandspass ausstellen, der vergleichbar mit einem deutschen Personalausweis ist. Bis dahin könnte er einen Ausweis für Militärangehörige genutzt haben, wobei offenblieb, bei welcher Einheit er gedient haben und ob er im Anschluss zu einer Spezialeinheit gegangen sein könnte, und wenn ja, zu welcher. Die Ermittler fanden Anhaltspunkte für die Spezialeinheit des Innenministeriums Witjas und für Wimpel. Dass Krassikow Wimpel-Mitglied war, davon ging auch sein Schwager aus, da Krassikow T-Shirts und Kalender von Wimpel mitgebracht habe. Diese waren auch auf Fotos der Familie zu sehen, die bei Gericht vorgeführt wurden – wenngleich diese auch für wenige Rubel im Internet feilgeboten werden. Ein weiterer Hinweis ergibt sich durch eine Steuernummer, die Krassikow erst im Jahr 2001 im Alter von 36 Jahren zugewiesen wurde. In der zugehörigen Steuerakte fanden sich Grozev zufolge mehrere fiktive Anstellungen bei Arbeitgebern, die keine Einkommenssteuer für ihn zahlten. Das spreche für eine Alibigeschichte als Arbeitnehmer, wie er sie auch bei hochrangigen GRU-Offizieren im Zusammenhang mit dem Fall Skripal festgestellt habe.

Zwischen 1989 und 2004 war Krassikow zum ersten Mal verheiratet. Aus der Ehe gingen zwei Kinder hervor. Während dieser Zeit war Krassikow in der südrussischen Stadt Irkutsk gemeldet, allerdings laut Grozev von 2001 bis 2009 in einem Studentenwohnheim einer Schule für Architektur und Bauwesen. Aus den zurückhaltenden Aussagen der beiden Schulkameradinnen der Ehefrau ließ sich heraushören, dass ihr Mann beim Militär und sie sehr unglücklich darüber gewesen sei, dass er sie verließ und allein nach Moskau ging. Dort heiratete er seine zweite Ehefrau, die Schwägerin von Zeuge V. aus Charkiw, mit der er eine Tochter hat. V. berichtete von einem großzügigen Leben der Familie in Moskau mit teuren Autos und Auslandsreisen. V. konnte wenig dazu sagen, wie es seiner Schwägerin, der Schwester seiner Frau, ergangen war, nachdem die Identität des Beschuldigten im Tiergartenmord bekannt geworden war. Bellingcat konnte nachvollziehen, dass sie und die gemeinsame Tochter auf die von Russland besetzte ukrainische Halbinsel Krim gebracht wurden und neue Identitäten erhielten. Fotos und Videos der Familie, die vor Gericht präsentiert wurden, zeigen Krassikow als zugewandten Ehemann und stolzen Vater einer kleinen Tochter. Ein Video zeigte ihn bei einem Videospiel mit ihr am Computer, ein anderes einen Schwimmbadbesuch. Ohne erkennbare emotionale Regung ließ der Angeklagte die Stunden im Gerichtssaal über sich ergehen, als Fotos und Videos gezeigt wurden, die offensichtlich ihn mit seiner Familie zeigten. Er ließ seinen Verteidiger erklären, dass er all die Personen aus Charkiw nicht kenne und nichts mit ihnen zu tun habe.

Zwischen Militär und privatem Sektor

Während das Verhalten Krassikows dafürspricht, dass er auf solche Situationen – eine mögliche Inhaftierung und Vernehmungen – vorbereitet und entsprechend trainiert worden war, kritisierte sein Verteidiger Unger, dass im Prozess die Frage nicht geklärt worden sei, weshalb staatliche Behörden Krassikow 2014 bei Interpol zur Fahndung ausschrieben, wenn er doch Mitarbeiter des russischen Geheimdienstes gewesen sei: „Kein Geheimdienst dieser Welt schreibt seinen eigenen Mitarbeiter und schon gar nicht einen leitenden Offizier mit seinem vollen Namen, Foto und allen Daten, Geburtsdatum und Geburtsort weltweit zur Fahndung aus.“ Dieses Argument spreche dagegen, dass die russische Zentralregierung hinter dem Mord an Changoschwili stehe, wie es Richter Arnoldi bei der Urteilsverkündung formuliert habe. Die zentrale Frage ist also, ob Krassikow als Krimineller von der Regierung den Auftrag für einen Mord im Ausland und entsprechende Unterstützung hätte bekommen können.

Mit Blick auf die Entwicklung der staatlichen Institutionen, beginnend in der Sowjetunion bis heute, lautet die Antwort: Ja, Strafverfolgungsbehörden können nach Verdächtigen fahnden, Schwerverbrecher können schon verurteilt sein und trotzdem oder deshalb für den Staat tätig werden. Es ist eine der perfiden Herrschaftsmethoden, die nach dem Angriff auf die Ukraine im Februar 2022 besonders augenfällig wurde: Als den Streitkräften die Soldaten ausgingen, rekrutierte das Söldnerunternehmen Wagner von Geschäftsmann Jewgeni Prigoschin in den Straflagern des Landes Gefangene als Soldaten, die wegen schwerster Delikte einsaßen. Prigoschin, der zu Sowjetzeiten selbst wegen Raubes, Betrugs und weiterer Straftaten in Haft gewesen ist, ist ein prominentes und gut belegtes Beispiel für die Verflechtung von staatlichem und privatem Sektor in Russland. Seine Karriere verdankt er dem persönlichen Kontakt zu Putin, der in den 1990er Jahren in Sankt Petersburg auf ihn aufmerksam wurde, wo sich Prigoschin als Restaurantbesitzer und Caterer betätigte. Als Präsident ließ Putin ihn Staatsbankette ausrichten. Fotos zeigen Prigoschin mit den einstigen Präsidenten Frankreichs und der USA, Jacques Chirac und George W. Bush. Über staatliche Aufträge, die Streitkräfte mit Essen zu beliefern, gelangte Prigoschin an das Verteidigungsministerium. In dessen Dunstkreis gründete er das Söldnerunternehmen Wagner, welches 2014 in der Ostukraine, dann in Syrien und in afrikanischen Staaten aktiv wurde, bevor es 2022 in die Lücken stieß, die die schlecht vorbereiteten Streitkräfte beim Vormarsch in der Ukraine offenbarten. Aus dieser Position heraus konnte sich Prigoschin kritisch über den russischen Generalstab äußern. Doch ist er Recherchen russischer Medien zufolge bei Ausbildung, Logistik und Bewaffnung vom Verteidigungsministerium abhängig, das wiederum Wagner-Strukturen zur Rekrutierung von Soldaten nutzte. Sollte sich Prigoschin als zu großer Störenfried und als nicht mehr nützlich erweisen, könnte er noch immer angeklagt werden: Söldnerunternehmen waren auch 2022 in Russland noch immer nicht gesetzlich zugelassen.[4]

Die als „Vulkan Files“ bekannt gewordenen Dokumente des russischen Softwareunternehmens NTC Vulkan zeigen, wie offiziell als Privatunternehmer tätige Personen den Geheimdiensten FSB, GRU und SWR zuarbeiten und als erfahrene Softwareentwickler auch Unternehmen wie Siemens, Amazon und andere Dienstleister unterwandern können.[5] Schon zum Ende der Sowjetunion gründeten KGB-Mitarbeiter im In- und Ausland Unternehmen und Organisationen, um staatliches Vermögen beiseitezuschaffen und mit der kapitalistischen Marktwirtschaft zu experimentieren, wie die Historikerin Karen Dawisha 2014 in *Putin's Cleptocracy* detailliert beschrieben hat.[6] In dem Maße, wie unter Michail Gorbatschow und während der Präsidentschaft Boris Jelzins die staatlichen und geheimdienstlichen Strukturen geschwächt waren, wuchs die organisierte Kriminalität. Deren Akteure machten sich die Anfälligkeit für Korruption der staatlichen Institutionen zunutze.[7] Putin selbst nutzte das Umfeld der 1990er Jahre, um die Machtstrukturen aufzubauen, die sein Führungszirkel noch immer unangefochten dominiert.

Putin gab dem staatlichen Sicherheitsapparat die alte Stärke zurück, der Verbindungen bis weit in den privaten Sektor wirtschaftlicher Unternehmen und Veteranenorganisationen hinein bis in die organisierte Kriminalität für seine Zwecke einsetzt. Der spanische Staatsanwalt José Grinda González, der russische Banden der organisierten Kriminalität in Spanien verfolgt hat, hat Russland gar als „Mafiastaat" bezeichnet. Dabei sei die Beziehung zwischen dem organisierten Verbrechen und dem Staat auf lokaler und nationaler Ebene „komplex, nuanciert und oft auffallend kooperativ", so der britische Historiker Mark Galeotti.[8]

Die vom russischen Medium *Rosbalt* beschriebene Geschichte des Juri Anisimow alias Walid Lurachmaew, erläutert im Kapitel „Die Tat", steht beispielhaft für eine Karriere zwischen staatlichen Sicherheitsorganen und der organisierten Kriminalität. Ein weiterer Fall ist die schwer fassbare Figur des tschetschenischen Kämpfers Timur Machauri, der offenbar mehrfach die Seiten wechselte, bevor er schließlich 2017 in Kiew mit einer Autobombe getötet wurde.

In diesem Kontext ist der Mordauftrag an Krassikow zu verstehen, gegen den die Strafverfolgungsbehörden wegen zweier offenbar kriminell motivierter Morde 2007 und 2013 Ermittlungen führten, diese aber 2015 einstellten und die Akten Krassikows und eines anderen Beschuldigten offensichtlich säuberten – weil staatliche Akteure einen professionellen, loyalen und auch erpressbaren Auftragnehmer für einen riskanten Mordauftrag im Ausland suchten.

Aktivitäten im Nordkaukasus und in Zentralasien

In diesen Rahmen könnte auch Eduard Bendersky passen, mit dem Krassikow nach Bellingcat-Recherchen vor seiner Abreise mehr als zwanzigmal telefonierte, und zwar immer dann, wenn wichtige Dinge wie die Beantragung seines Reisepasses und seines Visums erledigt waren. Bendersky ist ehemaliger Offizier der FSB-Sondereinheit Wimpel und Chef einer gleichnamigen Veteranenorganisation. In den russischen Medien trat er in den vergangenen Jahren häufig auf, um die Arbeit von Wimpel zu beschreiben. Er betreibt Sicherheitsunternehmen, die ebenfalls das Wort Wimpel im Namen tragen und ehemalige Mitglieder von Spezialeinheiten beschäftigen. Eines davon ist ein privater Sicherheitsdienstleister für eine russische Ölgesellschaft im Irak. Allerdings behauptete Bendersky, er kenne Krassikow nicht und habe nie mit ihm gesprochen, als der Reporter Dobrochotow von *The Insider* ihn auf der Telefonnummer erreichte, die in der Anrufliste von Krassikows Mobiltelefon verzeichnet war.[9]

Die Gründung von Wimpel geht auf Sowjetzeiten zurück. Die Eliteeinheit des KGB wurde am 19. August 1981 auf geheimen Beschluss des Politbüros und des Ministerrats der UdSSR hin geschaffen. Aufgabe war die Durchführung subversiver Spezialoperationen wie Sabotage und Liquidation außerhalb der Landesgrenzen der Sowjetunion. In die Eliteeinheit wurden hauptsächlich Mitglieder der sehr gut ausgebildeten Grenzstreitkräfte aufgenommen, die zum KGB gehörten, wie der russische Geheimdienstexperte Soldatow der Autorin erklärte. Wimpel sei auch in Afghanistan zum Einsatz gekommen. In den 1980er Jahren wurden Wimpel-Offiziere zu verdeckten Operationen hinter feindliche Linien in den Westen geschickt. Sie wurden auch dazu ausgebildet, in der Sowjetunion strategisch wichtige Einrichtungen wie Atomkraftwerke auf Sicherheitslücken zu testen.[10]

Bis 1991 gehörte Wimpel zur ersten Hauptverwaltung des KGB. Nachdem jedoch Wimpel-Offiziere 1993 dem damaligen Präsidenten Boris Jelzin im Machtkampf mit Hardlinern im Parlament dessen Befehl zur Stürmung des Parlamentssitzes verweigert hatten, unterstellte Jelzin 1994 die Einheit unter dem Namen Wega für zwei Jahre dem Innenministerium. Viele Offiziere verließen die Einheit daraufhin, die verbliebenen wurden 1995 an den FSB angegliedert. Wimpel wurde bereits im Ersten Tschetschenienkrieg zur Jagd auf Aufständische eingesetzt.[11]

Drei Monate nachdem Putin im Juli 1998 von Jelzin zum FSB-Direktor ernannt worden war, wurde das Zentrum für besondere Aufgaben gegründet, und zwar innerhalb des Dienstes für den Schutz der verfassungsgemäßen Ordnung und der Bekämpfung des Terrorismus. Diesem Zentrum für besondere Aufgaben wurde neben Wimpel die Schwestereinheit Alpha aus KGB-Zeiten zugeordnet. Hinzu kamen Abteilungen zur Bekämpfung von Wirtschaftsspionage und Wirtschaftskriminalität. Damit formte Putin in seiner kurzen Amtszeit innerhalb des FSB eine schlagkräftige Struktur, die sein Nachfolger Patruschew weiter stärkte. Währenddessen stattete Putin als Regierungschef und Präsident den FSB unter dem Label der Terrorismusbekämpfung mit immer mehr Kompetenzen aus, die mehr Kontrolle auch über Wirtschaft, Politik und Gesellschaft ermöglichten.[12] In Tschetschenien führte der

FSB von 2001 bis 2003 die „Antiterroroperation" an, wie Putin den Krieg ab Mai 2000 nannte, bevor die Einsatzführung gegen die Aufständischen an das Innenministerium in Moskau abgegeben wurde.

Mit der Zeit wurde die Kontrolle über die Kriegsführung zunehmend an die Kadyrow-Garde, kurz Kadyrowzy, übertragen. Putin hatte deren Gründung im Mai 2004 zum Schutz des Präsidenten Achmat Kadyrow angeordnet. Die Kadyrowzy existierten weiter, auch nachdem Achmat Kadyrow 2004 bei einem spektakulären Bombenanschlag in Grosny vor laufenden Fernsehkameras ums Leben gekommen war. Sein Nachfolger und Sohn Ramsan Kadyrow übernahm die Truppe offiziell im Jahr 2007, als er das 30. Lebensjahr erreicht hatte.[13] In jenem Jahr stellten die Kadyrowzy klar, dass sie in Tschetschenien das Sagen haben: Als die lokale Abteilung des FSB bewaffnete Männer Kadyrows davon abhalten wollte, das FSB-Quartier in Grosny zu besetzen, belagerten es die Kadyrowzy. FSB-Direktor Patruschew musste intervenieren, um die Lage aufzulösen.[14] Experten beschrieben in den vergangenen Jahren, wie Kadyrow in Tschetschenien mit größerer Autonomie gegenüber der Zentralmacht in Moskau agieren kann als alle Führer seit der Kolonialisierung des Kaukasus durch das russische Zarenreich im 19. Jahrhundert.[15]

Gemeinsamer Gegner von FSB und Kadyrowzy blieben die Aufständischen. Das Zentrum für besondere Aufgaben des FSB war mit zwei Abteilungen mit jeweils mehr als 30 Kräften in Tschetschenien stationiert. Am 8. März 2005 töteten sie im Dorf Tolstoi-Jurt Aslan Maschadow, den letzten frei gewählten Präsidenten Tschetscheniens. Die russische Menschenrechtsorganisation Memorial nannte die Einheiten 2009 „Todeskommandos", die illegale Gefängnisse betrieben, folterten und extralegale Exekutionen durchführten.[16] Darüber hinaus wurden Familienangehörige von Aufständischen entführt und so lange in Geiselhaft gehalten, bis die Kämpfer aufgaben. Dieses Vorgehen führte nicht zu einem Ende der Gewalt, sondern fachte sie immer von Neuem an.

Tschetschenische Kämpfer gingen mit brutaler Gewalt gegen russische Einsatzkräfte vor. Völlig überrascht wurden die russischen Sicherheitskräfte in der Nacht zum 22. Juni 2004, als 200 tschetschenische Kämpfer das Innenministerium und andere staatliche Einrichtungen in Nasran und weiteren Orten entlang einer Hauptstraße in Inguschetien mit schweren Waffen angriffen und ohne große Verluste wieder abziehen konnten. Putin ordnete eine erbarmungslose Verfolgung an: „Sie müssen gefunden und vernichtet werden.“[17] Für den FSB war dieser Angriff verheerend, mehrere seiner Offiziere sollen dabei getötet worden sein, wie auf einer Erinnerungsseite der Zeitung *Inguschetien* verzeichnet ist.[18] So hohe Opferzahlen hatte der FSB in den Jahren zuvor nicht zu beklagen. Das Berliner Kammergericht nannte die Teilnahme Selimchan Changoschwilis an dem Angriff als mögliches Rachemotiv für dessen Liquidierung 2019 in Berlin. Es konnte aber keine Indizien dafür nennen, dass Krassikow als Mitglied einer Sondereinheit der Streitkräfte oder des FSB in Tschetschenien aktiv war. Krassikows Äußerungen im Gespräch mit dem BKA-Beamten lassen darauf schließen, dass er eine dezidierte Meinung zu Tschetschenen hatte. Sie deckten sich mit jenen Worten, die Putin bei den beiden Pressekonferenzen wählte, in denen er zum Mord an Changoschwili befragt wurde. Ganz im Stile Putins warnte Krassikow vor einer Bedrohung für Europa: „Sie machen sich keine Vorstellung von der Gefahr, die von Tschetschenien ausgeht.“[19]

Seinem Schwager erzählte Krassikow offenbar nichts Derartiges, jedenfalls erwähnte dieser im Interview und während seiner Zeugenaussagen vor dem Kammergericht in Berlin nichts dergleichen. Was seine berufliche Tätigkeit anging, wollte Krassikow ohnehin nicht konkret werden: Als sie sich kennengelernt hätten, habe dieser einen Deal vorgeschlagen: Krassikow wolle nicht lügen, also solle er ihm keine Fragen zu seiner Arbeit stellen.

Zeuge V., Krassikows Schwager, berichtete jedoch von „Geschäftsreisen“ Krassikows nach Kirgistan und einer Auszeichnung, die er dort bekommen habe. Einen Aufenthalt Krassikows zusammen mit einem Kameraden konnte Bellingcat anhand von Flugdaten für die Zeit vom 30. November bis 2. Dezember 2011 nachvollziehen. Es waren die letzten Tage im Amt von Regierungschefin Rosa Otunbajewa, heute UN-Sonderbeauftragte für Afghanistan.

Dass Mitarbeiter russischer Spezialeinheiten zu dieser Zeit in Kirgistan waren, ist plausibel, zumal für jemanden wie Krassikow, der vorliegenden Daten zufolge für einige Jahre im benachbarten Kasachstan lebte. Russland war damals wie heute an Stabilität in Zentralasien interessiert. Der Führungszirkel um Putin betrachtet die Region als vorgelagerte Sicherheitszone zu Afghanistan.[20] Um diese außen- und sicherheitspolitischen Interessen in Zentralasien durchzusetzen, nutzt die russische Führung das Konzept einer Koalition zur gemeinsamen Terrorismusbekämpfung, dies im Rahmen der drei Organisationen Gemeinschaft Unabhängiger Staaten (GUS), der Organisation des Vertrags über kollektive Sicherheit (OVKS) und der Shanghaier Organisation für Zusammenarbeit (SOZ). Offiziell geht es darum, den Kampf gegen den Terrorismus durch einen intensiveren Informationsaustausch, eine Verbesserung der Sicherheitsvorkehrungen, durch gemeinsame Ausbildung und die Koordinierung von Befehls- und Kontrollsträngen effizienter zu machen. In diesen Rahmen fällt der Kampf gegen Terroristen, kann aber auch die Niederschlagung von Protesten und die Repression politischer Gegner beinhalten, dies in Kooperation mit anderen autoritär und diktatorisch geführten Staaten. Hinzu kommen Einsätze schneller Eingreiftruppen zur Terrorismusbekämpfung.[21] Letzteres geschah etwa im Rahmen der OVKS Anfang Januar 2022 bei innenpolitischen Unruhen nach der plötzlichen

Erhöhung von Treibstoff für Autos in Kasachstan. Auf offizielle Bitte von Präsident Kassym-Schomart Tokajew um Unterstützung im Kampf gegen eine „terroristische Bedrohung" hin entsandten mehrere verbündete Staaten Soldaten. Aus Russland wurden für etwa eine Woche Fallschirmjäger eingeflogen.

2010 dagegen hatte die damalige Führung Kirgistans die OVKS und damit Russland vergeblich um die Entsendung von „Friedenstruppen" gebeten, als es im Süden des Landes zu schweren Unruhen zwischen Kirgisen und Usbeken mit Hunderten Toten kam. Lediglich zum Schutz einer russischen Militärbasis wurden mehr als 150 Fallschirmjäger nach Kirgistan gebracht.[22] Den Unruhen im Süden des Landes waren der Sturz von Präsident Kurmanbek Bakijew und die Auflösung des Parlaments vorausgegangen. Rosa Otunbajewa führte das Land als Chefin einer Übergangsregierung durch die unsicheren Zeiten. Putin erklärte ihr damals am Telefon seine Unterstützung und versprach humanitäre Hilfe. Medienanfragen dazu, ob sie Krassikow und einen Kameraden mit einer Auszeichnung bedacht habe und wofür, ließ Otunbajewa unbeantwortet. Deshalb blieb offen, ob sie sich bei der Stabilisierung des Landes vom FSB helfen ließ.

Bei dem Mann, der mit Krassikow gereist war, handelte es sich um Wladimir Fomenko. Sein Name steht wie jener Krassikows in Verbindung mit dem Mord, der 2007 an einem Geschäftsmann in Karelien begangen wurde: Beide waren in diesem Fall mit einem Dritten angeklagt, bevor das Verfahren eingestellt wurde. In den Ermittlungsakten fand sich ein Hinweis, wonach Fomenko 2011 in Kirgistan als Auszeichnung eine Pistole Glock 10 erhalten habe. Der Bruder des Geschäftsmannes habe Fomenko auf einem Hochzeitsfoto Krassikows wiedererkannt, schrieb dieser in einem Brief an das Kammergericht.

Krassikows Schwager erzählte außerdem von einem gemeinsamen Schießtraining, bei dem sich Krassikow als „sehr guter Schütze" erwiesen habe. Ähnliches habe Krassikow über Putin erzählt. Aus diesen Erzählungen habe er zuerst geschlossen, dass Krassikow der Präsidentengarde FSO angehöre. Doch hätten seine vielen „Geschäftsreisen", die ihn um die Welt geführt hätten, nicht dazu gepasst. Schließlich sei er darauf gekommen, dass Krassikow der FSB-Spezialeinheit Wimpel angehöre. 2016 soll er dort zum Oberst befördert worden sein, diese Angabe übernahm die Bundesanwaltschaft in ihrem Plädoyer.

Krassikow machte den Beschreibungen des Schwagers zufolge weniger den Eindruck eines Möchtegernagenten als vielmehr eines beruflich mit klandestinen Aktivitäten verbundenen Mannes. So hätten er und die Schwägerin ständig ihre Mobilfunknummern gewechselt und immer selbst angerufen. Bei einem Aufenthalt 2014 in der Ukraine habe er eine größere Anzahl von Nummernschildern im Kofferraum gehabt und gefragt, wo man im Land Waffen kaufen könne. Der längere Aufenthalt in der Ukraine, für den *The Insider* Reisedaten fand, folgte nach dem Mord in Moskau. Naheliegend ist, dass Krassikow dort eine Zeit lang mit seiner Familie untertauchen wollte.

Aus den Worten des Schwagers sprach ein gewisser Respekt für Krassikow, den er als Mitglied einer Spezialeinheit oder als Geheimdienstagenten ansah. Dass Krassikow jedoch ein Auftragsmörder sein sollte, wollte er offensichtlich nicht einfach hinnehmen. Vor Gericht zeigte er sich überzeugt, dass die Verantwortung für den Mord an Changoschwili beim russischen Staat liege. Er schloss nicht aus, dass Krassikow hereingelegt worden sei. Jedenfalls zeigte sich V. bereit, mit seinem Schwager über alles zu reden. Dennoch brachte ihn seine Aussage nach dem Einmarsch der russischen Truppen in der Ukraine gerade zwei Monate nach Verkündung des Urteils in größte Gefahr. Es gelang seiner Familie und auch ihm trotz Ausreisebeschränkungen für wehrfähige Männer, die Ukraine zu verlassen. Doch ob er und seine Verwandten sich je wieder ganz sicher fühlen werden können, ist fraglich.

Anwaltliche Betreuung

Solange die Gerichtsverhandlung öffentlich war, Zuschauer und Journalisten im Gerichtssaal sein durften, zeigte Krassikow weder Anspannung noch Stress. Er wirkte so kontrolliert und ruhig, wie ihn die Justizbeamten beschrieben hatten. Am ersten Verhandlungstag sah er einmal in Richtung der Zuschauerbänke, die allerdings nur zum Auftakt, während der Aussage Grozevs und zum Ende des Prozesses gut gefüllt waren. Die überwiegende Zeit saß er regungslos auf der Anklagebank hinter dem Sicherheitsglas und reagierte nur, wenn ihn der Vorsitzende Richter Arnoldi direkt ansprach. Auch der BKA-Mitarbeiter beschrieb das Verhalten Krassikows als „gefasst, ruhig und kontrolliert". JVA-Beamte hätten bestätigt, dass Krassikow kooperativ, höflich und ohne Hektik auftrete. Seine Sachen halte er in Ordnung. Er mache regelmäßig Gymnastikübungen, was zusammen mit dem offenbar nicht sehr schmackhaften Essen in den Haftanstalten zu einer Gewichtsabnahme geführt habe.

Bekannt wurden zwei Besuche russischer Konsulatsmitarbeiter bei Krassikow im Gefängnis: kurz nach der Verhaftung und am 4. Juni 2020. Das zweite Gespräch soll 70 Minuten gedauert und auf Wunsch des Beschuldigten stattgefunden haben, wie die Botschaft danach mitteilte. Dass er sich in seiner Zuversicht, Unterstützung aus Moskau zu erhalten, getrogen sah, darauf deutet das Gespräch mit dem BKA-Beamten während der Wartezeit beim Bundesgerichtshof am 11. Februar 2020 in Karlsruhe hin. Darüber, dass die russische Botschaft keinen Anwalt schicke und so wenig Interesse an seinem Fall zeige, habe der Beschuldigte mehrmals sein Unverständnis geäußert, erzählte der BKA-Mann. Dabei sei es doch wichtig, seine Identität als Wadim Sokolow zu bestätigen, auch durch seine Mutter. Allerdings wollte er keine Angaben zu ihr und anderen Angehörigen machen – um sie nicht in den Fall hineinzuziehen, wie er sagte.

Um russische Staatsbürger im Ausland kümmert sich normalerweise eine gemeinnützige russische Organisation, die Stiftung zur Unterstützung und zum Schutz der Rechte der im Ausland ansässigen Landsleute mit Sitz am Arbat im Zentrum Moskaus. Sie wurde per Dekret von Putin gegründet und begann 2012 mit der Arbeit. Hinter dieser Stiftung stehen das russische Außenministerium und die Behörde Rossotrudnitschestwo, die Föderale Agentur für Angelegenheiten der Gemeinschaft Unabhängiger Staaten, der im Ausland lebenden Landsleute und für die internationale humanitäre Zusammenarbeit. Letztere hat mit ihrer Tätigkeit auch politische Arbeit und Propaganda verbunden. Seit dem 21. Juli 2022 steht sie auf der Sanktionsliste der EU. Dort wird sie als „Dachorganisation für ein Netzwerk russischer Landsleute und Einflussnehmer“ beschrieben, die „verschiedene Projekte im Bereich öffentlicher Diplomatie und Propaganda“ finanziere. Sie verbreite die Narrative des Kremls „einschließlich des historischen Revisionismus“ und organisiere Veranstaltungen mit dem Ziel, „eine breitere öffentliche Wahrnehmung der besetzten ukrainischen Gebiete als russische Gebiete zu festigen“.[23] Bis zum Beginn der russischen Großinvasion in der Ukraine am 24. Februar 2022 konnten die Behörde ebenso wie die mit ihr verbundenen Institutionen ungehindert in Deutschland und anderen europäischen Staaten arbeiten.

Es dauerte bis kurz vor Beginn des Gerichtsprozesses am 7. Oktober 2020, bis Krassikow zusätzlich zu den Anwälten Ingmar Pauli und Christian Koch, die ihm als Pflichtverteidiger zugeordnet worden waren, ein Wahlverteidiger bereitgestellt wurde:

Robert Unger. Der Fachanwalt für Strafrecht hat Mandanten in politisch bedeutsamen Fällen vertreten, so zum Beispiel den früheren DDR-Politiker Egon Krenz im Politbüroprozess um die Toten an der Berliner Mauer und den Schießbefehl. Unger übernimmt gern prominente Fälle. Dazu zählt auch der Künstler und frühere Betreiber der für die Berliner Künstlerszene bedeutenden Paris Bar in Charlottenburg, Michel Würthle.

Wie Unger Wahlverteidiger des wegen des Mordes im Tiergarten Angeklagten wurde, beschrieb er der Autorin im Januar 2022 so: „Für ein solches Verfahren wird ein erfahrener Strafverteidiger gesucht. Der wird von wem auch immer empfohlen. Der Kontakt wird dann auch über Dritte aufgenommen. Aber dazu kann ich mich im Detail natürlich nicht äußern, weil das unter die anwaltliche Schweigepflicht fällt." Es sei ein interessantes Mandat, auch wegen der politischen Dimension, „aber letzten Endes sitzt da ein Mensch, der wegen Mordes angeklagt ist. Er bestreitet, die Person zu sein, die man ihm zu sein vorwirft. Er bestreitet die Tat. Ich sehe mir die Akten an und versuche, ihn so gut wie möglich zu verteidigen und dafür zu sorgen, dass er ein faires Verfahren bekommt und nur verurteilt werden kann und darf, wenn die Beweislage auch entsprechend ausreicht." Angesichts des Urteils sagte Unger, er sei mit sich im Reinen, „weil ich ihn so gut wie möglich vertreten habe und herausgearbeitet habe, was gegen diese Annahme der Generalbundesanwaltschaft sprach. Ich bedaure, dass das Gericht sich aus meiner Sicht nicht ausreichend damit auseinandergesetzt hat. Aber das ist das Schicksal eines Strafverteidigers. Es ist nicht das erste und es wird nicht das letzte Mal sein, dass mir das widerfährt."

Unger sagte, er habe das Urteil anfechten wollen. Sein Mandant habe jedoch darauf verzichten wollen: „Der Angeklagte entscheidet, ob er Revision einlegen will oder nicht. Es kann sein, dass er eben nicht auf das Justizsystem hier vertraut, dass er das für ein politisches Urteil hält, was auch immer. Es war seine ganz klare Entscheidung, die er getroffen hat." Möglichkeiten zum Austausch mit seinem Mandanten hatte Unger während der Verhandlungspausen und bei Besuchen in der Justizvollzugsanstalt Berlin-Tegel. Diese liegt zwar nur etwas mehr als zehn Kilometer von der Anwaltskanzlei Ungers nahe dem Kurfürstendamm entfernt, scheint aber doch in eine andere Welt zu führen, zumal Krassikow in Einzelhaft saß in einem Gebäude, das vom übrigen Teil des Gefängnisses nochmals durch einen Stacheldrahtzaun abgetrennt ist. Unger beschrieb es als einen Ort der Düsternis. In das Gebäude führe eine schwere Holztür, mit Eisen beschlagen „wie aus dem vorletzten Jahrhundert". Sie führe auf einen Flur, der den Eindruck eines Todestrakts vermittle. Gespräche mit dem Inhaftierten seien nur durch eine Panzerglasscheibe möglich gewesen, an deren beiden Seiten jeweils versetzte Lochbleche Geräusche hindurchließen.[24]

Krassikow verbrachte 23 Stunden am Tag in seiner Gefängniszelle in der JVA Tegel. Er hatte ein Radio, aber keinen Fernseher, kein Internet und Telefon. Er konnte sich Bücher und Zeitungen ausleihen oder von seinen Anwälten besorgen lassen. Unger nannte die Haftbedingungen „extrem hart", sie kämen einer „Isolationshaft" gleich, wobei er Verständnis für die Sicherheitsvorkehrungen zeigte: Wäre dem Gefangenen etwas zugestoßen, hätte dies einen Justizskandal mit internationalen Ausmaßen auslösen können. Unger verwies auf Einschätzungen von Bundesanwaltschaft und JVA, wonach Tschetschenen Racheakte begehen könnten. Tatsächlich berichtete Krassikow dem BKA-Beamten am 11. Februar 2020 davon, dass tschetschenischstämmige Gefangene gedroht hätten, ihn und seine Verwandten zu töten. Hingegen hätten russischsprachige Gefangene in Tegel ihm Anerkennung signalisiert.

Die Behörden befürchteten indes eine Gefahr für Krassikow auch aus Russland. Ein Polizeikommissar sagte als Zeuge vor Gericht aus, Krassikow sei aufgrund einer „Gefährdungslage" im November 2019 im Justizvollzugskrankenhaus untergebracht worden. Das war wenige Wochen, bevor öffentlich bekannt wurde, dass es sich beim Beschuldigten um Wadim Krassikow handeln könnte. Ein deutscher Geheimdienst habe einen Hinweis gegeben, dass der Beschuldigte vergiftet werden sollte, bevor er dazu aussagen könnte. Staatsanwalt Lars Malskies von der Bundesanwaltschaft bestätigte, dass es einen „nachrichtendienstlichen Hinweis" auf eine Vergiftungsgefahr gegeben habe.[25] Unger hielt es für „völlig abwegig", dass russische Botschaftsmitarbeiter beabsichtigt haben könnten, den Gefangenen bei einem Besuch zu vergiften. Er habe nichts von konkreten Bedrohungen erfahren, so Unger. Er glaube, dass es sich um reine Vorsichtsmaßnahmen gehandelt habe. Da sein Mandant als gefährlicher Straftäter eingestuft worden war, sei auch von einer möglichen Gefährdung für Justizangehörige und Mitgefangene ausgegangen worden. Was noch hinzukommt: Die Einzelhaft soll auch die Gefahr minimieren, dass er allein oder mit Hilfe anderer dem Gefängnis entkommt.

Auch das erklärt die Absonderung von den anderen Gefangenen. Unger zufolge hatte Krassikow eine Stunde am Tag in einem besonders abgesperrten Bereich Hofgang, aber auch dies nur allein. *Spiegel TV* zeigte in einer Dokumentation Anfang 2023 eine undatierte Aufnahme, die Krassikow beim Hofgang in der JVA Tegel zeigen soll. Zu sehen ist ein Mann in blauer Gefängniskleidung und einem schwarzen Basecape, der zügig um ein mit Stacheldraht eingezäuntes Rasenrechteck läuft. Der Mann wirkt dynamisch, keinesfalls bedrückt oder gar depressiv.[26]

Nach dem Urteil blieb Krassikow offenbar in der JVA Tegel, bis er am 2. November 2022 verlegt wurde. Journalisten erfuhren davon durch eine E-Mail, verschickt unter einem Aliasnamen. Darin hieß es, Putin habe „seinen Auftragskiller nachhause geholt". Er sei nach Russland abgeschoben worden. Dies erwies sich jedoch offensichtlich als falsch. Mehrere Behörden widersprachen. Aus Sicherheitskreisen wurde bekannt, dass der Inhaftierte aufgrund einer „latenten Bedrohungslage" beziehungsweise einer „Gefährdungslage" in eine andere JVA verlegt worden sei. Es ist davon auszugehen, dass für diese Entscheidung die gleichen Erwägungen eine Rolle spielten wie während der Untersuchungshaft Krassikows.

Auch in dem Jahr nach dem Prozess gelangten keine Worte von ihm an die Öffentlichkeit. Dies spricht dafür, dass er sein diszipliniertes Schweigen als Lebensversicherung ansieht und dass er auf einen Gefangenenaustausch hofft. Unger äußerte im Interview im Januar 2022 die Hoffnung, „dass sich irgendwann die Möglichkeit eröffnet, dass er nach Russland ausgeliefert wird und dann möglicherweise unter anderen Haftbedingungen seine weitere Haft verbüßt". Allerdings wisse er von keinerlei entsprechenden Überlegungen, er sei auch nicht an solchen beteiligt. Das war allerdings wenige Wochen vor dem Großangriff Russlands auf die Ukraine und bevor der ehemalige Waffenhändler Wiktor But an Russland ausgeliefert wurde, wo er mit einem roten Teppich am Flughafen empfangen wurde. Beides spricht dafür, dass Verantwortliche im Bereich Justiz und Politik einer Auslieferung Krassikows nach Russland noch weit reservierter gegenüberstehen als zuvor.

Geschäft mit dem Tod

Die beschriebenen Indizien sprechen dafür, dass Krassikow aller Wahrscheinlichkeit nach eine Karriere in den Sicherheitsorganen der Sowjetunion und Russlands durchlaufen hat, begonnen mit einer militärischen Ausbildung und einem anschließenden Einsatz in Afghanistan, wo er bereits in jungen Jahren das Töten gelernt haben könnte. Wenn er zum Ende der Sowjetunion in die Spezialeinheit Wimpel des KGB eingetreten sein sollte, so wurden ihm noch der Kampfgeist und die Disziplin der Elitesoldaten antrainiert, die für den Einsatz hinter feindlichen Linien ausgebildet wurden und sich auch gegenüber anderen Abteilungen innerhalb des KGB als besser qualifiziert ansahen. Für ein solches Selbstbild spricht sein Interesse am Roman *Stark im Geist* von Dmitri Medwedjew.

Wenn dem so war, dann erlebte er allerdings auch den Bedeutungs- und Prestigeverlust der Spezialeinheit während der Präsidentschaft Jelzins. Zu Beginn der 1990er Jahre verdingten sich viele Militärs als Personenschützer von Prominenten, Politikern und Unternehmern, deren Handeln zwischen legal und illegal oszillierte. Die vom Führungszirkel um Putin geförderte Entwicklung Russlands brachte Menschen hervor, die geübt sind im Geschäft mit dem Tod, die abgeklärt und professionell Attentate im In- und Ausland vorbereiten und durchführen – so wie Krassikow den Mord an Changoschwili im Kleinen Tiergarten beging. Das sichere und emotional abgeklärte Auftreten auch nach der Tat und seine geäußerte Zuversicht, dass ihn die russische Botschaft dabei unterstützen werde, seine Scheinidentität als Wadim Sokolow zu belegen, sprechen für ein Netzwerk in- und außerhalb der staatlichen russischen Strukturen bis in die oberste Ebene, das er für verlässlich und einflussreich hielt.

Zwar hatten Krassikow und seine Frau in Gesprächen mit der Familie in Charkiw erkennen lassen, dass er einmal „hereingelegt" worden sei, aber die bekannt gewordenen Daten legen nahe, dass seine Auftraggeber aus dem staatlichen Sektor in mindestens zwei Fällen, nach den Morden in Karelien 2007 und Moskau 2013, in der Lage waren, seine Akten zu säubern und Fahndungsaufrufe aufzuheben. Sie verschafften ihm eine weiße Weste, damit er einen weiteren Auftragsmord begehen konnte. Diese Drahtzieher sahen offensichtlich kein Problem darin, dass er auch aus kriminellen Motiven Menschen ermordete. Vielmehr setzten sie offenbar auf seine Professionalität und seine Loyalität, um den Mord an einem ehemaligen Kämpfer des Zweiten Tschetschenienkrieges geräuschlos und zuverlässig zu begehen. Dass er diesen Auftrag trotz seines für eine solche Tat fortgeschrittenen Alters erhielt, könnte sogar dafürsprechen, dass ihm der Mord als besondere Ehre galt, als Rache für Kameraden.

Ein nicht unbedeutender Faktor in der Kalkulation Krassikows dürfte die Sicherheit seiner Familie, seiner Ehefrau und der kleinen Tochter, gewesen sein. Offenbar verließ er sich auch hier auf die Netzwerke um das ehemalige Wimpel-Mitglied Eduard Bendersky mit seiner Veteranenorganisation, den Sicherheitsunternehmen und den Verbindungen zu staatlichen Stellen. In der Tat sorgten Krassikows Kontaktpersonen dafür, dass Frau und Tochter neue Identitäten erhielten und aus ihrem Lebensumfeld fortgebracht wurden – ob nur zum Schutz der Wimpel-Seilschaften oder auch zu ihrer eigenen Sicherheit, das bleibt ebenfalls offen.

Krassikow, der, wie die Richter es sahen, absolut loyal zum russischen Staat gestanden habe, trägt die persönlichen Konsequenzen für den Auftragsmord. Die Verurteilung zu einer lebenslangen Haftstrafe mit Feststellung der besonderen Schwere der Schuld ebenso wie der Krieg Russlands gegen die Ukraine lassen es unwahrscheinlich erscheinen, dass Krassikow in absehbarer Zeit nach Russland überstellt wird, auch wenn dies laut Strafprozessordnung bei einer lebenslangen Haftstrafe grundsätzlich möglich wäre. Krassikow wäre in Deutschland bei weitem nicht der einzige Inhaftierte, der Jahrzehnte in Einzelhaft verbringen würde. Die beschriebenen Umstände sprechen nicht dafür, dass die russischen Behörden seine Frau und seine Tochter zu Gefängnisbesuchen nach Deutschland reisen lassen. Dass er sie auf absehbare Zeit nicht wiedersehen wird, ist der Preis, den er als Auftragsmörder zu zahlen hat.

Kapitel 7
Lehren: Können solche Taten verhindert werden?

Eine Frage bleibt nach dem Urteil unbeantwortet. Die Antwort hängt nicht allein von der Arbeit der Strafverfolgungsbehörden und der Justiz ab, sondern auch von der Gestaltungsmacht der Politik: Ist es möglich, Taten wie die in diesem Buch beschriebene zu verhindern? Können Auftragsmörder mit den Mitteln des Staatsapparates daran gehindert werden, in Deutschland oder anderen demokratischen Ländern ihre Pläne zu verfolgen, den Rechtsstaat durch ihre Taten zu verhöhnen und die Sicherheitsbehörden zu hintergehen?

Die Frage stellt sich nicht nur im Fall Russlands. China, die Türkei und Tadschikistan verfolgen Gegner im Ausland in noch größerer Zahl als Russland. Auch sie schrecken nicht vor Morden, Entführungen, Einschüchterung von Gegnern sowie Auslieferungsersuchen unter vorgeschobenen Gründen zurück. Die US-Organisation Freedom House führt dies unter dem Begriff „transnationale Repression“ zusammen. Von 2014 bis Ende 2022 registrierte sie 854 solcher Vorfälle grenzüberschreitender Unterdrückung, begangen von 38 Regierungen in 91 Ländern. Bedenklich dabei sei, so die Menschenrechtsorganisation in einem Bericht im April 2023, eine wachsende Zahl an Staaten, aus denen heraus Gegner im Exil verfolgt werden, ohne dass die Verantwortlichen zur Rechenschaft gezogen werden.[1]

Insofern ist das Urteil zum Mord im Tiergarten mit der Benennung staatlicher Stellen in Russland als Auftraggeber und

Unterstützer ein klares Signal an Autokraten und Diktatoren. Die deutschen Behörden arbeiteten auch die Entführung eines regimekritischen vietnamesischen Geschäftsmannes und seiner Partnerin juristisch auf. Sie wurden im Juli 2017 aus dem Großen Tiergarten in Berlin über die Slowakei nach Vietnam verschleppt. Dort wurde er wegen angeblicher Korruption und Misswirtschaft zu lebenslanger Haft verurteilt. In diesem Fall verurteilte das Kammergericht Berlin inzwischen zwei Mittäter.[2] Zudem verfolgt die Bundesanwaltschaft nach dem Weltrechtsprinzip sogenannte Völkerstraftaten, wenn diese nicht auf deutschem Hoheitsgebiet oder von Tätern ohne deutsche Staatsbürgerschaft begangen wurden. Im Januar 2022 verurteilte das Oberlandesgericht Koblenz erstmals auf dieser Basis einen syrischen Geheimdienstmitarbeiter wegen Verbrechen gegen die Menschlichkeit zu lebenslanger Haft.[3]

Politische Konsequenzen

Die außenpolitischen Folgen im Fall des Tiergartenmords taugten jedoch nicht dazu, eine abschreckende Wirkung zu entfalten. Zwar zog die Bundesregierung unter der damaligen Bundeskanzlerin Angela Merkel dreieinhalb Monate nach dem Mord Konsequenzen aus der mangelnden Kooperation der russischen Behörden bei der Aufklärung: Sie ließ am 4. Dezember 2019 zwei russische Diplomaten, vermutlich GRU-Agenten, ausweisen. Die russische Führung änderte ihr Verhalten jedoch nicht. Putins Sprecher Dmitri Peskow leugnete weiter jegliche russische Täterschaft. Putin selber rechtfertigte den Mord, als er Tage später bei den Pressekonferenzen in Paris und Moskau darauf angesprochen wurde. Zu diesem Zeitpunkt hatten die deutschen Strafverfolgungsbehörden schon die wahre Identität des Beschuldigten ermittelt, und der Name Krassikow war in der Öffentlichkeit. Dass damit der

Verdacht des Staatsterrorismus einherging, wurde daran ersichtlich, dass die Bundesanwaltschaft den Fall an jenem 4. Dezember 2019 an sich zog. Beobachter bewerteten dies als Entscheidung der Bundesregierung, wenn nicht des Kanzleramts. Der Generalbundesanwalt unterliegt als sogenannter politischer Beamter der Dienstaufsicht des Bundesministeriums für Justiz und ist damit an die Weisungen der Bundesregierung gebunden. Merkel muss also bewusst gewesen sein, dass die Erlaubnis, wenn nicht gar der Auftrag zum Mord im Tiergarten zumindest aus dem engsten Umfeld Putins gekommen sein konnte, als sie mit ihm am 9. Dezember 2019 in Paris zusammentraf. Bei der anschließenden Pressekonferenz bestätigte sie, mit Putin über die Tat gesprochen zu haben. „Ich gehe davon aus, dass die russische Seite uns ihre Informationen zur Verfügung stellt – jedenfalls fände ich das gut", sagte sie dazu in dem für sie typischen schlichten Gestus.[4] Anfragen dazu beantwortete das Büro Merkel nicht.

Die Ausweisung zweier weiterer russischer Diplomaten kurz nach Verkündung des Urteils am 15. Dezember 2021 kritisierte der CDU-Außenpolitiker Roderich Kiesewetter rund einen Monat später im Interview mit der Autorin als „sehr moderat" und „sehr sanft" – im Grunde sei dies sinnlos gewesen. Eine koordinierte Ausweisung russischer Diplomaten auch aus anderen verbündeten Staaten blieb aus, obwohl die EU dies wenige Monate zuvor für solche Fälle beschlossen hatte und obwohl die Unverfrorenheit der Tat und deren politische Dimension juristisch klar aufgearbeitet worden waren. Nach der vergleichbar skrupellosen Vergiftung von Sergej Skripal und seiner Tochter hatte sich die damalige britische Premierministerin Theresa May erfolgreich für eine starke Reaktion aller Verbündeten eingesetzt. 15 EU- und NATO-Staaten wiesen 2018 russische Diplomaten aus, Deutschland allein vier – dies auch mit Verweis auf die mangelnde Kooperation bei der Aufklärung der Tat.[5]

Seitdem hatte die russische Führung weiter provoziert, dies nicht zuletzt mit Hackerangriffen, von denen auch ein E-Mail-Konto Merkels betroffen war. Kiesewetter forderte deshalb im Januar 2022 im Duktus von Bundeskanzler Olaf Scholz den Einsatz einer „Bazooka“: weit über Diplomaten-Ausweisungen, das Einfrieren von Auslandsvermögen sowie Reisebeschränkungen für russischer Funktionäre hinauszugehen und die russische Wirtschaft an ihren Schwachpunkten zu treffen.

Derartige Maßnahmen forderte das Putin-Regime geradezu heraus, als es wenig später mit der Invasion in der Ukraine zur brachialen Verletzung von Souveränität und territorialer Integrität in einer ganz anderen Dimension überging. Die dann in Einklang der westlichen Verbündeten verhängten massiven Sanktionen zeigten aber zumindest im ersten Jahr, dass die russische Volkswirtschaft buchstäblich hart im Nehmen war und ein Stück weit ohne direkte Verbindungen zu den westlichen Handelspartnern auskam. Andererseits wurden der eingeschränkte Handlungsspielraum insbesondere Deutschlands sowie die enorm hohen Kosten deutlich, die durch die Abkoppelung von russischen Energielieferungen und die Entflechtung von russischen Konzernen in dem Bereich anfielen.

Notwendig ist zudem eine Aufarbeitung der Fehlleistungen deutscher Außenpolitik, beginnend in der Ära von SPD-Politiker Gerhard Schröder, auch angesichts der Zusammenhänge, die die *FAZ*-Korrespondenten Bingener und Wehner in ihrem Buch *Die Moskau-Connection* beschrieben, und nicht zuletzt der persönlichen Verbindungen Schröders, der ein „bemerkenswert ungetrübtes Verhältnis zu Autokraten“ gehabt habe. In seinen „Hannoveraner Herrenrunden“ habe man traditionell wenig Berührungsängste mit fragwürdigen Partnern gehabt. „Chauvinismus bildet eine Grundlage dieser Zirkel. Auch daran konnte die russische Seite mit ihrem Männlichkeitskult anschließen.“[6] Dies erklärt zu einem Teil, warum mahnende Stimmen aus Russland wie die der Journalistin

Anna Politkowskaja kaum durchdrangen, wenn sie den Staatsterrorismus Putins in Tschetschenien anprangerten und Konsequenzen im Umgang mit Putin und seinem Führungszirkel forderten.

Terrorismusbekämpfung als Deckmantel

Mehr als Jelzin fand Putin mit seinem Vorgehen im Zweiten Tschetschenienkrieg Verständnis und Unterstützung im Ausland. Das lag nicht nur an der Radikalisierung der Aufständischen im Nordkaukasus, die ihren Kampf bis nach Moskau und Sankt Petersburg und andere Städte trugen. Es lag auch daran, dass Putin bereits die Anschläge im Jahr 1999 in den Kampf gegen Al-Kaida einbettete und den Krieg im Jahr 2000 in Tschetschenien zum Antiterroreinsatz erklärte. So konnte Putin auf den globalen „Krieg gegen den Terror" verweisen, den US-Präsident George W. Bush neun Tage nach den Terroranschlägen des 11. September 2001 ausrief. Bushs erklärtes Ziel war es, nicht allein Al-Kaida, sondern Terroristen weltweit zu bekämpfen. Mit dieser Ausrufung des permanenten Kriegszustandes rechtfertigte die US-Regierung umstrittene und extralegale Maßnahmen wie etwa Präventivschläge und Drohneneinsätze mit ihren verheerenden Kollateralschäden. Sie versuchte außerdem, mit dieser Begründung das Gefangenenlager in Guantánamo, „Black Sites", geheime Gefängnisse außerhalb der USA sowie ihre „erweiterten Verhörtechniken" zu legitimieren. Die Zerstörungen in Afghanistan und Irak, die weitere Ausbreitung des Dschihadismus und die immensen Kosten für die USA selbst als Folgen des „Kriegs gegen den Terrorismus" sowie der Schaden, den die US-Demokratie als Vorbild weltweit erlitt – dies harrt der Aufarbeitung und Einordnung, auch im Kampf gegen Desinformation. Autokraten wie Putin verweisen nach wie vor auf das Handeln der

USA, wenn ihnen Menschenrechtsverletzungen und andere Verbrechen vorgeworfen werden. Eine weitergehende Analyse würde eine Unterscheidung zum Vorgehen der russischen Behörden und Geheimdienste bei der Terrorbekämpfung erleichtern. Bei der Kooperation mit diesen wird immer noch zu wenig beachtet, dass die Führung in Moskau Kriegspartei und imperiale Macht in Tschetschenien ist und die Verfolgung von Tschetschenen dem Machterhalt dient. Putin und sein Führungszirkel arbeiten bis heute mit Bildern eines unzivilisierten, widerspenstigen, muslimisch geprägten Kaukasus, der mit Gewalt befriedet werden müsse. Diese Darstellung geht bis auf das zaristische Russland zurück, das im 19. Jahrhundert den Kaukasus eroberte. Sie wurde von Schriftstellern wie Alexander Puschkin und Michail Lermontow über Generationen weitergetragen. Diese Vorstellungen wurden bislang auch in Deutschland wenig hinterfragt.

Gegen die Verantwortungslosigkeit

Dabei haben die Tschetschenienkriege die Politik und Gesellschaft in Russland sichtbar und nachhaltig verändert. Schon der von Jelzin 1994 befohlene Einmarsch in die Kaukasusrepublik führte dazu, dass das Militär gegenüber der Politik dominierte und Russland vom liberalen Kurs abbrachte, auf dem sich das Land nach dem Ende der Sowjetunion zunächst befand. Darauf konnte Putin aufbauen und vor dem Hintergrund des Zweiten Tschetschenienkrieges den Sicherheitsapparat auf sich und seinen Führungszirkel ausrichten. Die im Namen der Terrorbekämpfung begangenen schweren Verbrechen am tschetschenischen Volk, die Radikalisierung der Aufständischen mit traumatischen Folgen auch für die Zivilbevölkerung weit über Tschetschenien hinaus – das alles blieb ohne Aufarbeitung und fügte ein weiteres Kapitel zur langen Gewaltgeschichte der Völker auf dem Gebiet der Russischen Föderation hinzu.

Die fehlende Aufarbeitung dieser und der anderen historischen Traumata, ihre Weitergabe an die nächsten Generationen, kombiniert mit hemmungsloser Propaganda, einer „totalitären Gehirnwäsche", führten dazu, dass 2022 die Mehrheit der Bevölkerung in Russland den Krieg gegen das „Brudervolk" der Ukrainer entweder teilnahmslos hinnahm oder getrieben von Nationalismus, Rassismus, Chauvinismus und imperialistischem Denken mitmachte. Die Autoren Gesine Dornblüth und Thomas Franke beschreiben in ihrem Buch über „Russlands toxische Gesellschaft" ein fehlendes staatsbürgerliches Bewusstsein und mangelndes Verantwortungsgefühl in der russischen Gesellschaft auch als Folge jahrzehntelanger Straflosigkeit für Fehlverhalten. Deshalb sei keine grundlegende Veränderung zu erwarten, wenn Putin und sein Führungszirkel von der Macht abtreten sollten. Impulse für ein Umdenken müssten aus der russischen Gesellschaft heraus kommen. Deshalb plädieren nicht nur Franke und Dornblüth dafür, all jene zu unterstützen und zu ermutigen, die in Russland Debatten anstoßen und Aufklärung betreiben.[7] Dazu zählen Organisationen wie Memorial, deren Ziel die Aufarbeitung politischer Gewaltherrschaft ist. Mitglieder wie Irina Scherbakowa konnten die Archive über das russische Straflager- und Repressionssystem Gulag rechtzeitig digitalisieren und vor der Zerstörung in Russland bewahren. Scherbakowa kündigte im Dezember 2022 bei einer Veranstaltung der ZEIT-Stiftung in Hamburg an, die Archive als Basis für eine Debatte innerhalb der russischen Gesellschaft bereitzustellen.

Eine transparente Aufarbeitung der Kriegsverbrechen vor dem Internationalen Strafgerichtshof und die klare Benennung der Verantwortlichen innerhalb der Befehlsketten bis an die Spitze des russischen Staates könnte ebenfalls helfen. Allerdings sind Prozesse vor dem Gerichtshof in Den Haag nicht in Abwesenheit möglich. Hier könnten Überlegungen wie die des russischen Ökonomen Wladislaw Inosemzew zum Tragen kommen. Er schlug vor, im Gegenzug für die Auslieferung Putins und anderer für die Kriegsverbrechen Verantwortlicher Sanktionen gegen nicht direkt am Krieg beteiligte Führungskräfte und gegen Russland insgesamt zurückzunehmen.[8] Dies soll innerhalb der russischen Eliten zu einer Spaltung und zu einer Abkehr von Putin und seinem engsten Führungskreis führen.

Die Einstufung Russlands als Terrorstaat durch das Europäische Parlament Ende November 2022 blieb ein symbolischer Akt. Denn bisher hat das Europarecht keine Kategorien und keine Liste für terroristische Personen, Organisationen oder Staaten wie die USA. Auf deren Liste standen 2022 Kuba, Iran, Syrien und Nordkorea. Die US-Regierung lehnte es im September 2022 ab, auch Russland als „staatlichen Förderer des Terrorismus" einzustufen. Möglich wären dann mehr Verbote etwa für Rüstungsgeschäfte und weitere finanzielle Strafmaßnahmen. Ein Abbruch der diplomatischen Beziehungen – wie etwa zwischen den USA und dem Iran – würde einen Informationsaustausch zwischen Washington und Moskau erheblich erschweren; dies wäre nicht ratsam, weil die beiden nuklearen Supermächte über ihre Atomarsenale im Gespräch bleiben müssen.

Keine Erlaubnis zum Töten

In den ersten Tagen und Wochen nach dem Mord im Tiergarten wurde das Opfer Changoschwili immer wieder als „Gefährder" bezeichnet. Diese Einstufung hatten die deutschen Sicherheitsbehörden jedoch bereits 2018 zurückgenommen – mangels entsprechender Aktivitäten Changoschwilis. Erst als sich der Verdacht verfestigte, dass höchste staatliche Stellen in Moskau einen Auftragsmörder nach Berlin geschickt hatten, verfingen Darstellungen des Opfers als eines „absolut blutrünstigen Mörders" und damit die versuchte Rechtfertigung des Mordes weniger als direkt nach dem Mord.

Richter Arnoldi betonte in der mündlichen Urteilsverkündung am 15. Dezember 2021, dass die vom Präsidenten Russlands vorgebrachte Rechtfertigung keinerlei Grundlage gehabt habe: Von Changoschwili sei keine Gefahr ausgegangen. Insofern laufen relativierende Vergleiche erst recht ins Leere, wonach Geheimdienste wie der israelische Mossad auch Terroristen liquidierten. Vor allem in Bezug auf deutsche Geheimdienste treffen diese Relativierungen nicht zu, da Tötungen abseits akuter Notwehr und Nothilfe oder in unmittelbaren Kampfhandlungen im Krieg als Kapitalverbrechen verfolgt werden. Beihilfe zum Mord würde ebenso strafrechtlich verfolgt, sagte der ehemalige BND-Direktor Gerhard Conrad. Bekanntlich verfüge der BND in keiner Weise über eine „Lizenz zum Töten". Dies werde sich auf Basis der bestehenden Verfassungsordnung und des Strafrechts auch nicht ändern. Der BND sei ein reiner Nachrichtendienst mit der Aufgabe der Informationsbeschaffung. Er habe keine Exekutivbefugnisse wie Geheimdienste in einigen anderen Staaten. Diese Unterschiede in der Öffentlichkeit klarer und nachhaltiger zu kommunizieren, würde helfen, gedankenlosen oder böswilligen Gleichsetzungen zwischen den deutschen Sicherheitsbehörden und skrupellos vorgehenden russischen Diensten besser entgegenzuwirken.

Es ist allerdings etwas zu einfach, zwischen Nachrichtendiensten in demokratischen und autoritär geführten Staaten in dem Sinne zu unterscheiden, dass Erstere ausschließlich Informationen sammeln, während Letztere dem Schutz des jeweiligen Regimes dienen. Der Geheimdienstexperte Galeotti unterscheidet noch einmal zwischen demokratischen Staaten, die sich im Krieg sehen, und anderen, die nicht in dieser Lage sind. Fühlten sich liberale Demokratien ernsthaft bedroht, könnten auch sie „zu Mitteln greifen wie Drohnenangriffe auf mutmaßliche Terroristen anstelle rechtsstaatlicher Verfahren oder Sabotage von Infrastruktur – beides unter Missachtung der Unverletzlichkeit fremden Staatsterritoriums". Entscheidend sei jedoch, so Galeotti, dass sich die meisten autoritären Regime permanent im Krieg wähnten und von ihrem eigenen Volk oder anderen Staaten bedroht fühlten.[9] Hinzu kommen in demokratisch verfassten Staaten gesetzliche Vorgaben zu Befugnissen und zur unabhängigen Kontrolle von Geheimdiensten sowie Medien, die Skandale und Unzulänglichkeiten aufdecken.

Wenn, dann konnte den deutschen Nachrichtendiensten in den vergangenen Jahren tatsächlich vorgeworfen werden, dass sie zu schwach waren – bei Spionageabwehr und Gegenspionage. Das Referat Gegenspionage des BND wurde 2002 während der Kanzlerschaft von Gerhard Schröder abgeschafft und 2017 überhaupt erst wieder eingerichtet.[10] Zur Gegenspionage zählt das Anwerben von Quellen und Überläufern. Wie wichtig dies im Hinblick auf Russland ist, zeigte sich in den vergangenen Jahren und seit 2022 verstärkt daran, dass ganze Netzwerke illegaler Agenten aufgedeckt werden konnten. Offenbar auch dank hochrangiger Quellen in Russland konnten Großbritannien und die USA die Angriffspläne Putins auf die Ukraine im Februar 2022 recht präzise vorhersagen, um einerseits zu warnen und Vorbereitungen zum Schutz von Menschenleben zu treffen und um andererseits mit offensiver Informationspolitik die russische Propaganda zu durchkreuzen. Eine bessere Kenntnis der Netzwerke, Arbeitsweisen und Ziele der russischen Geheimdienste könnte bei der Prävention von Kapitalverbrechen wie Morden und „aktiven Maßnahmen" zur Destabilisierung Deutschlands und Verbündeter helfen. Um es zugespitzt zu formulieren: Wenn überhaupt, dann hätte der Tiergartenmord verhindert werden können, wenn der Plan vorher an westliche Geheimdienste verraten worden wäre.

Der Bereich der Spionageabwehr, der im Aufgabenfeld des Verfassungsschutzes im Bund und in den Ländern sowie beim Militärischen Abschirmdienst MAD liegt, wurde in den vergangenen Jahren wieder ausgebaut. So wurden dem Verfassungsschutz mehrere hundert neue Stellen für diesen Bereich bewilligt. Eine Aufgabe der Spionageabwehr ist es, neben den offiziellen Residenten der Geheimdienste auch die Mitarbeiter der Botschaften ausfindig zu machen, die unter diplomatischem Schutz als Agenten in Deutschland agieren. Resultat dieser Arbeit war die mehrfache Ausweisung russischer Diplomaten. Am 31. Mai 2023 erfolgte die Anordnung zur Schließung von vier der fünf russischen Generalkonsulate in Deutschland. Zu Beginn des Jahres 2023 waren nach einem Bericht der *FAZ* immer noch 540 russische Diplomaten in Deutschland akkreditiert, etwa ein Drittel davon schätze der Verfassungsschutz als getarnte Agenten ein.[11]

Die russischen Geheimdienste setzten darüber hinaus auf willige Zuträger und Unterstützer. Der Fall des verurteilten ehemaligen Reserveoffiziers Ralph G. zeigt als ein Beispiel, wie russische Agenten auf Naivität, Unwissenheit, Eitelkeit und Geltungsbedürfnis setzen können, um eifrige Informationsbeschaffer zu finden. Im Sinne einer Resilienz demokratischer Staaten ist ein deutliches Mehr an Sensibilisierung und Aufklärung nötig, vor allem in für Russland interessanten Institutionen wie bei den Abgeordneten des Bundestages und der Landtage sowie in Ministerien, in Wirtschaft, Wissenschaft und vor allem im Militärbereich. Dazu zählt neben der klassischen Medienkompetenz, die dabei hilft, subtile Propagandamethoden zum Schüren von Frust und Ängsten zu verstehen, auch eine technische Medienkompetenz, um Methoden wie das Phishing und den Einsatz von Schadsoftware zu erkennen.

Prävention und Verfolgung von Straftaten

Der Fall Changoschwili und weitere Beispiele haben gezeigt, wie einfach es zumindest bis 2019 für russische Agenten war, Mehrfachvisa für den Schengenraum zu erhalten, dies sogar mit falschen Angaben und Reisepässen ohne biometrische Daten. Hier muss eine zielgerichtete Prävention erfolgen, denn wie beispielsweise der CDU-Politiker Roderich Kiesewetter warnt, sollte sich Deutschland nicht komplett isolieren: Die russische Seite beabsichtige ja gerade, dass Staaten wie Deutschland von toleranten, weltoffenen zu abgeschotteten Ländern werden. Dass hier eine enge Kooperation in den EU-Gremien, im Schengenraum, aber auch zwischen den Nachrichtendiensten wie im Berner Club europäischer Inlandsgeheimdienste nötig ist, zeigt die erhöhte Zahl an Einreisenden aus Russland, die vor repressiven Maßnahmen und ihren Einrufungsbescheiden fliehen. In diesen Fällen sollten zwar generell Visa für Aufenthalte erteilt werden, aber es muss auch der Gefahr begegnet werden, dass die russischen Geheimdienste die Unübersichtlichkeit solcher Situationen für sich ausnutzen.

Um Einreisen von Agenten unter falscher Identität zu verhindern oder wenigstens deutlich zu erschweren, sieht der ehemalige BND-Direktor Conrad mehrere Notwendigkeiten:

Es seien massive Anstrengungen notwendig, um eine Involvierung von Ortskräften in konsularische Angelegenheiten, vor allem bei der Visavergabe, zu unterbinden.

Als Mindestmaßnahme müsse sichergestellt werden, dass das aus Deutschland entsandte Personal auch wirklich dazu in der Lage ist, um eine Dienst- und Fachaufsicht der Ortskräfte in den einzelnen Ländern zu gewährleisten: „Nur so lässt sich das Risiko der Kollusion mit örtlichen kriminellen oder eben auch nachrichtendienstlichen Strukturen einigermaßen reduzieren."

Was für eine Kosten- und Kapazitätsfrage das ist, zeigt sich an diesen Zahlen: Das Auswärtige Amt hat nach eigenen Angaben 5380 Beschäftigte mit deutscher oder anderer Staatsangehörigkeit in den Auslandsvertretungen, die als Ortskräfte angestellt werden. Insgesamt betreibt das Auswärtige Amt 152 Botschaften, 53 Generalkonsulate und sieben Konsulate.[12]

Darüber hinaus müsse eine Visavergabe an Inhaber von Pässen ohne biometrische Daten zumindest dann besonders intensiv geprüft werden, wenn sie nicht als Ergebnis einer gemeinsamen Entscheidung der Schengen-Staaten grundsätzlich in allen Konsulaten der Mitgliedsstaaten verweigert werden müsse. Solchen Restriktionen steht die Problematik gegenüber, dass Menschen auf der Flucht nicht immer ausreichende Papiere zur Identifizierung zur Verfügung haben. In solchen Situationen helfe vor einer Aufenthaltsgewähr nur eine gründliche Überprüfung. Das sei weder „großzügig oder liberal, doch sachlogisch die einzige Chance", benennt Conrad das Dilemma. Zumal es bei solchen Entscheidungen auch darum geht, schon in Deutschland befindliche Dissidenten vor Attentaten zu schützen. Die Verunsicherung unter russischen Oppositionellen und Medienschaffenden ist groß. Das zeigte sich im Mai 2023, als zwei Journalistinnen im zeitlichen Zusammenhang mit dem Besuch einer Konferenz in Berlin über Unwohlsein klagten. Das Berliner Landeskriminalamt nahm daraufhin Ermittlungen wegen einer möglichen Vergiftung auf.

Conrad gibt zu bedenken, dass Restriktionen bei der Einreise den Täterkreis lediglich einschränken, aber nicht verhindern können, dass Ortsansässige auf Befehl politische Morde ausführen. Hier kommt hinzu, auch das zeigt der Fall Changoschwili, dass die russischen Dienste offensichtlich darauf setzen, dass durch Aufenthalte in mehreren Schengen-Staaten eine Aufklärung von Reisebewegungen längere Zeit dauert oder wegen Unwillens zur staatlichen Zusammenarbeit gar nicht erfolgt.

Zudem war es den Planern des Tiergartenmordes ein Leichtes, den Täter unerkannt durch Berlin zu schicken, sobald er das beabsichtigte – trotz aller Überwachungsmöglichkeiten, die es bereits gibt. Aber hier sagt Experte Conrad: „Grundsätzlich gilt, dass sich ein politischer Mord bei professioneller und damit diskreter Vorbereitung ebenso wenig verhindern lässt wie ein Mord im allgemein kriminellen Milieu oder aus diesem heraus."

Der Einsatz von flächendeckenden Überwachungskameras im öffentlichen Raum und die Speicherung von Metadaten elektronischer Kommunikationsmittel, wie sie in anderen liberalen Demokratien eingeführt wurde, hätten beim Tiergartenmord zusätzliche Ermittlungsoptionen eröffnen können, so Conrad. Doch entscheidend für die Festnahme waren die beiden jungen Zeugen am Holsteiner Ufer, die augenblicklich die Polizei riefen, als ihnen das fragwürdige Gebahren Krassikows auffiel. Zudem taugten Überwachungskameras und Datenspeicherung kaum, so Conrad. Es sei denn, man hätte bereits bestimmte Personen im Visier und verfolge ihre Aktivitäten. Sinnvoll wäre es hingegen, gefährdete Personen unter Schutz zu stellen, wofür jedoch ein hoher personeller und materieller Aufwand zu beachten wäre.

Die Präsentation der Ermittlungsergebnisse vor Gericht legte zudem die begrenzten Möglichkeiten deutscher Strafverfolger offen, wenn höchste Stellen in anderen Staaten, zumal in autoritär geführten wie Russland, als Auftraggeber und Unterstützer verdächtigt werden. Das trifft aber auch auf verbündete Staaten zu, in diesem Fall die Türkei und Georgien.

Was und wie viel mit öffentlich zugänglichen Informationen angesichts der weitgehenden Digitalisierung des Alltags aufgedeckt, nach- und zurückverfolgt werden kann, das zeigen immer häufiger auf beeindruckende Weise Rechercheure von Bellingcat und anderen Organisationen und Medien – nicht nur in diesem Fall: Zusammen mit der *New York Times* machte Bellingcat im

April 2023 noch vor dem FBI den Mann ausfindig, der hochgeheimes Material unter anderem zum Krieg Russlands gegen die Ukraine geleakt hatte. Beim Tiergartenmord trug die Fülle der von Bellingcat beigesteuerten Indizien dazu bei, dass der Vorwurf der staatlichen Beteiligung erhoben werden und bis zu einem gewissen Grad die Eingrenzung auf einen Täterkreis stattfinden konnte. Aber die Verteidigung und die Richter machten auch deutlich, dass Belege vor Gericht hohen Ansprüchen genügen müssen. Viele Organisationen, die zum Beispiel in der Ukraine Kriegsverbrechen dokumentieren wollen, gehen deshalb nach strengen Kriterien vor. Doch bleibt ein Unterschied zu staatlichen Ermittlungsbehörden, die allein der Aufklärung verpflichtet sein sollen – private Organisationen und Medien können idealistische Ziele verfolgen, und sie müssen sich finanziell tragen. Um in dieser Hinsicht keine Angriffsfläche zu bieten und Glaubwürdigkeit zu erzeugen, müssen Medien streng auf die Einhaltung der journalistischen Prinzipien, wie sie im Pressekodex formuliert sind, und Transparenz hinsichtlich der Finanzierung und der Arbeitsweise achten. Konsequenter Informantenschutz und technische Möglichkeiten zur anonymen Kontaktaufnahme sind entscheidende Faktoren für Personen mit Insiderwissen, die Missstände aufdecken wollen, den Behörden aber nicht trauen. Wie wirkungsvoll Medienarbeit sein kann, zeigte sich an den Veröffentlichungen zu den „Panama Papers“, die zu Politikerrücktritten in mehreren Staaten führten.

Der von Strafverteidiger Unger geäußerte Kritikpunkt, wonach Bellingcat und seine Kooperationspartner nur ihnen genehme Informationen veröffentlicht hätten, gilt für Verdachtsberichterstattung nicht, wenn sie sich nach deutschem Presserecht richtet: Demnach sind Medien verpflichtet, so umfassend wie möglich zu recherchieren und in der Berichterstattung auch jene entlastenden Aspekte zu benennen, die gegen einen beschriebenen Verdacht sprechen. Medien und Rechercheorganisationen können so dafür sorgen, dass Straftaten überhaupt erst aufgedeckt und strafrechtlich verfolgt werden, und sie können Druck erzeugen, dass Ermittlungsbehörden adäquat ausgestattet werden, um öffentlich zugängliche Quellen auszuschöpfen.

Schutz vor Verfolgung

Die schnelle Berichterstattung von Bellingcat und dessen Partnern trug dazu bei, dass der Tiergartenmord nicht als Tat aus dem Milieu der organisierten Kriminalität oder als (Blut-)Rache zwischen verfeindeten tschetschenischen Familien abgetan wurde.

Als Chef des Bundesverfassungsschutzes hatte der CDU-Politiker Hans-Georg Maaßen jahrelang vor Gefahren gewarnt, die von Tschetschenen als kriminellen Banden und ehemaligen kriegserfahrenen Dschihadisten in Deutschland ausgingen. Es zeigte sich jedoch, dass die EU-Staaten für Tschetschenen eher als Rückzugsraum denn als Ort für Anschläge dienen. Kampfbereite Tschetschenen gingen in den vergangenen Jahren nach Syrien oder in die Ukraine. Problematisch ist jedoch insbesondere bei der tschetschenischen Diaspora, dass sie sehr abgeschottet lebt und sich eher selbst organisiert, als der Polizei oder anderen Behörden zu vertrauen. Das zeigte sich zum Beispiel 2020, als es an mehreren Orten zu größeren Auseinandersetzungen kam, an denen Tschetschenen beteiligt waren, darunter in der französischen Stadt Dijon mit Jugendlichen nordafrikanischer Herkunft und im brandenburgischen Rheinsberg mit jungen Männern aus Polen. Dass sich innerhalb kürzester Zeit an beiden Orten Hunderte Tschetschenen aus mehreren europäischen Staaten versammelten, wirkte auf die Öffentlichkeit geradezu beängstigend. In Rheinsberg versuchte ein Verein aus Berlin, das Deutsch-Nordkaukasische Sozial- und Kulturzentrum, gemeinsam mit der Polizei zu vermitteln und so gegenseitiges Verständnis herzustellen. Solche Bemühungen sind auch notwendig, um von deutscher Seite besser verstehen zu können, wie weit Gegner Kadyrows und Putins durch Unterwanderung der tschetschenischen Diaspora mit deren Agenten gefährdet sind. Der beschriebene Gerichtsprozess in München gegen den seit Langem in Deutschland lebenden Tschetschenen Walid D. ist ein Beispiel für die Gefährdung von Dissidenten durch Landsleute, in diesem Fall des Bloggers Mochmad Abdurachmanow.

Inzwischen gibt es im Auswärtigen Amt und bei einzelnen Gerichten mehr Sensibilität für die spezifische Gefährdung von Tschetschenen auch außerhalb des Nordkaukasus. Das zeigt der Fall des Tschetschenen Omar Salukwadse, der in Brandenburg 14 Monate in Auslieferungshaft saß. Russische Ermittlungsbehörden warfen ihm zweifachen Mord und ein Mordkomplott vor, legten aber keine beweiskräftigen Belege dafür vor. Das Brandenburgische Oberlandesgericht erklärte 2021, eine Auslieferung nach Russland sei unzulässig, weil Salukwadse als Angehörigen einer im Tschetschenienkrieg aktiven Gruppe vermutlich kein faires Strafverfahren nach völkerrechtlichen Mindeststandards erwarte.[13] Das Abgleiten Russlands in eine Diktatur führte dazu, dass 2022 Auslieferungen und Abschiebungen dorthin bis auf wenige Fälle ausgesetzt wurden.

Georgien hingegen, dessen Behörden bereitwillig eigene Staatsbürger zurücknehmen, gilt nach wie vor als demokratisch. Im Rahmen der Migrationspolitik verfolgt insbesondere die Regierungspartei FDP das Ziel, Georgien als sicheren Herkunftsstaat anzuerkennen – schließlich sei die Regierung in Tiflis darauf aus, in die EU aufgenommen zu werden. Doch erfordern die politischen Entwicklungen auch unter dem Druck Russlands und der problematische Umgang der Sicherheitsbehörden insbesondere mit den Tschetschenen im Pankisi-Tal eine Aktualisierung der Bewertung Georgiens sowie sorgfältige Einzelfallbewertungen bei Asylanträgen.

Austausch von Krassikow?

Soll es für Auftragsmörder wie den Verurteilten weniger attraktiv werden, Taten wie den Tiergartenmord zu begehen, dann dürfen sich die Täter nicht sicher sein, dass Putin sie auch nach einer Verurteilung zurückholt. Das ist ein gewichtiger Grund, der gegen einen Austausch Krassikows nach Russland spricht. Außerdem sollte Krassikow seine Strafe für die Tat, die ihm in einem rechtsstaatlich geführten Verfahren nachgewiesen wurde, weitgehend verbüßen. Fälle wie jener des verurteilten Waffenhändlers Wiktor But lassen erwarten, dass Krassikow bei einer Rückkehr mit einem roten Teppich und einem Orden empfangen würde.

Nicht zuletzt sollte den Angehörigen Gerechtigkeit widerfahren und ein Signal gesetzt werden, dass solche Morde gesühnt werden und keinerlei Rechtfertigung haben – auch wenn das Opfer in seiner Vergangenheit an Kampfhandlungen beteiligt war, für die es sicher auf rechtsstaatlichem Wege zur Verantwortung gezogen werden sollte.

Gleichzeitig muss man sich der Perfidität des Putin'schen Handelns bewusst werden. Dafür stehen exemplarisch die Verurteilung der US-Basketballerin Brittney Griner zu einer langjährigen Haftstrafe und die Verhaftung des Korrespondenten Evan Gershkovich vom *Wall Street Journal*, dem lebenslange Haft in einem russischen Straflager droht – ein präzedenzloser Fall. Offensichtlich soll Gershkovich wie die Basketballerin gegen russische Gefangene ausgetauscht werden.[14] Krassikow ist offenbar auch in diesem Fall im Gespräch. Deutsche Politiker befürchten, dass auch deutsche Staatsbürger als „Geiseln" genommen werden könnten. Das Auswärtige Amt warnte im April 2023 explizit vor der „Gefahr willkürlicher Festnahmen" in Russland und riet von Reisen dorthin ab.

Ein weiteres Mittel zur Erpressung ist der Umgang mit Oppositionellen wie Alexej Nawalny, den trotz bereits verhängter langjähriger Haftstrafen weitere Gerichtsverfahren erwarten, der offenbar in Haft misshandelt wird und womöglich ein weiteres Mal vergiftet wurde. Der Oppositionspolitiker Wladimir Kara-Mursa wurde im April 2023 zu 25 Jahren Haft verurteilt, worin Kritiker eine Rückkehr zu Stalin'schen Verhältnissen sehen. Er wurde von einem Richter verurteilt, der für sein Vorgehen gegen Oppositionelle bereits mit US-Sanktionen belegt worden ist. Kara-Mursa war einer der stärksten Verfechter des sogenannten Magnitsky Act. Dieses Gesetz erlaubt es der US-Regierung, Sanktionen zunächst gegen jene russischen Staatsbürger zu verhängen, die die Inhaftierung des Rechtsvertreters von Ölmagnat Michail Chodorkowski zu verantworten hatten. Seit 2016 ermöglicht der Global Magnitsky Act der US-Regierung die Bestrafung von Menschenrechtsverletzern weltweit. Da Kara-Mursa an den gesundheitlichen Folgen zweier Vergiftungen leidet, wird sein Leben im Gefängnis als stark gefährdet eingeschätzt. Deshalb wird sich die US-Regierung in der Verantwortung sehen, sich für Kara-Mursa einzusetzen – wenn er selbst einem Tausch zustimmen würde.

Es stellt sich die Frage, ob mit einem Austausch Krassikows das Leben Oppositioneller gerettet und dem jungen Journalisten Gershkovich eine langjährige und harte Haft in einem russischen Straflager erspart werden kann. Die Entscheidung läge bei der Bundesregierung. Sie könnte die Bundesanwaltschaft anweisen, von der weiteren Strafvollstreckung abzusehen und Krassikow für eine Abschiebung freizugeben. Solange Krassikow allerdings hoffen kann, dass die Führung in Moskau ihn irgendwann aus der deutschen Haft holt, wird er sein Verhalten kaum ändern. Ein Zeichen der Reue, eine Geste des Bedauerns gegenüber den Angehörigen seines Mordopfers Changoschwili hat er nie gezeigt.

Anhang

Anmerkungen

Kapitel 1
Es begann in Tschetschenien

1 Programmankündigung der Sendung „Débat" mit Hervé Claude bei Arte TV um 21.35 Uhr am 30. September 2003: http://download.pro.arte.tv/archives/bulletin/2003bull40.pdf, und Videoausschnitt bei YouTube: https://www.youtube.com/watch?v=Npwnh8upLOc, Zitat beginnt bei 4:00 Minuten (abgerufen am 14.1.2023).

2 Anna Politkowskaja, Ich, Putin, Präsident und Diktator, in: Süddeutsche Zeitung Magazin 21/2005, 9.5.2006, https://sz-magazin.sueddeutsche.de/aussenpolitik/ich-putin-praesident-und-diktator-73122 (abgerufen am 14.1.2023).

3 Interview mit Iljas Bogatyrew für die Sendung „Взгляд". (Der (Aus-)blick) der russischen Sender Erster Kanal und ORT im Jahr 1995, zum Beispiel hier: https://www.youtube.com/watch?v=IavEOx3hUAk (abgerufen am 23.5.2023).

4 Pavel Felgenhauer, Degradation of the Russian Military: General Anatoly Kvashnin, in: Perspective 15/1 (October–November 2005), S. 2.

5 Ebd.

6 Andrei Soldatov/Irina Borogan, The New Nobility: The Restoration of Russia's Security State and the Enduring Legacy of the KGB, New York 2010, S. 174 f.

7 Uwe Halbach, Krieg am Rande Europas: Der Tschetschenienkrieg im neuen Licht?, in: SWP-Aktuell 2002/A45, 15.11.2002, https://www.swp-berlin.org/publications/products/aktuell/swpaktu_45_02_sicher.pdf (abgerufen am 30.5.2023), S. 4.

8 Soldatov/Borogan, The New Nobility, S. 196.

9 Ebd., S. 184.

10 Politkowskaja, Ich, Putin, Präsident und Diktator.

11 Christoph Schult, Putin-Besuch: Schröder wirbt für Allianz gegen den Terror, in: Der Spiegel, 25.09.2001, https://www.spiegel.de/politik/

deutschland/putin-besuch-schroeder-wirbt-fuer-allianz-gegen-den-terror-a-159204.html (abgerufen am 14.1.2023).

12 Zitiert nach Hans-Joachim Spanger, Paradoxe Kontinuitäten: Die deutsche Russlandpolitik und die koalitionären Farbenlehren, in: HSFK-Report 12/2005, S. I.

13 Markus Wehner/Reinhard Bingener, Die Moskau-Connection: Das Schröder-Netzwerk und Deutschlands Weg in die Abhängigkeit, München 2023, S. 8.

14 Die Bundesregierung, Rede des Bundeskanzlers vor dem Deutschen Bundestag: Aussprache über die Erklärung der Bundesregierung zur Lage in Tschetschenien, Bulletin 05-95, in: bundesregierung.de, 23.1.1995, https://www.bundesregierung.de/breg-de/service/bulletin/rede-des-bundeskanzlers-vor-dem-deutschen-bundestag-aussprache-ueber-die-erklaerung-der-bundesregierung-zur-lage-in-tschetschenien-801978 (abgerufen am 14.4.2023).

15 Mary Elise Sarotte, Not One Inch: America, Russia, and the Making of Post-War Stalemate, New Haven & London 2021, S. 205 f., 220, 228, 324.

16 Ebd., S. 329.

17 Silvia Stöber, Das Tal des Misstrauens, in: Neue Zürcher Zeitung, 23.8.2010, S. 5.

18 Mark Galeotti, Putin's Wars: From Chechnya to Ukraine, Oxford 2022, S. 103.

19 Emil A. Souleimanov, The North Caucasus Insurgency: Dead or alive?, Carlisle 2017, S. 17; Halbach, Krieg am Rande Europas, S. 2.

20 Jakob Hedenskog, Russia and International Cooperation on Counter-Terrorism: From the Chechen Wars to the Syria Campaign, FOI (Swedish Defence Research Agency) 2020, S. 14, https://www.foi.se/rest-api/report/FOI-R--4916--SE (abgerufen am 14.1.2023).

21 Soldatov/Borogan, The New Nobility, S. 171; Halbach, Krieg am Rande Europas, S. 2.

22 Hedenskog, Russia and International Cooperation on Counter-Terrorism, S. 4.

23 Gesine Dornblüth, Fünf Jahre russischer Militäreinsatz in Syrien: An Russland kommt im Nahen Osten niemand mehr vorbei, in: Deutschlandfunk, 29.9.2020, https://www.deutschlandfunk.de/fuenf-jahre-russischer-militaereinsatz-in-syrien-an-100.html (abgerufen am 26.1.2023).

[24] Vladimir Putin, Rede an die Nation vom 21.2.2022, in deutscher Übersetzung in der Zeitschrift Osteuropa, https://zeitschrift-osteuropa.de/blog/putin-rede-21.2.2022/ (abgerufen am 26.1.2023).

[25] Der Spiegel, Krieg in der Ukraine: Selenskyj wirft Russland Staatsterror vor, in: spiegel.de, 29.7.2022, https://www.spiegel.de/ausland/ukraine-wolodymyr-selenskyj-beschuldigt-russland-des-staatsterrors-a-6d4b83ac-c0a8-42cc-93d0-fed30bfa2141 (abgerufen am 26.1.2023).

[26] European Parliament, European Parliament declares Russia to be a state sponsor of terrorism, 23.11.2022, https://www.europarl.europa.eu/news/en/press-room/20221118IPR55707/european-parliament-declares-russia-to-be-a-state-sponsor-of-terrorism (abgerufen am 26.1.2023).

[27] Silvia Stöber, Tiergartenmord-Prozess: Anklage fordert lebenslange Haft, in: tagesschau.de, 7.12.2021, https://www.tagesschau.de/inland/tiergartenmord-prozess-plaedoyers-bga-101.html (abgerufen am 26.1.2023).

Kapitel 2
Der Auftrag

[1] Fiona Hill/Clifford G. Gaddy, Mr. Putin: Operative in the Kremlin, Washington, D. C. 2015.

[2] Petra Blum/Frederik Obermaier/Bastian Obermayer, Putins beste Freunde, in: panamapapers.sueddeutsche.de, ohne Datum, https://panamapapers.sueddeutsche.de/articles/56eff9f22f17ab0f205e636a/ (abgerufen am 23.5.2023).

[3] Silvia Stöber, Tiergartenmord: Alleingelassen vom russischen Staat, in: tagesschau.de, 18.3.2021, https://www.tagesschau.de/investigativ/tiergartenmord-prozess-russland-angeklagter-101.html (abgerufen am 26.1.2023).

[4] Silvia Stöber, Tiergartenmord-Prozess: Eine kaltblütige Tat, in: tagesschau.de, 10.12.2020, https://www.tagesschau.de/inland/tiergartenmord-prozess-angeklagter-russland-101.html (abgerufen am 26.1.2023).

[5] Silvia Stöber, Tiergartenmord-Prozess: Anklage fordert lebenslange Haft, in: tagesschau.de, 7.12.2021, https://www.tagesschau.de/inland/tiergartenmord-prozess-plaedoyers-bga-101.html (abgerufen am 26.1.2023).

[6] Soldatov/Borogan, The New Nobility, S. 173, 202.

[7] Siehe https://rm.coe.int/ct-legislation-russian-federation/16806415f5. Übersetzung ins Deutsche zitiert nach Otto Luchterhandt, Das neue Terrorbekämpfungsgesetz Russlands vom 10. März 2006, in: Russland-

analysen 99/2006, S. 2, https://www.laender-analysen.de/russland-analysen/99/RusslandAnalysen99.pdf (abgerufen am 4.2.2023).

8 Robert W. Orttung, Introduction: Comparing National Counter-terrorism Strategies, in: ders./Andrey Makarychev (Hrsg.), National Counter-Terrorism Strategies: Legal, Institutional, and Policy Dimensions in the US, UK, France, Turkey and Russia, Washington, D. C. 2006, S. 7.

9 Vgl. auch Peter Finn, In Russia, A Secretive Force Widens Putin Led Regrouping of Security Services, in: Washington Post, 12.12.2006, https://www.washingtonpost.com/archive/politics/2006/12/12/in-russia-a-secretive-force-widens-span-classbankheadputin-led-regrouping-of-security-servicesspan/d35ef7c8-5935-421d-b7ff-864c0412dbeb/ (abgerufen am 4.2.2023).

10 Luchterhandt, Das neue Terrorbekämpfungsgesetz Russlands.

11 Nationales Antiterrorkomitee Russlands, http://nac.gov.ru/sostav.html (abgerufen am 4.2.2023).

12 Soldatov/Borogan, The New Nobility, S. 5, und Finn, In Russia.

13 Karen Dawisha, Putin's Kleptocracy: Who Owns Russia?, New York 2014, S. 170 f.

14 Galeotti, Putin's Wars, S. 170, 206, 313, 344.

15 Dawisha, Putin's Kleptocracy, S. 287.

16 Catherine Belton, Putin's People: How the KGB Took Back Russia and Then Took on the West, London 2020, S. 181 f.

17 Dawisha, Putin's Kleptocracy, S. 207 ff.

18 Soldatov/Borogan, The New Nobility, S. 111 f.

19 Michael Thumann, Revanche: Wie Putin das bedrohlichste Regime der Welt geschaffen hat, München 2023, S. 77.

20 Belton, Putin's People, S. 389 ff.

21 Robert Owen, The Litvinenko Inquiry: Report into the Death of Alexander Litvinenko, London 2016, https://webarchive.nationalarchives.gov.uk/ukgwa/20160613090305/https:/www.litvinenkoinquiry.org/files/Litvinenko-Inquiry-Report-web-version.pdf (abgerufen am 4.2.2023), S. 241.

22 Council of Europe/Venice Commission, Russia: Federal Laws on FSB and Extremism, in: Venice Commission Newsletter 2012 03/1, https://www.venice.coe.int/Newsletter/NEWSLETTER_2012_03/1_RUS_EN.html#_ftnref1 (abgerufen am 27.4.2023).

23 Dawisha, Putin's Kleptocracy, S. 188 ff.

24 Soldatov/Borogan, The New Nobility, S. 4, 176 ff.

25 Tass, Verdict in Khangoshvili Case Biased, Politically Motivated: Russian Ambassador to Germany, 15.12.2021, https://tass.com/society/1376057 (abgerufen am 4.2.2023).

26 Natasha Bertrand/Frederik Pleitgen, CNN Exclusive: Russian Officials Requested Adding Convicted Murderer to Griner/Whelan Prisoner Swap, in: cnn.com, 1.8.2022, https://edition.cnn.com/2022/07/29/politics/griner-whelan-russia-murderer-request/index.html (abgerufen am am 4.2.2023).

27 Christina Nagel, US-Star Griner in russischem Lager: „Für sie wird es doppelt schwer", in: tagesschau.de, 18.11.2022, https://www.tagesschau.de/ausland/europa/russland-griner-straflager-101.html (abgerufen am 4.2.2023).

28 Stöber, Tiergartenmord-Prozess: Eine kaltblütige Tat.

29 Silvia Stöber, Ersuchen Russlands: Warum der „Tiergartenmörder" nicht ausgetauscht wird, in: tagesschau.de, 1.8.2022, https://www.tagesschau.de/investigativ/tiergartenmord-verurteilter-russland-auslieferung-101.html (abgerufen am 4.2.2023).

30 Ebd.

Kapitel 3
Die Tat

1 Bellingcat Investigation Team, „V" For „Vympel": FSB's Secretive Department „V" Behind Assassination of Georgian Asylum Seeker in Germany, in: bellingcat.com, 17.2.2020, https://www.bellingcat.com/news/uk-and-europe/2020/02/17/v-like-vympel-fsbs-secretive-department-v-behind-assassination-of-zelimkhan-khangoshvili/ (abgerufen am 5.2.2023).

2 Silvia Stöber, Tiergartenmord-Prozess: Vergiftungsgefahr im Gefängnis?, in: tagesschau.de, 4.2.2021, https://www.tagesschau.de/inland/prozess-tiergartenmord-angeklagter-ermittlungen-101.html (abgerufen am 5.3.2023).

3 Silvia Stöber, Blogger Tumso Abdurachmanow: Kadyrow-Gegner in Schweden verschwunden, in: tagesschau.de, 5.12.2022, https://www.tagesschau.de/investigativ/tschetschenen-blogger-gegner-kadyrow-abdurachmanow-101.html (abgerufen am 5.3.2023).

4 Berlin: Russischer Diplomat tot auf Gehweg vor Botschaftsgebäude aufgefunden, in: spiegel.de, 5.11.2021, https://www.spiegel.de/politik/

deutschland/berlin-russischer-diplomat-tot-vor-botschaft-gefunden-a-6af4d6ba-6cbf-4923-9200-608094b8700c (abgerufen am 5.3.2023).

5 Christo Grozev, Russian Diplomat Who Died at Berlin Embassy is Senior Intelligence's Figure's Son, in: bellingcat.com, 5.11.2021, https://www.bellingcat.com/news/2021/11/05/russian-diplomat-who-died-at-berlin-embassy-is-senior-intelligence-figures-son/ (abgerufen am 5.3.2023).

6 Bundesministerium des Innern und für Heimat, Verfassungsschutzbericht 2021, Berlin 2022, https://www.verfassungsschutz.de/SharedDocs/publikationen/DE/verfassungsschutzberichte/2022-06-07-verfassungsschutzbericht-2021-startseitenmodul.pdf?__blob=publicationFile&v=3 (abgerufen am 12.3.2023), S. 276 f.

7 Gerhard Conrad/Martin Specht, Keine Lizenz zum Töten: 30 Jahre als BND-Mann und Geheimdiplomat, Berlin 2020, S. 314 f.

8 Josef Hufelschulte, Für den Kreml: Als Diplomaten getarnt. Russland schickt 200 Geheimagenten nach Deutschland, in: focus.de, 4.6.2021, https://www.focus.de/politik/deutschland/einsatz-fuer-den-kreml-russland-verstaerkt-spionage-in-deutschland-200-geheimagenten-im-verdeckten-einsatz_id_13361366.html (abgerufen am 12.3.2023).

9 Auswärtiges Amt, Erklärungen des Auswärtigen Amts in der Regierungspressekonferenz vom 24.4.2023, in: auswaertiges-amt.de, 24.4.2023, https://www.auswaertiges-amt.de/de/newsroom/regierungspressekonferenz/2594116#content_1 (abgerufen am 30.5.2023).

10 Silvia Stöber, Urteil im Spionageprozess: Geheimagent aus Geltungssucht, in: tagesschau.de, 18.11.2022, https://www.tagesschau.de/investigativ/gerichtsprozess-reservist-agententaetigkeit-russland-101.html (abgerufen am 5.3.2023).

11 Julian Röpcke, Russen-Agent nach Tiergarten-Mord ausgewiesen: Die Spur von Putins Spion führt bis in den Bundestag, in: bild.de, 16.12.2019, https://www.bild.de/bild-plus/politik/inland/politik-inland/tiergarten-mord-russland-agent-ausgewiesen-spur-fuehrt-bis-in-den-bundestag-66731070.bild.html (abgerufen am 16.11.2022).

12 Markus Sehl, Spionageprozess startet in Berlin: Die Spur der Briefmarke, in: Legal Tribune Online, 1.9.2021, https://www.lto.de/recht/hintergruende/h/berlin-kammergericht-prozess-spionage-russland-botschaft-brief-cd-rom-bundestag-grundrisse-lageplaene/ (abgerufen am 6.3.2023).

13 Dan Sabbagh, British Embassy Guard Admits Giving Secrets to Russians in Berlin, in: theguardian.com, 22.11.2022, https://www.theguardian.com/world/2022/nov/11/british-embassy-guard-admits-giving-secrets-to-russians-in-berlin (abgerufen am 16.3.2023).

14 Michael Götschenberg/Georg Heil, Ex-BND-Mitarbeiter: Der mutmaßliche Spion schweigt, in: tagesschau.de, 1.03.2023, https://www.tagesschau.de/investigativ/rbb/bnd-landesverrat-russland-mitarbeiter-carsten-l-101.html (abgerufen am 6.3.2023).

15 Paul-Anton Krüger, Krieg in der Ukraine: Deutschland weist 40 russische Diplomaten aus, in: sueddeutsche.de, 4.4.2023, https://www.sueddeutsche.de/politik/bundesregierung-russische-diplomaten-ausweisung-1.5560782 (abgerufen am 12.3.2023).

16 Guy Faulconbridge, What is Russia's GRU Military Intelligence Agency?, in: reuters.com, 5.10.2018, https://www.reuters.com/article/us-britain-russia-gru-factbox-idUSKCN1MF1VK (abgerufen am 12.3.2023); Ben Smith, Briefing Paper: Russian Intelligence Services and Special Forces, House of Commons Library, 30.10.2018, https://researchbriefings.files.parliament.uk/documents/CBP-8430/CBP-8430.pdf (abgerufen am 11.3.2023); Bundesministerium des Innern und für Heimat, Verfassungsschutzbericht 2021, S. 277.

17 Gordon Corera, Russians Among Us: Sleeper Cells, Ghost Stories, and the Hunt for Putin's Spies, New York 2021.

18 Jim Edwards, Russia Probably Has More Undercover „Sleeper" Agents Who Can Assassinate Western Targets Today than During the Cold War, in: businessinsider.com, 6.3.2018, https://www.businessinsider.com/illegals-of-directorate-s-russia-undercover-covert-sleeper-agents-2017-12 (abgerufen am 11.3.2023).

19 Shaun Walker, Espionage: The Russian Spy who Posed as a Canadian for More than 20 Years, in: theguardian.com, 23.8.2019, https://www.theguardian.com/world/2019/aug/23/russian-spy-elena-vavilova-posed-as-a-canadian-estate-agent-for-over-20-years (abgerufen am 25.3.2023).

20 Uwe Müller/Lars-Marten Nagel, Russische Spionage: Agententhriller von historischer Dimension, in: welt.de, 21.10.2012, https://www.welt.de/politik/deutschland/article110072578/Agententhriller-von-historischer-Dimension.html (abgerufen am 12.3.2023).

21 Silvia Stöber, Den Haag: Russischer Agent wollte Gericht ausspionieren, in: tagesschau.de, 17.6.2022, https://www.tagesschau.de/investigativ/russland-spion-gru-101.html (abgerufen am 16.3.2023).

22 Leyland Cecco, Espionage: Suspected Russian Spy Arrested in Norway Spent Years Studying in Canada, in: theguardian.com, 28.10.2023, https://www.theguardian.com/world/2022/oct/28/russian-spy-norway-canada-brazil-academic (abgerufen am 16.3.2023).

23 Shaun Walker, Espionage: The „Ordinary" Family at No 35: Suspected Russian Spies Await Trial in Slovenia, in: theguardian.com, 24.3.2023,

https://www.theguardian.com/world/2023/mar/24/suspected-russian-spies-trial-slovenia (abgerufen am 24.3.2023).

24 Uwe Halbach, Tschetscheniens Stellung in der Russischen Föderation, in: SWP-Studie März 2018, https://www.swp-berlin.org/publications/products/studien/2018S01_hlb.pdf (abgerufen am 30.5.2023), S. 19.

25 Jacques Follorou, Opposant tchétchène tué à Lille: Les enquêteurs sur la piste d'une elimination rudimentaire, in: lemonde.fr, 21.2.2020, https://www.lemonde.fr/societe/article/2020/02/21/opposant-tchetchene-tue-a-lille-les-enqueteurs-sur-la-piste-d-une-elimination-rudimentaire_6030277_3224.html (abgerufen am 18.3.2023).

26 Silvia Stöber, Blogger Tumso Abdurachmanow: Kadyrow-Gegner in Schweden verschwunden, in: tagesschau.de, 5.12.2022, https://www.tagesschau.de/investigativ/tschetschenen-blogger-gegner-kadyrow-abdurachmanow-101.html (abgerufen am 5.3.2023).

27 Bellingcat Investigation Team, FSB's Magnificient Seven: New Links between Berlin and Istanbul Assassinations, in: bellingcat.com, 29.6.2020, https://www.bellingcat.com/news/uk-and-europe/2020/06/29/fsbs-magnificent-seven-new-links-between-berlin-and-istanbul-assassinations/ (abgerufen am 19.3.2023).

28 Ebd.

29 Shaun Walker, Murder in Istanbul: Kremlin's Hand Suspected in Shooting of Chechen, in: theguardian.com, 10.1.2016, https://www.theguardian.com/world/2016/jan/10/murder-istanbul-chechen-kremlin-russia-abdulvakhid-edelgireyev (abgerufen am 18.3.2023).

30 Two „Russian Spies" Caught in Istanbul, in: hurriyetdailynews.com, 14.4.2016, https://www.hurriyetdailynews.com/two-russian-spies-caught-in-istanbul--97736 (abgerufen am 19.3.2023).

31 Turkey „Extradites Two Russian Spies in Exchange for Two Crimean Tatar Politicians", in: hurriyetdailynews.com, 29.11.2017, https://www.hurriyetdailynews.com/turkey-extradites-two-russian-spies-in-exchange-for-two-crimean-tatar-politicians-123282 (abgerufen am 19.3.2023).

32 https://www.interpol.int/How-we-work/Notices/View-Red-Notices#2012-336974 (abgerufen am 19.3.2023).

33 Чеченский Валидол - турки поймали «шпиона» в розыске, in: rosbalt.ru, 13.4.2016, https://www.rosbalt.ru/moscow/2016/04/13/1506381.html (abgerufen am 19.3.2023).

34 Have Russian Hitmen Been Killing with Impunity in Turkey?, in: bbc.com, 13.12.2016, https://www.bbc.com/news/magazine-38294204 (abgerufen am 19.3.2023).

35 Video der Nachrichtenplattform juga4ru aus Krasnodar bei YouTube: https://www.youtube.com/watch?v=OFMW2SCUylY (abgerufen am 19.3.2023).

36 Russian and Ukrainian Men Accused of Georgian Businessman's Murder, in: agenda.ge, 21.1.2016, https://agenda.ge/en/news/2016/164 (abgerufen am 20.3.2023).

37 Bellingcat Investigation Team, Identifying FSB's Elusive „Elbrus": From MH17 To Assassinations in Europe, in: bellingcat.com, 24.4.2020, https://www.bellingcat.com/news/uk-and-europe/2020/04/24/identifying-fsbs-elusive-elbrus-from-mh17-to-assassinations-in-europe/ (abgerufen am 21.3.2023).

38 Maik Baumgärtner u. a., Hacker, Spione, Killer: So unterwandern Putins Agenten Deutschland, in: spiegel.de, 26.8.2022, https://www.spiegel.de/politik/deutschland/hacker-spione-killer-wie-wladimir-putins-agenten-deutschland-unterwandern-a-7b133a17-ec0b-4dcd-981e-f28fc0b9ef56 (abgerufen am 21.3.2023).

39 Ambush Wound „Anti-Putin Plotter" and Kills Wife near Kiev, in: bbc.com, 31.10.2017, https://www.bbc.com/news/world-europe-41811969 (abgerufen am 24.3.2023).

40 Roman Lehberger, Korruption in Auslandsvertretungen: Visa für Deutschland – gegen Bakschisch, in: spiegel.de, 26.11.2018, https://www.spiegel.de/panorama/justiz/deutschland-auslandsvertretungen-visa-gegen-bakschisch-a-1240330.html (abgerufen am 21.3.2023).

41 Anthony Faiola/Souad Mekhennet, National Security: After Invasion of Ukraine, a Reckoning of Russian Influence in Austria, in: washingtonpost.com, 5.7.2022, https://www.washingtonpost.com/national-security/2022/07/05/austria-russia-infuence/ (abgerufen am 22.3.2023).

Kapitel 4
Der Gerichtsprozess

1 2. Strafsenat des Kammergerichts in Berlin, Urteil vom 15.12.2021, (2) 3 StE 2/20-1 (2/20), abrufbar z. B. hier: https://openjur.de/u/2389013.html (abgerufen am 29.5.2023).

2 Der Generalbundesanwalt, Übernahme des Ermittlungsverfahrens wegen Mordes zum Nachteil des russisch-georgischen Staatsangehörigen Tornike K./Mitteilung zum Stand der Ermittlungen, in: generalbundesanwalt.de, 4.12.2019, https://www.generalbundesanwalt.de/SharedDocs/Presse-

mitteilungen/DE/2019/Pressemitteilung-vom-04-12-2019.html (abgerufen am 26.3.2023).

3 Auf Deutsch: Eliot Higgins, Digitale Jäger: Ein Insiderbericht aus dem Recherchenetzwerk Bellingcat, Köln 2021.

4 Bellingcat, Funding and How to Support Bellingcat, in: bellingcat.com, 2023, https://www.bellingcat.com/about/funding-and-how-to-support-bellingcat/ (abgerufen am 19.5.2023).

5 Christian Esch, Putins Jahresrückblick: „Warum gleich vergiften?", in: spiegel.de, 17.12.2020, https://www.spiegel.de/ausland/wladimir-putin-dementiert-giftanschlag-auf-alexej-nawalny-a-4a6b6a8e-684f-451a-96a4-46704eaf2536 (abgerufen am 27.3.2023).

6 Reiner Haunreiter, Schild und Schwert 2.0: Russlands Spezialdienste im Ausland, in: Osteuropa 11/2022, S. 91–110, hier S. 106.

7 Bellingcat Investigation Team, Suspected Assassin in the Berlin Killing Used Fake Identiy Documents, in: bellingcat.com, 30.8.2019, https://www.bellingcat.com/news/uk-and-europe/2019/08/30/suspected-assassin-in-the-berlin-killing-used-fake-identity-documents/ (abgerufen am 27.3.2023).

8 Bellingcat Investigation Team, New Evidence Links Russian State to Berlin Assassination, in: bellingcat.com, 27.9.2019, https://www.bellingcat.com/news/uk-and-europe/2019/09/27/new-evidence-links-russian-state-to-berlin-assassination/ (abgerufen am 27.3.2023).

9 Christo Grozev/Roman Lehberger/Fidelius Schmidt, Tiergarten-Mord: Russischer Geheimdienst spielte offenbar zentrale Rolle bei Erschießung, in: spiegel.de, 17.2.2020, https://www.spiegel.de/politik/deutschland/russischer-geheimdienst-spielte-offenbar-zentrale-rolle-bei-erschiessung-a-9d54908f-8b04-46e8-bf21-261a0874f3e3 (abgerufen am 19.5.2023).

10 Christo Grozev/Michael Weiss, Exclusive: Berlin Murder Suspect's New Ties to Russian Security Services, in: News Line Magazine, 6.8.2021, https://newlinesmag.com/reportage/exclusive-berlin-murder-suspects-new-ties-to-russian-security-services/ (abgerufen am 30.5.2023).

11 Der Spiegel, Tiergarten-Mord: Generalbundesanwalt verdächtigt Moskau als Auftraggeber, in: spiegel.de, 3.12.2019, https://www.spiegel.de/politik/deutschland/tiergarten-mord-generalbundesanwalt-verdaechtigt-moskau-als-auftraggeber-a-1298249.html (abgerufen am 27.3.2023).

12 Bellingcat Investigation Team, Identifying The Berlin Bicycle Assassin: From Moscow to Berlin (Part 1), in: bellincat.com, 3.12.2019, https://www.bellingcat.com/news/uk-and-europe/2019/12/03/identifying-the-berlin-bicycle-assassin-part-1-from-moscow-to-berlin/ (abgerufen am 27.3.2023).

13 Presserat, Pressekodex: Ethische Standards für den Journalismus, in: presserat.de, 2023, https://www.presserat.de/pressekodex.html (abgerufen am 31.5.2023).

14 Silvia Stöber, Tiergartenmord-Prozess: Der ukrainische Zeuge, in: tagesschau.de, 30.7.2021, https://www.tagesschau.de/inland/tiergartenmord-prozess-zeuge-ukraine-101.html (abgerufen am 1.4.2021).

15 Roman Dobrochotow/Christo Grozev/Walter Mayr/Fidelius Schmid, Prozess in Berlin: Schwager identifiziert mutmaßlichen Tiergarten-Mörder, in: spiegel.de, 21.8.2021, https://www.spiegel.de/politik/deutschland/mord-im-kleinen-tiergarten-schwager-identifiziert-mutmasslichen-taeter-a-47fa4a08-d64a-4623-8407-a0b30a3116bf (abgerufen am 1.4.2023).

16 Silvia Stöber, Tiergartenmord-Prozess: Klartext – aber nicht vor Gericht, in: tagesschau.de, 1.9.2021, https://www.tagesschau.de/inland/tiergartenmord-prozess-zeuge-ukraine-103.html (abgerufen am 1.4.2023).

17 Silvia Stöber, Tiergartenmord-Prozess: „Ja, das ist er“, in: tagesschau.de, 27.10.2021, https://www.tagesschau.de/investigativ/tiergartenmord-prozess-zeuge-ukraine-105.html (abgerufen am 1.4.2023).

18 Silvia Stöber, Tiergartenmord-Prozess: Von Beruf Gewalttäter?, in: tagesschau.de, 25.11.2021, https://www.tagesschau.de/investigativ/tiergartenmord-prozess-zeuge-journalist-russland-101.html (abgerufen am 1.4.2023).

19 Silvia Stöber, Tiergartenmord-Prozess: Anklage fordert lebenslange Haft, in: tagesschau.de, 7.12.2021, https://www.tagesschau.de/inland/tiergartenmord-prozess-plaedoyers-bga-101.html (abgerufen am 14.4.2023).

20 Gerichte in Berlin, Pressemitteilung vom 27.12.2021, https://www.berlin.de/gerichte/presse/pressemitteilungen-der-ordentlichen-gerichtsbarkeit/2021/pressemitteilung.1161570.php (abgerufen am 28.4.2023).

Kapitel 5
Selimchan Changoschwili – ein Leben im Kampf mit Russland

1 Uwe Halbach, Russland und der Nordkaukasus im Umfeld des globalen Jihadismus, in: SWP-Aktuell 23, April 2017, https://www.swp-berlin.org/publications/products/aktuell/2017A23_hlb.pdf (abgerufen am 29.5.2023), S. 3.

2 Boris Schumatsky, Wie Feindbilder entstehen, in: taz.de, 17.9.1996, https://taz.de/!1437484/ (abgerufen am 29.5.2023).

3 Otto Luchterhandt, Tschetscheniens Versuch nationaler Unabhängigkeit: Innere Ursachen seines Scheiterns, in: IFSH (Hrsg.), OSZE-Jahrbuch 2000, Baden-Baden, S. 189–212, https://ifsh.de/file-CORE/documents/jahrbuch/00/Luchterhandt.pdf (abgerufen am 29.5.2023), S. 203 und 199.

4 Emil Souleimanov, The North Caucasus Insurgency: Dead or Alive?, Carlisle 2017, S. 43.

5 Ebd.

6 Silvia Stöber, Sicherheitslage im Nordkaukasus: Terror im Namen der Ahnen, in: tagesschau.de, 7.1.2014, https://www.tagesschau.de/ausland/nordkaukasus104.html (abgerufen am 18.4.2023).

7 Michael Ludwig, Terror in Russland: Das Reich des „Emirs des Kaukasus", in: faz.net, 3.4.2010, https://www.faz.net/aktuell/politik/ausland/terror-in-russland-das-reich-des-emirs-des-kaukasus-1970667.html?printPagedArticle=true#pageIndex_2 (abgerufen am 18.4.2023).

8 Stöber, Sicherheitslage im Nordkaukasus.

9 Souleimanov, The North Caucasus Insurgency, S. 56.

10 International Crisis Group, The North Caucasus Insurgency and Syria: An Exported Jihad?, in: crisisgroup.org, 16.3.2016, https://www.crisisgroup.org/europe-central-asia/caucasus/north-caucasus/north-caucasus-insurgency-and-syria-exported-jihad (abgerufen am 18.4.2023), S. 16.

11 Hedenskog, Russia and International Cooperation on Counter-Terrorism, S. 20.

12 Thomas de Waal, Basayev and Maskhadov Under Pressure, in: iwpr.net, 6.9.2004, https://iwpr.net/global-voices/basayev-and-maskhadov-under-pressure (abgerufen am 18.4.2023).

13 Uwe Halbach, Tschetscheniens Stellung in der Russischen Föderation, in: SWP-Studie, März 2018, https://www.swp-berlin.org/publications/products/studien/2018S01_hlb.pdf (abgerufen am 29.5.2023), S. 14.

14 Hedenskog: Russia and International Cooperation on Counter-Terrorism, S. 16.

15 Civil Georgia, Georgian Citizen Killed in Syria, in: civil.ge, 12.3.2019, https://civil.ge/archives/279149 (abgerufen am 27.5.2023).

16 Silvia Stöber, IS-Kommandeur Al Schischani: Einst Soldat, heue Dschihadist, in: tagesschau.de, 17.11.2014, https://www.tagesschau.de/ausland/is-147.html (abgerufen am 18.4.2023).

17 Uwe Halbach, Der „nicht mehr postsowjetische“ Raum? Russland in der Wahrnehmung kaukasischer und zentralasiatischer Staaten nach dem 11. September, Stiftung Wissenschaft und Politik Berlin, Juli 2002, https://www.swp-berlin.org/publications/products/studien/S2002_24_hlb.pdf (abgerufen am 18.4.2023), S. 31.

18 Ariel Cohen, Russia: Criminal Activity, Not Terrorism, Main Source of Pankisi Instability – Opinion Poll, in: eurasianet.org, 4.5.2002, https://eurasianet.org/criminal-activity-not-terrorism-main-source-of-pankisi-instability-opinion-poll-criminal-activity (abgerufen am 18.4.2023).

19 Halbach, Der „nicht mehr postsowjetische“ Raum, S. 31.

20 Radio Free Europe/Radio Liberty, Caucasus Report, Volume 4, Number 34, in: rferl.org, 12.10.2001, https://www.rferl.org/a/1341915.html (abgerufen am 14.5.2023).

21 Deutsche Welle, Europa: Tschetschenischer Feldkommandeur Ruslan Gelajew getötet, in: dw.com, 2.3.2004, https://www.dw.com/de/tschetschenischer-feldkommandeur-ruslan-gelajew-getötet/a-1127879 (abgerufen am 18.4.2023).

22 Jean-Christoph Peuch, Georgia: Situation In Pankisi Gorge Raises Tension, Speculation, in: rferl.org, 20.2.2002, https://www.rferl.org/a/1098867.html (abgerufen am 27.5.2023).

23 Silvia Stöber, Diplomat mit Kampferfahrung, in: nzz.ch, 26.10.2012, https://www.nzz.ch/diplomat-mit-kampferfahrung-ld.829109?reduced=true (abgerufen am 16.4.2023).

24 Silvia Stöber, Das Tal des Misstrauens, in: Neue Zürcher Zeitung, 23.8.2010, S. 5.

25 Civil Georgia, Saakashvili Warns over „Wahhabism Threat” in Pankisi, in: civil.ge, 18.2.2004, https://civil.ge/archives/105270 (abgerufen am 18.4.2023).

26 Silvia Stöber, Tiergartenmord-Prozess, Der Geheimdienstagent und sein Informant, in: tagesschau.de, 30.4.2021, https://www.tagesschau.de/investigativ/tiergartenmord-prozess-tschetschenen-russland-101.html (abgerufen am 18.4.2023).

27 Silvia Stöber, Tschetschenen in Deutschland: Endlosschleife der Unsicherheit, in: tagesschau.de, 18.10.2021, https://www.tagesschau.de/investigativ/tschetschenen-abschiebung-russland-folter-101.html (abgerufen am 18.4.2023).

28 Hier zitiert nach: Aleksandre Kvakhadze, A Post-Mortem Analysis of Former Chechen Field Commander Zelimkhan Khangoshvili, in: Militant Leadership Monitor 10 (Oktober 2019), S. 11–14, https://jamestown.

org/wp-content/uploads/2019/11/October-2019_MLM.pdf?x13007 (abgerufen am 17.5.2023).

29 Anna Nemtsova, Mastermind of Istanbul Airport Attack Had Been Georgian Informant, Official Says, in: Daily Beast, 12.7.2017, https://www.thedailybeast.com/mastermind-of-istanbul-airport-attack-had-been-georgian-informant-official-says (abgerufen am 17.5.2023).

30 Civil.ge, Georgian MFA on German Court's ruling over Khangoshvili Murder, in: civil.ge, 17.12.2021, https://civil.ge/archives/462661 (abgerufen am 28.5.2023).

31 Tata Shoshiashvili, Georgian Dream Lays Out Demands to Ukraine as Pre-Condition for Bucha Visit, in: oc-media.org, 12.4.2022, https://oc-media.org/georgian-dream-lays-out-demands-to-ukraine-as-pre-condition-for-bucha-visit/ (abgerufen am 18.4.2023).

32 Silvia Stöber, Georgien: Wie weit geht die Regierung?, in: tagesschau.de, 10.3.2023, https://www.tagesschau.de/investigativ/georgien-tschetschenien-praesident-russland-101.html (abgerufen am 18.4.2023).

33 Silvia Stöber, Ex-Präsident Saakaschwili: Ein Leben am seidenen Faden, in: tagesschau.de, 22.12.2023, https://www.tagesschau.de/ausland/europa/georgien-saakaschwili-gefaengnis-101.html (abgerufen am 18.4.2023).

Kapitel 6
Wadim Krassikow – Agent oder einfacher Krimineller?

1 Galeotti, Putin's Wars, S. 288.

2 Дмитрий Медведев: Сильные духом, in: Лабиринт, https://www.labirint.ru/books/74146/.

3 Silvia Stöber, Tiergartenmord-Prozess: Alleingelassen vom russischen Staat, in: tagesschau.de, 18.3.2021, https://www.tagesschau.de/investigativ/tiergartenmord-prozess-russland-angeklagter-101.html (abgerufen am 2.4.2023).

4 Silvia Stöber, Wie mächtig ist Prigoschin?, in: tagesschau.de, 7.1.2023, https://www.tagesschau.de/ausland/russland-prigoschin-wagner-101.html (abgerufen am 7.3.2023).

5 Der Spiegel, Vulkan Files, in: spiegel.de, 31.3.2023, https://www.spiegel.de/thema/vulkanfiles/ (abgerufen am 15.4.2023).

6 Dawisha, Putin's Kleptocracy.

7 Mark Galeotti, The Vory: Russia's Super Mafia, New Haven/London, 2018, S. 106 f.

8 Ebd., S. 210.

9 Bellingcat Investigation Team, „V" For „Vympel".

10 Sergei Koslow, FSB Special Forces: 1998–2010, in: agentura.ru, 8.9.2010, gesichert im web archive: https://web.archive.org/web/20130118123943/http://agentura.ru/english/spetsnaz/FSBspecialforces/ (abgerufen am 6.4.2023).

11 Ebd.

12 Soldatov/Borogan, The New Nobility, S. 248 f.

13 Hedenskog, Russia and International, S. 16 f.

14 Galeotti, The Vory, S. 164.

15 Halbach, Tschetscheniens Stellung.

16 Soldatov/Borogan, The New Nobility, S. 184.

17 Deutsche Welle, Schwere Unruhen im Kaukasus, in: dw.com, 22.6.2004, https://www.dw.com/de/schwere-unruhen-im-kaukasus/a-1243644 (abgerufen am 7.4.2023).

18 Zeitung Inguschetien, Wir erinnern: Die Liste der Toten infolge des Angriffs von Kämpfern von Basayev auf Inguschetien in der Nacht vom 22. Juni (Мы помним: Список погибших в результате нападения боевиков Басаева на Ингушетию в ночь на 22 июня), in: gazetaingush.ru, 21.6.2019, https://gazetaingush.ru/obshchestvo/spisok-pogibshih-v-rezultate-napadeniya-boevikov-basaeva-na-ingushetiyu-v-noch-na-22 (abgerufen am 7.4.2023).

19 Silvia Stöber, Tiergartenmord: Alleingelassen vom russischen Staat, in: tagesschau.de, 18.3.2021, https://www.tagesschau.de/investigativ/tiergartenmord-prozess-russland-angeklagter-101.html (abgerufen am 30.5.2023).

20 Michael Ludwig, Kirgistan: Eine Abstimmung unter widrigen Bedingungen, in: faz.net, 28.6.2010, https://www.faz.net/aktuell/politik/ausland/kirgistan-eine-abstimmung-unter-widrigen-bedingungen-1992818.html?printPagedArticle=true#pageIndex_3 (abgerufen am 10.4.2023).

21 Hedenskog, Russia and International Cooperation on Counter-Terrorism, S. 27 ff., und Soldatov/Borogan, The New Nobility, S. 209 ff.

22 Hulkar Isamova, Kyrgyz Ethnic Clashes Spread, Russia Sends Troops, in: reuters.com, 13.6.2010, https://www.reuters.com/article/us-kyrgyzstan-violence-idUSTRE65A02B20100613 (abgerufen am 9.4.2023).

[23] European Union, Amtsblatt der Europäischen Union, Durchführungsverordnung (EU) 2022/1270 des Rates, in: EUR-Lex, 21.7.2022, https://eur-lex.europa.eu/legal-content/DE/TXT/?uri=celex%3A32022R1270 (abgerufen am 30.5.2023).

[24] Silvia Stöber, Einzelhaft in Deutschland: Wie lebendig begraben, in: tagesschau.de, 27.10.2022, https://www.tagesschau.de/inland/gesellschaft/strafvollzug-einzelhaft-101.html (abgerufen am 13.4.2023).

[25] Silvia Stöber, Tiergartenmord-Prozess: Vergiftungsgefahr im Gefängnis?, in: tagesschau.de, 4.2.2021, https://www.tagesschau.de/inland/prozess-tiergartenmord-angeklagter-ermittlungen-101.html (abgerufen am 5.3.2023).

[26] Adrian Altmayer, Tschetscheniens Präsident Kadyrow: „Er ist Putins Marionette", in: spiegel.de, 15.1.2023, https://www.spiegel.de/politik/tschetscheniens-umstrittener-praesident-ramsan-kadyrow-er-ist-putins-marionette-spiegel-tv-a-4a8d8c52-c479-4d91-9745-7de152e05da5 (abgerufen am 13.4.2023).

Kapitel 7
Lehren: Können solche Taten verhindert werden?

[1] Yana Gorokhovskaia/Nate Schenkkan/Grady Vaughan, Still not Safe: Transnational Repression in 2022, in: freedomhouse.org, April 2023, https://freedomhouse.org/sites/default/files/2023-04/FH_Transnational-Repression2023_0.pdf (abgerufen am 18.4.2023).

[2] Frankfurter Allgemeine Zeitung, Geschäftsmann Trinh Xuan Thanh: Fünf Jahre Haft für Helfer nach Entführung nach Vietnam, auf: faz.net, 30.1.2023, https://www.faz.net/aktuell/politik/ausland/berlin-fuenf-jahre-haft-fuer-helfer-von-entfuehrung-nach-vietnam-18640753.html (abgerufen am 1.5.2023).

[3] Tagesschau, Oberlandesgericht Koblenz: Lebenslange Haft im Staatsfolter-Prozess, auf: tagesschau.de, 13.1.2022, https://www.tagesschau.de/inland/olg-koblenz-staatsfolter-syrien-urteil-101.html (abgerufen am 1.5.2023).

[4] Die Bundesregierung, Pressekonferenz von BK'in Merkel, Präsident Macron, Präsident Putin und Präsident Selensky am 9. Dezember 2019, auf: bundesregierung.de, 9.12.2019, https://www.bundesregierung.de/breg-de/suche/pressekonferenz-von-bk-in-merkel-praesident-macron-praesident-putin-und-praesident-selensky-am-9-dezember-2019-1705200 (abgerufen am 1.5.2023).

5 Tagesschau, Fall Skripal: 15 EU-Staaten weisen russische Diplomaten aus, auf: tagesschau.de, 26.3.2018, https://www.tagesschau.de/ausland/skripal-diplomaten-101.html (abgerufen am 1.5.2023).

6 Wehner/Bingener, Die Moskau-Connection, S. 279.

7 Dornblüth/Franke, Jenseits von Putin, S. 203.

8 Wladislaw Inosemzew, Die Milošević-Option, in: Internationale Politik 3, Mai/Juni 2022, S. 45–53, https://internationalepolitik.de/de/die-milosevic-option (abgerufen am 29.5.2023).

9 Mark Galeotti, (Un)sichtbare Hand: Russlands Nachrichtendienste im Auslandseinsatz, in: Osteuropa, 72. Jg., 11/2022, S. 71–77, hier S. 71.

10 Maik Baumgärtner u. a., Enttarnter Spion beim BND: Der Verräter, auf: spiegel.de, 29.12.2022, https://www.spiegel.de/politik/deutschland/bnd-warum-ein-mutmasslicher-spion-zugang-zu-brisanten-informationen-hatte-a-59133840-4d22-4db7-9ab2-ccc9e46b6557 (abgerufen am 18.4.2023).

11 Markus Wehner, Ausweisung am Wochenende: Ein Schlag gegen Putins Spione, auf: faz.net, 23.4.2023, https://www.faz.net/aktuell/ukraine-konflikt/berlin-will-russische-diplomaten-spione-loswerden-18842679.html (abgerufen am 23.4.2023).

12 Auswärtiges Amt, Auslandsvertretungen, 28.11.2022, https://www.auswaertiges-amt.de/de/aamt/auslandsvertretungen-node (abgerufen am 27.4.2023).

13 Stöber, Tschetschenen in Deutschland.

14 Silvia Stöber, Gefangener Gershkovich: Wen will Russland im Tausch?, in: tagesschau.de, 4.4.2023, https://www.tagesschau.de/investigativ/russland-spionage-austausch-101.html (abgerufen am 31.5.2023).

Literatur

Agenda.ge: Russian and Ukrainian Men Accused of Georgian Businessman's Murder, in: agenda.ge, 21.1.2016, https://agenda.ge/en/news/2016/164 (abgerufen am 20.3.2023).

Altmayer, Adrian, Tschetscheniens Präsident Kadyrow: „Er ist Putins Marionette", in: spiegel.de, 15.1.2023, https://www.spiegel.de/politik/tschetscheniens-umstrittener-praesident-ramsan-kadyrow-er-ist-putins-marionette-spiegel-tv-a-4a8d8c52-c479-4d91-9745-7de152e05da5 (abgerufen am 13.4.2023).

Auswärtiges Amt, Erklärungen des Auswärtigen Amts in der Regierungspressekonferenz vom 24.04.2023, in: auswaertiges-amt.de, 24.4.2023, https://www.auswaertiges-amt.de/de/newsroom/regierungspressekonferenz/2594116#content_1 (abgerufen am 30.5.2023).

Baumgärtner, Maik u. a., Hacker, Spione, Killer: So unterwandern Putins Agenten Deutschland, in: spiegel.de, 26.8.2022, https://www.spiegel.de/politik/deutschland/hacker-spione-killer-wie-wladimir-putins-agenten-deutschland-unterwandern-a-7b133a17-ec0b-4dcd-981e-f28fc0b9ef56 (abgerufen am 21.3.2023).

Baumgärtner, Maik u. a., Enttarnter Spion beim BND: Der Verräter, in: spiegel.de, 29.12.2022, https://www.spiegel.de/politik/deutschland/bnd-warum-ein-mutmasslicher-spion-zugang-zu-brisanten-informationen-hatte-a-59133840-4d22-4db7-9ab2-ccc9e46b6557 (abgerufen am 18.4.2023).

BBC, Have Russian Hitmen Been Killing with Impunity in Turkey?, in: bbc.com, 13.12.2016, https://www.bbc.com/news/magazine-38294204 (abgerufen am 19.3.2023).

BBC, Ambush Wound „Anti-Putin Plotter" and Kills Wife near Kiev, in: bbc.com, 31.10.2017, https://www.bbc.com/news/world-europe-41811969 (abgerufen am 24.3.2023).

Bellingcat Investigation Team, Suspected Assassin in the Berlin Killing Used Fake Identity Documents, in: bellingcat.com, 30.8.2019, https://www.bellingcat.com/news/uk-and-europe/2019/08/30/suspected-assassin-in-the-berlin-killing-used-fake-identity-documents/ (abgerufen am 27.3.2023).

Bellingcat Investigation Team, New Evidence Links Russian State to Berlin Assassination, in: bellingcat.com, 27.9.2019, https://www.bellingcat.com/news/uk-and-europe/2019/09/27/new-evidence-links-russian-state-to-berlin-assassination/ (abgerufen am 27.3.2023).

Bellingcat Investigation Team, Identifying The Berlin Bicycle Assassin: From Moscow to Berlin (Part 1), in: bellingcat.com, 3.12.2019, https://www.bellingcat.com/news/uk-and-europe/2019/12/03/identifying-the-berlin-bicycle-assassin-part-1-from-moscow-to-berlin/ (abgerufen am 27.3.2023).

Bellingcat Investigation Team, „V" for „Vympel": FSB's Secretive Department „V" Behind Assassination of Georgian Asylum Seeker in Germany, in: bellingcat.com, 17.2.2020, https://www.bellingcat.com/news/uk-and-europe/2020/02/17/v-like-vympel-fsbs-secretive-department-v-behind-assassination-of-zelimkhan-khangoshvili/ (abgerufen am 5.2.2023).

Bellingcat Investigation Team, Identifying FSB's Elusive „Elbrus": From MH17 to Assassinations in Europe, in: bellingcat.com, 24.4.2020, https://www.bellingcat.com/news/uk-and-europe/2020/04/24/identifying-fsbs-elusive-elbrus-from-mh17-to-assassinations-in-europe/ (abgerufen am 21.3.2023).

Bellingcat Investigation Team, FSB's Magnificent Seven: New Links between Berlin and Istanbul Assassinations, in: bellingcat.com, 29.6.2020, https://www.bellingcat.com/news/uk-and-europe/2020/06/29/fsbs-magnificent-seven-new-links-between-berlin-and-istanbul-assassinations/ (abgerufen am 19.3.2023).

Belton, Catherine, Putin's People: How the KGB Took Back Russia and Then Took on the West, London 2020.

Bertrand, Natasha, und Frederik Pleitgen, CNN Exclusive: Russian Officials Requested Adding Convicted Murderer to Griner/Whelan Prisoner Swap, 1.8.2022, https://edition.cnn.

com/2022/07/29/politics/griner-whelan-russia-murderer-request/index.html (abgerufen am am 4.2.2023).

Bundesministerium des Innern und für Heimat, Verfassungsschutzbericht 2021, Berlin 2022, https://www.verfassungsschutz.de/SharedDocs/publikationen/DE/verfassungsschutzberichte/2022-06-07-verfassungsschutzbericht-2021-startseitenmodul.pdf?__blob=publicationFile&v=3 (abgerufen am 12.3.2023).

Die Bundesregierung, Rede des Bundeskanzlers vor dem Deutschen Bundestag: Aussprache über die Erklärung der Bundesregierung zur Lage in Tschetschenien, Bulletin 05-95, in: bundesregierung.de, 23.1.1995, https://www.bundesregierung.de/breg-de/service/bulletin/rede-des-bundeskanzlers-vor-dem-deutschen-bundestag-aussprache-ueber-die-erklaerung-der-bundesregierung-zur-lage-in-tschetschenien-801978 (abgerufen am 14.4.2023).

Cecco, Leyland, Espionage: Suspected Russian Spy Arrested in Norway Spent Years Studying in Canada, in: theguardian.com, 28.10.2023, https://www.theguardian.com/world/2022/oct/28/russian-spy-norway-canada-brazil-academic (abgerufen am 16.3.2023).

Civil Georgia, Saakashvili Warns over „Wahhabism Threat“ in Pankisi, in: civil.ge, 18.2.2004, https://civil.ge/archives/105270 (abgerufen am 18.4.2023).

Ariel Cohen, Russia: Criminal Activity, Not Terrorism, Main Source of Pankisi Instability: Opinion Poll, in: eurasianet.org, 4.5.2002, https://eurasianet.org/criminal-activity-not-terrorism-main-source-of-pankisi-instability-opinion-poll-criminal-activity (abgerufen am 18.4.2023).

Conrad, Gerhard/Martin Specht, Keine Lizenz zum Töten: 30 Jahre als BND-Mann und Geheimdiplomat, Berlin 2020.

Corera, Gordon, Russians Among Us: Sleeper Cells, Ghost Stories, and the Hunt for Putin's Spies, New York 2021.

Dawisha, Karen, Putin's Kleptocracy: Who Owns Russia?, New York 2014.

Deutsche Welle, Europa: Tschetschenischer Feldkommandeur Ruslan Gelajew getötet, in: dw.com, 2.3.2004, https://www.dw.com/

de/tschetschenischer-feldkommandeur-ruslan-gelajew-getö-tet/a-1127879 (abgerufen am 18.4.2023).

Deutsche Welle, Schwere Unruhen im Kaukasus, in: dw.com, 22.6.2004, https://www.dw.com/de/schwere-unruhen-im-kauka-sus/a-1243644 (abgerufen am 7.4.2023).

Dobrochotow, Roman/Christo Grozev/Walter Mayr/Fidelius Schmid, Prozess in Berlin: Schwager identifiziert mutmaßlichen Tiergarten-Mörder, in: spiegel.de, 21.8.2021, https://www.spiegel.de/politik/deutschland/mord-im-kleinen-tiergarten-schwager-identifiziert-mutmasslichen-taeter-a-47fa4a08-d64a-4623-8407-a0b-30a3116bf (abgerufen am 1.4.2023).

Dornblüth, Gesine, Fünf Jahre russischer Militäreinsatz in Syrien: An Russland kommt im Nahen Osten niemand mehr vorbei, in: Deutschlandfunk, 29.9.2020, https://www.deutschlandfunk.de/fuenf-jahre-russischer-militaereinsatz-in-syrien-an-100.html (abgerufen am 26.1.2023).

Dornblüth, Gesine/Thomas Franke, Jenseits von Putin: Russlands toxische Gesellschaft, Freiburg 2023.

Edwards, Jim, Russia Probably Has More Undercover „Sleeper" Agents Who Can Assassinate Western Targets Today than During the Cold War, in: businessinsider, 6.3.2018, https://www.businessinsider.com/illegals-of-directorate-s-russia-undercover-covert-sleeper-agents-2017-12 (abgerufen am 11.3.2023).

Esch, Christian, Putins Jahresrückblick: „Warum gleich vergiften?", in: spiegel.de, 17.12.2020, https://www.spiegel.de/ausland/wladimir-putin-dementiert-giftanschlag-auf-alexej-nawalny-a-4a6b6a8e-684f-451a-96a4-46704eaf2536 (abgerufen am 27.3.2023).

European Parliament, European Parliament Declares Russia to be a State Sponsor of Terrorism, 23.11.2022, https://www.europarl.europa.eu/news/en/press-room/20221118IPR55707/european-parliament-declares-russia-to-be-a-state-sponsor-of-terrorism, (abgerufen am 26.1.2023).

European Union, Amtsblatt der Europäischen Union, Durchführungsverordnung (EU) 2022/1270 des Rates, in: EUR-

Lex, 21.7.2022, https://eur-lex.europa.eu/legal-content/DE/TXT/?uri=celex%3A32022R1270 (abgerufen am 30.5.2023).

Faiola, Anthony/Souad Mekhennet, National Security: After Invasion of Ukraine, a Reckoning of Russian Influence in Austria, in: washingtonpost.com, 5.7.2022, https://www.washingtonpost.com/national-security/2022/07/05/austria-russia-infuence/ (abgerufen am 22.3.2023).

Faulconbridge, Guy, What is Russia's GRU Military Intelligence Agency?, in: reuters.com, 5.10.2018, https://www.reuters.com/article/us-britain-russia-gru-factbox-idUSKCN1MF1VK (abgerufen am 12.3.2023).

Pavel Felgenhauer, Degradation of the Russian Military: General Anatoly Kvashnin, in: Perspective 15/1 (October–November 2005).

Finn, Peter, In Russia, A Secretive Force Widens Putin Led Regrouping of Security Services, in: washingtonpost.com, 12. Dezember 2006, https://www.washingtonpost.com/archive/politics/2006/12/12/in-russia-a-secretive-force-widens-span-classbankheadputin-led-regrouping-of-security-servicesspan/d35ef7c8-5935-421d-b7ff-864c0412dbeb/ (abgerufen am 4.2.2023).

Follorou, Jacques, Opposant tchétchène tué à Lille: Les enquêteurs sur la piste d'une elimination rudimentaire, in: lemonde.fr, 21.2.2020, https://www.lemonde.fr/societe/article/2020/02/21/opposant-tchetchene-tue-a-lille-les-enqueteurs-sur-la-piste-d-une-elimination-rudimentaire_6030277_3224.html (abgerufen am 18.3.2023).

Galeotti, Mark, The Vory: Russia's Super Mafia, New Haven/London 2018.

Galeotti, Mark, Putin's Wars: From Chechnya to Ukraine, Oxford 2022.

Galeotti, Mark, (Un)sichtbare Hand: Russlands Nachrichtendienste im Auslandseinsatz, in: Osteuropa, 72. Jg., 11/2022, S. 71–77.

Der Generalbundesanwalt, Übernahme des Ermittlungsverfahrens wegen Mordes zum Nachteil des russisch-georgischen Staatsangehörigen Tornike K. /Mitteilung zum Stand der Ermittlungen, in: generalbundesanwalt.de. 4.12.2019, https://www.generalbundesanwalt.de/SharedDocs/Pressemitteilungen/DE/2019/Pressemitteilung-vom-04-12-2019.html (abgerufen am 26.3.2023).

Götschenberg, Michael/Georg Heil, Ex-BND-Mitarbeiter: Der mutmaßliche Spion schweigt, in: tagesschau.de, 1.3.2023, https://www.tagesschau.de/investigativ/rbb/bnd-landesverrat-russland-mitarbeiter-carsten-l-101.html (abgerufen am 6.3.2023).

Gorokhovskaia, Yana/Nate Schenkkan/Grady Vaughan, Still not Safe: Transnational Repression in 2022, in: freedomhouse.org, April 2023, https://freedomhouse.org/sites/default/files/2023-04/FH_TransnationalRepression2023_0.pdf (abgerufen am 18.4.2023).

Grozev, Christo/Michael Weiss, Exclusive: Berlin Murder Suspect's New Ties to Russian Security Services, in: News Line Magazine, 6.8.2021, https://newlinesmag.com/reportage/exclusive-berlin-murder-suspects-new-ties-to-russian-security-services/ (abgerufen am 30.5.2023).

Grozev, Christo, Russian Diplomat Who Died at Berlin Embassy is Senior Intelligence's Figure's Son, in: bellingcat.com, 5.11.2021, https://www.bellingcat.com/news/2021/11/05/russian-diplomat-who-died-at-berlin-embassy-is-senior-intelligence-figures-son/ (abgerufen am 5.3.2023).

Halbach, Uwe, Der „nicht mehr postsowjetische" Raum? Russland in der Wahrnehmung kaukasischer und zentralasiatischer Staaten nach dem 11. September, Stiftung Wissenschaft und Politik Berlin, Juli 2002, https://www.swp-berlin.org/publications/products/studien/S2002_24_hlb.pdf (abgerufen am 18.4.2023).

Halbach, Uwe, Krieg am Rande Europas: Der Tschetschenienkrieg im neuen Licht?, in: SWP-Aktuell 2002/A45, 15.11.2002 https://www.swp-berlin.org/publications/products/aktuell/swpaktu_45_02_sicher.pdf (abgerufen am 30.5.2023).

Halbach, Uwe, Russland und der Nordkaukasus im Umfeld des globalen Jihadismus, in: SWP-Aktuell 23, April 2017, https://www.swp-berlin.org/publications/products/aktuell/2017A23_hlb.pdf (abgerufen am 29.5.2023).

Halbach, Uwe, Tschetscheniens Stellung in der Russischen Föderation, in: SWP-Studie, März 2018, https://www.swp-berlin.org/

publications/products/studien/2018S01_hlb.pdf (abgerufen am 29.5.2023).

Haunreiter, Reiner, Schild und Schwert 2.0: Russlands Spezialdienste im Ausland, in: Osteuropa, 72. Jg, 11/2022, S. 91–110.

Hedenskog, Jakob, Russia and International Cooperation on Counter-Terrorism: From the Chechen Wars to the Syria Campaign, FOI (Swedish Defence Research Agency) 2020, https://www.foi.se/rest-api/report/FOI-R--4916--SE (abgerufen am 14.1.2023).

Higgins, Eliot, Digitale Jäger: Ein Insiderbericht aus dem Recherchenetzwerk Bellingcat, Köln 2021.

Hufelschulte, Josef, Für den Kreml: Als Diplomaten getarnt. Russland schickt 200 Geheimagenten nach Deutschland, in: focus.de, 4.6.2021, https://www.focus.de/politik/deutschland/einsatz-fuer-den-kreml-russland-verstaerkt-spionage-in-deutschland-200-geheimagenten-im-verdeckten-einsatz_id_13361366.html (abgerufen am 12.3.2023).

Hurriyet, Two „Russian Spies" Caught in Istanbul, in: hurriyetdailynews.com, 14.4.2016, https://www.hurriyetdailynews.com/two-russian-spies-caught-in-istanbul--97736 (abgerufen am 19.3.2023).

Hurriyet, Turkey „Extradites Two Russian Spies in Exchange for Two Crimean Tatar Politicians", in: hurriyetdailynews.com, 29.11.2017, https://www.hurriyetdailynews.com/turkey-extradites-two-russian-spies-in-exchange-for-two-crimean-tatar-politicians-123282 (abgerufen am 19.3.2023).

International Crisis Group, The North Caucasus Insurgency and Syria: An Exported Jihad?, in: crisisgroup.org, 16.3.2016, https://www.crisisgroup.org/europe-central-asia/caucasus/north-caucasus/north-caucasus-insurgency-and-syria-exported-jihad (abgerufen am 18.4.2023).

Inosemzew, Wladislaw, Die Milošević-Option, in: Internationale Politik 3, Mai/Juni 2022, S. 45–53, https://internationalepolitik.de/de/die-milosevic-option (abgerufen am 29.5.2023).

Isamova, Hulkar, Kyrgyz Ethnic Clashes Spread, Russia Sends Troops, in: reuters.com, 13.6.2010, https://www.reuters.com/article/us-kyrgyzstan-violence-idUSTRE65A02B20100613 (abgerufen am 9.4.2023).

Koslow, Sergei, FSB Special Forces: 1998–2010, in: agentura.ru, 8.9.2010, gesichert im Web Archive: https://web.archive.org/web/20130118123943/http://agentura.ru/english/spetsnaz/FSBspecialforces/ (abgerufen am 6.4.2023).

Kramer, Andrew E., More of Kremlin's Opponents Are Ending Up Dead, in: New York Times, 20.8.2016, https://www.nytimes.com/2016/08/21/world/europe/moscow-kremlin-silence-critics-poison.html (abgerufen am 26.1.2023).

Krüger, Paul-Anton, Krieg in der Ukraine: Deutschland weist 40 russische Diplomaten aus, in: sueddeutsche.de, 4.4.2023, https://www.sueddeutsche.de/politik/bundesregierung-russische-diplomaten-ausweisung-1.5560782 (abgerufen am 12.3.2023).

Kvakhadze, Aleksandre, A Post-Mortem Analysis of Former Chechen Field Commander Zelimkhan Khangoshvili, in: Militant Leadership Monitor 10 (Oktober 2019), S. 11–14, https://jamestown.org/wp-content/uploads/2019/11/October-2019_MLM.pdf?x13007 (abgerufen am 17.5.2023).

Lehberger, Roman, Korruption in Auslandsvertretungen: Visa für Deutschland – gegen Bakschisch, in: spiegel.de, 26.11.2018, https://www.spiegel.de/panorama/justiz/deutschland-auslandsvertretungen-visa-gegen-bakschisch-a-1240330.html (abgerufen am 21.3.2023).

Luchterhandt, Otto, Tschetscheniens Versuch nationaler Unabhängigkeit: Innere Ursachen seines Scheiterns, in: IFSH (Hrsg.), OSZE-Jahrbuch 2000, Baden-Baden, S. 189–212, https://ifsh.de/file-CORE/documents/jahrbuch/00/Luchterhandt.pdf (abgerufen am 29.5.2023).

Luchterhandt, Otto, Das neue Terrorbekämpfungsgesetz Russlands vom 10. März 2006, in: Russlandanalysen 99/2006, S. 2, https://www.laender-analysen.de/russland-analysen/99/RusslandAnalysen99.pdf (abgerufen am 4.2.2023).

Ludwig, Michael, Terror in Russland: Das Reich des „Emirs des Kaukasus", in: faz.net, 3.4.2010, https://www.faz.net/aktuell/

politik/ausland/terror-in-russland-das-reich-des-emirs-des-kaukasus-1970667.html?printPagedArticle=true#pageIndex_2 (abgerufen am 18.4.2023).

Ludwig, Michael, Kirgistan: Eine Abstimmung unter widrigen Bedingungen, in: faz.net, 28.6.2010, https://www.faz.net/aktuell/politik/ausland/kirgistan-eine-abstimmung-unter-widrigen-bedingungen-1992818.html?printPagedArticle=true#pageIndex_3 (abgerufen am 10.4.2023).

Müller, Uwe/Lars-Marten Nagel, Russische Spionage: Agententhriller von historischer Dimension, in: welt.de, 21.10.2012, https://www.welt.de/politik/deutschland/article110072578/Agententhriller-von-historischer-Dimension.html (abgerufen am 12.3.2023).

Nemtsova, Anna, Mastermind of Istanbul Airport Attack Had Been Georgian Informant, Official Says, in: Daily Beast, 12.7.2017, https://www.thedailybeast.com/mastermind-of-istanbul-airport-attack-had-been-georgian-informant-official-says (abgerufen am 17.5.2023).

Orttung, Robert W., Introduction: Comparing National Counter-terrorism Strategies, in: ders./Andrey Makarychev (Hrsg.), National Counter-Terrorism Strategies: Legal, Institutional, and Policy Dimensions in the US, UK, France, Turkey and Russia, Washington, D. C. 2006.

Owen, Robert (Chairman), The Litvinenko Inquiry: Report into the Death of Alexander Litvinenko, London 2016, https://webarchive.nationalarchives.gov.uk/ukgwa/20160613090305/https:/www.litvinenkoinquiry.org/files/Litvinenko-Inquiry-Report-web-version.pdf (abgerufen am 4.2.2023).

Politkowskaja, Anna, Ich, Putin, Präsident und Diktator, in: Süddeutsche Zeitung Magazin 21/2005, 9.5.2006, https://sz-magazin.sueddeutsche.de/aussenpolitik/ich-putin-praesident-und-diktator-73122 (abgerufen am 14.1.2023).

Presserat, Pressekodex: Ethische Standards für den Journalismus, in: presserat.de, 2023, https://www.presserat.de/pressekodex.html (abgerufen am 31.5.2023) .

Putin, Wladimir: Rede an die Nation vom 21.2.2022, in deutscher Übersetzung in der Zeitschrift Osteuropa, https://zeitschrift-osteuropa.de/blog/putin-rede-21.2.2022/ (abgerufen am 26.1.2023).

Röpcke, Julian, Russen-Agent nach Tiergarten-Mord ausgewiesen: Die Spur von Putins Spion führt bis in den Bundestag, in: bild.de, 16.12.2019, https://www.bild.de/bild-plus/politik/inland/politik-inland/tiergarten-mord-russland-agent-ausgewiesen-spur-fuehrt-bis-in-den-bundestag-66731070.bild.html (abgerufen am 16.11.2022).

Rosbalt, Чеченский Валидол – турки поймали „шпиона" в розыске, in: rosbalt.ru, 13.4.2016, https://www.rosbalt.ru/moscow/2016/04/13/1506381.html (abgerufen am 19.3.2023).

Sabbagh, Dan, British Embassy Guard Admits Giving Secrets to Russians in Berlin, in: theguardian.com, 22.11.2022, https://www.theguardian.com/world/2022/nov/11/british-embassy-guard-admits-giving-secrets-to-russians-in-berlin (abgerufen am 16.3.2023).

Sarotte, Mary Elise, Not One Inch: America, Russia, and the Making of Post-War Stalemate, New Haven 2021.

Schult, Christoph, Putin-Besuch: Schröder wirbt für Allianz gegen den Terror, in: spiegel.de 25.09.2001, https://www.spiegel.de/politik/deutschland/putin-besuch-schroeder-wirbt-fuer-allianz-gegen-den-terror-a-159204.html (abgerufen am 14.1.2023).

Schumatsky, Boris, Wie Feindbilder entstehen, in: taz.de, 17.9.1996, https://taz.de/!1437484/ (abgerufen am 29.5.2023).

Sehl, Markus, Spionageprozess startet in Berlin: Die Spur der Briefmarke, in: Legal Tribune Online, 1.9.2021, https://www.lto.de/recht/hintergruende/h/berlin-kammergericht-prozess-spionage-russland-botschaft-brief-cd-rom-bundestag-grundrisse-lageplaene/ (abgerufen am 6.3.2023).

Shoshiashvili, Tata, Georgian Dream Lays Out Demands to Ukraine as Pre-Condition for Bucha Visit, in: oc-media.org, 12.4.2022, https://oc-media.org/georgian-dream-lays-out-demands-to-ukraine-as-pre-condition-for-bucha-visit/ (abgerufen am 18.4.2023).

Smith, Ben, Briefing Paper: Russian Intelligence Services and Special Forces, in: House of Commons Library, 30.10.2018, https://researchbriefings.files.parliament.uk/documents/CBP-8430/CBP-8430.pdf (abgerufen am 11.3.2023).

Soldatov, Andrei/Irina Borogan, The New Nobility: The Restoration of Russia's Security State and the Enduring Legacy of the KGB, New York 2010.

Soldatov, Andrei/Irina Borogan, The Compatriots: The Russian Exiles Who Fought Against the Kremlin, New York 2022.

Souleimanov, Emil A., The North Caucasus Insurgency: Dead or Alive?, Carlisle 2017.

Spanger, Hans-Joachim, Paradoxe Kontinuitäten: Die deutsche Russlandpolitik und die koalitionären Farbenlehren, in: HSFK-Report 12/2005.

Der Spiegel, Tiergarten-Mord: Generalbundesanwalt verdächtigt Moskau als Auftraggeber, in: spiegel.de, 3.12.2019, https://www.spiegel.de/politik/deutschland/tiergarten-mord-generalbundesanwalt-verdaechtigt-moskau-als-auftraggeber-a-1298249.html (abgerufen am 27.3.2023).

Der Spiegel, Berlin: Russischer Diplomat tot auf Gehweg vor Botschaftsgebäude aufgefunden, in: spiegel.de, 5.11.2021, https://www.spiegel.de/politik/deutschland/berlin-russischer-diplomat-tot-vor-botschaft-gefunden-a-6af4d6ba-6cbf-4923-9200-608094b8700c (abgerufen am 5.3.2023).

Der Spiegel, Krieg in der Ukraine: Selenskyj wirft Russland Staatsterror vor, 29.7.2022, https://www.spiegel.de/ausland/ukraine-wolodymyr-selenskyj-beschuldigt-russland-des-staatsterrors-a-6d4b83ac-c0a8-42cc-93d0-fed30bfa2141 (abgerufen am 26.1.2023).

Der Spiegel, Vulkan Files, in: spiegel.de, 31.3.2023, https://www.spiegel.de/thema/vulkanfiles/ (abgerufen am 15.4.2023).

Stöber, Silvia, Das Tal des Misstrauens, in: Neue Zürcher Zeitung, 23.8.2010, S. 5.

Stöber, Silvia, Diplomat mit Kampferfahrung, in: nzz.ch, 26.10.2012, https://www.nzz.ch/diplomat-mit-kampferfahrung-ld.829109?reduced=true (abgerufen am 16.4.2023).

Stöber, Silvia, Sicherheitslage im Nordkaukasus: Terror im Namen der Ahnen, in: tagesschau.de, 7.1.2014, https://www.tagesschau.de/ausland/nordkaukasus104.html (abgerufen am 18.4.2023).

Stöber, Silvia, IS-Kommandeur Al Schischani: Einst Soldat, heute Dschihadist, in: tagesschau.de, 17.11.2014, https://www.tagesschau.de/ausland/is-147.html (abgerufen am 18.4.2023).

Stöber, Silvia, Tiergartenmord-Prozess: Eine kaltblütige Tat, in: tagesschau.de, 10.12.2020, https://www.tagesschau.de/inland/tiergarten-mord-prozess-angeklagter-russland-101.html (abgerufen am 26.1.2023).

Stöber, Silvia, Tiergartenmord: Alleingelassen vom russischen Staat, in: tagesschau.de, 18.3.2021, https://www.tagesschau.de/investigativ/tiergartenmord-prozess-russland-angeklagter-101.html (abgerufen am 26.1.2023).

Stöber, Silvia, Tiergartenmord-Prozess: Der Geheimdienstagent und sein Informant, in: tagesschau.de, 30.4.2021, https://www.tagesschau.de/investigativ/tiergartenmord-prozess-tschetschenen-russland-101.html (abgerufen am 18.4.2023).

Stöber, Silvia, Tiergartenmord-Prozess: Der ukrainische Zeuge, in: tagesschau.de, 30.7.2021, https://www.tagesschau.de/inland/tiergartenmord-prozess-zeuge-ukraine-101.html (abgerufen am 1.4.2021).

Stöber, Silvia, Tiergartenmord-Prozess: Klartext – aber nicht vor Gericht, in: tagesschau.de, 1.9.2021, https://www.tagesschau.de/inland/tiergartenmord-prozess-zeuge-ukraine-103.html (abgerufen am 1.4.2023).

Stöber, Silvia, Tschetschenen in Deutschland: Endlosschleife der Unsicherheit, in: tagesschau.de, 18.10.2021, https://www.tagesschau.de/investigativ/tschetschenen-abschiebung-russland-folter-101.html (abgerufen am 18.4.2023).

Stöber, Silvia, Tiergartenmord-Prozess: „Ja, das ist er“, in: tagesschau.de, 27.10.2021, https://www.tagesschau.de/investigativ/tiergartenmord-prozess-zeuge-ukraine-105.html (abgerufen am 1.4.2023).

Stöber, Silvia, Tiergartenmord-Prozess: Von Beruf Gewalttäter?, in: tagesschau.de, 25.11.2021, https://www.tagesschau.de/investigativ/tiergartenmord-prozess-zeuge-journalist-russland-101.html (abgerufen am 1.4.2023).

Stöber, Silvia, Tiergartenmord-Prozess: Anklage fordert lebenslange Haft, in: tagesschau.de, 7.12.2021, https://www.tagesschau.de/inland/tiergartenmord-prozess-plaedoyers-bga-101.html (abgerufen am 26.1.2023).

Stöber, Silvia, Den Haag: Russischer Agent wollte Gericht ausspionieren, in: tagesschau.de, 17.6.2022, https://www.tagesschau.de/investigativ/russland-spion-gru-101.html (abgerufen am 16.3.2023).

Stöber, Silvia, Ersuchen Russlands: Warum der „Tiergartenmörder" nicht ausgetauscht wird, in: tagesschau.de, 1.8.2022, https://www.tagesschau.de/investigativ/tiergartenmord-verurteilter-russland-auslieferung-101.html (abgerufen am 4.2.2023).

Stöber, Silvia, Einzelhaft in Deutschland: Wie lebendig begraben, in: tagesschau.de, 27.10.2022, https://www.tagesschau.de/inland/gesellschaft/strafvollzug-einzelhaft-101.html (abgerufen am 13.4.2023).

Stöber, Silvia, Urteil im Spionageprozess: Geheimagent aus Geltungssucht, in: tagesschau.de, 18.11.2022, https://www.tagesschau.de/investigativ/gerichtsprozess-reservist-agententaetigkeit-russland-101.html (abgerufen am 5.3.2023).

Stöber, Silvia, Blogger Tumso Abdurachmanow: Kadyrow-Gegner in Schweden verschwunden, in: tagesschau.de, 5.12.2022, https://www.tagesschau.de/investigativ/tschetschenen-blogger-gegner-kadyrow-abdurachmanow-101.html (abgerufen am 5.3.2023).

Stöber, Silvia, Ex-Präsident Saakaschwili: Ein Leben am seidenen Faden, in: tagesschau.de, 22.12.2023, https://www.tagesschau.de/ausland/europa/georgien-saakaschwili-gefaengnis-101.html (abgerufen am 18.4.2023).

Stöber, Silvia, Russland: Wie mächtig ist Prigoschin?, in: tagesschau.de, 7.1.2023, https://www.tagesschau.de/ausland/russland-prigoschin-wagner-101.html (abgerufen am 7.3.2023).

Stöber, Silvia, Georgien: Wie weit geht die Regierung?, in: tagesschau.de, 10.3.2023, https://www.tagesschau.de/investigativ/georgien-tschetschenien-praesident-russland-101.html (abgerufen am 18.4.2023).

Stöber, Silvia, Gefangener Gershkovich: Wen will Russland im Tausch?, in: tagesschau.de, 4.4.2023, https://www.tagesschau.de/investigativ/russland-spionage-austausch-101.html (abgerufen am 31.5.2023).

Sygar, Michael, Endspiel: Die Metamorphosen des Wladimir Putin, Köln 2015.

Tass, Verdict in Khangoshvili Case Biased, Politically Motivated – Russian Ambassador to Germany, 15.12.2021, https://tass.com/society/1376057 (abgerufen am 4.2.2023).

Thumann, Michael, Revanche: Wie Putin das bedrohlichste Regime der Welt geschaffen hat, München 2023.

Waal, Thomas de, Basayev and Maskhadov Under Pressure, in: iwpr.net, 6.9.2004, https://iwpr.net/global-voices/basayev-and-maskhadov-under-pressure (abgerufen am 18.4.2023).

Walker, Shaun, Murder in Istanbul: Kremlin's Hand Suspected in Shooting of Chechen, in: theguardian.com, 10.1.2016, https://www.theguardian.com/world/2016/jan/10/murder-istanbul-chechen-kremlin-russia-abdulvakhid-edelgireyev (abgerufen am 18.3.2023).

Walker, Shaun, Espionage: The Russian Spy Who Posed as a Canadian for More than 20 Years, in: guardian.com, 23.8.2019, https://www.theguardian.com/world/2019/aug/23/russian-spy-elena-vavilova-posed-as-a-canadian-estate-agent-for-over-20-years (abgerufen am 25.3.2023).

Walker, Shaun, Espionage: The „Ordinary" Family at No35. Suspected Russian Spies Await Trial in Slovenia, in: theguardian.com, 24.3.2023, https://www.theguardian.com/world/2023/mar/24/suspected-russian-spies-trial-slovenia (abgerufen am 24.3.2023).

Wehner, Markus/Reinhard Bingener, Die Moskau-Connection: Das Schröder-Netzwerk und Deutschlands Weg in die Abhängigkeit, München 2023.

Wehner, Markus, Ausweisung am Wochenende: Ein Schlag gegen Putins Spione, in: tagesschau.de, 23.4.2023, https://www.faz.net/aktuell/ukraine-konflikt/berlin-will-russische-diplomaten-spione-loswerden-18842679.html (abgerufen am 23.4.2023).

Dank

Der Arbeit an diesem Buch ging eine langjährige Beschäftigung mit den Entwicklungen im Kaukasus und mit Sicherheitspolitik im Spannungsfeld zwischen West- und Osteuropa voraus. Mein Dank gilt jenen, die mir über Jahre immer wieder Einblicke gewährten, sowie zwei Begleitern bei gemeinsamen Recherchen: Gesine Dornblüth und Thomas Franke. Christian Trippe verdanke ich viele wertvolle Anregungen und hilfreiche Kritik auch beim Lesen des Manuskripts. Stellvertretend möchte ich Céline Francis unter jenen nennen, die mich zu diesem Projekt ermutigt haben. Wichtig bei dessen Umsetzung war neben den zitierten Gesprächspartnern eine Anzahl Ungenannter im Umfeld des Gerichtsverfahrens, denen ich wertvolle Hintergrundinformationen verdanke. Hervorheben möchte ich Christo Grozev für seine geduldige Beantwortung zahlreicher Detailfragen. Lektorin Sara Weydner danke ich für die Bearbeitung des Manuskripts.

Die Redaktionsleitung von tagesschau.de, Juliane Leopold und Ralph Sartor, ermöglichten mir die Berichterstattung über das Gerichtsverfahren zum Tiergartenmord und zu weiteren Gerichtsprozessen, ihnen gilt mein Dank stellvertretend für das Redaktionsteam.

Mein tiefer Respekt gilt jenen, insbesondere Frauen, die trotz Krieg und Repressionen ihren Lebensmut nicht verlieren.

Personenregister